Richard Weber-Laux

Hör-Mal: Ein Musik-Mosaik im Lebenslauf

Auf den Spuren von musikalischer Resilienz

Richard Weber-Laux

Hör-Mal:

Ein Musik-Mosaik

im Lebenslauf

AUF DEN SPUREN VON MUSIKALISCHER RESILIENZ

Impressum

Bibliografische Information der Deutschen Nationalbibliothek:
Die Deutsche Nationalbibliothek verzeichnet diese Publikation in der Deutschen Nationalbibliografie; detaillierte bibliografische Daten sind im Internet über http://dnb.dnb.de abrufbar.

Die automatisierte Analyse des Werkes, um daraus Informationen insbesondere über Muster, Trends und Korrelationen gemäß §44b UrhG („Text und Data Mining") zu gewinnen, ist untersagt.

© 2024 Richard Weber-Laux

2., überarbeitete Auflage.
Erstauflage © 2015 bei CreateSpace.

Alle Rechte vorbehalten.

Nachdruck in jeder Form sowie Wiedergabe durch Fernsehen, Rundfunk, Film, Bild und Tonträger oder Benutzung für Vorträge, auch auszugsweise, nur mit Genehmigung des Autors und Verlages.

Lektorat: Sabine Grebrodt, Heidi Kriegbaum
Umschlaggestaltung: Unter Nutzung von Bildern aus Wikipedia und einem Partiturauszug des Musikverlags Hans Sikorski
Gestaltung und Satz: Richard Weber-Laux

Verlag: BoD · Books on Demand GmbH, In de Tarpen 42, 22848 Norderstedt
Druck: Libri Plureos GmbH, Friedensallee 273, 22763 Hamburg

ISBN: 978-3-7693-0087-1

Inhalt

Hör-Mal: Ein Musik-Mosaik im Lebenslauf

0

Vorwort

Für mich beginnt Musik da, wo das Wort aufhört.

Jean Sibelius (1865–1957)

Musik wird als Kulturgut immer wichtiger, auch wenn die Politik und Wirtschaft sie als unrentabel vernichten will. Wenn wir uns nicht mehr auf unser Umfeld verlassen können bezüglich guter und heilsamer Verwendung von Musik, dann müssen wir konsequenterweise unser eigener Lehrer werden. Das hat sich in den letzten 10 Jahren nach Veröffentlichung der ersten Auflage dieses Buches bei Amazon verschärft.

So wird diese überarbeitete und aktualisierte Auflage Ihnen die Möglichkeit geben, meinen Spuren zur Musik als Resilienzfaktor zu verfolgen. Die Einladung ist, dies im eigenen Leben nachzuvollziehen, ich biete keine Patentrezepte. Jedoch impliziert das Lesen eine Erlaubnis ähnlich zu denken und zu fühlen.

Die Überarbeitung hat Fehler beseitigt, Quellenangaben überprüft und Unstimmigkeiten verbessert. Hierzu vielen Dank den Lesern, die solches gemeldet haben. Dies gibt mir das Gefühl, nicht ins Leere geschrieben zu haben. Allerdings hat sich auch in meinem Leben seitdem viel verändert. Trotzdem habe ich mich zurückgehalten, die letzten zehn Jahre noch einzuarbeiten. Dies bleibt anderen Büchern vorbehalten. Ich merke jedoch, dass auch dieses Thema ein lebenslanger Lernprozess ist und bleiben wird. Die Bewertungen von Musikstücken und deren Interpretation ändern sich fortlaufend, heute schneller denn je. Das Internet ist dazu eine treibende Kraft. Die Auswirkungen der KI werden wir erst mit Zeitversatz merken. Das durch KI schon eine Beethoven-Sinfonie „*vollendet*" [1] wurde, ist einer der ersten hörbaren Ergebnisse.

Es gibt keine Anweisung für dieses Buch, wie es am besten zu nutzen wäre. Sie können es der Reihe lesen, wild stöbern, nur den Hinweisen zu den Aufnahmen folgen oder in den Stichworten blättern. Verlassen Sie sich auf Ihre eigene Intuition. Auf jeden Fall wäre es hilfreich für Sie, wenn Sie parallel das Aufschreiben bzw. im Buch notieren, was Ihnen zu Ihrer Musik-Geschichte einfällt. Gerade die Fragen am Ende der Kapitel laden hierzu ein. So erhalten Sie eine wunderbare Biografie der Musik in Ihrem Leben.

Vielleicht wollen Sie dies mit anderen tauschen oder als Vermächtnis betrachten: Es wird auf jeden Fall Ihre Wahrnehmung von Musik nachhaltig verändern, versprochen! So wünsche ich Ihnen viel Erfolg auf Ihren musikalischen Wegen zu sich selbst.

---

[1] https://de.wikipedia.org/wiki/10._Sinfonie_(Beethoven)#
Ergänzung_zweier_durch_KI_erstellter_Sätze

1

Vorgeschichte

Wer die Musik liebt,
kann nie ganz unglücklich werden.

Franz Schubert (1797-1828)

Mühsam stand der 15-jährige Junge langsam auf, ging wie träumend zu seinem Schreibtisch und prüfte seine Geldbörse. Er fand sein Taschengeld, sonst aber nichts. Er seufzte, packte beherzt die kleine Geldbörse in seine Hosentasche und ging aus seinem Zimmer die Treppe hinunter zu seiner Mutter in die Küche. Es war früher Nachmittag und er wollte, wie mit seinem Vater vereinbart, aus dem Vorort in die Stadt fahren. Sie verabschiedeten sich kurz und er nahm den Ausweis entgegen, den ihm seine Mutter entgegen reichte. *„Sei zum Abendessen aber pünktlich zurück!"*, mahnte sie ihn, bevor sie sich wieder ihrer Arbeit zuwandte. Der Pudel, sein täglicher Spielkamerad, spürte, dass er ausgehen wollte, und versucht nun ihm mit aller Kraft zu folgen. Der Junge streichelte ihn kurz, zog seine Jacke und seine Schuhe an und ging, ohne den Hund weiter zu beachten, zur Haustür.

Vor der Haustüre nahm er einen kräftigen Atemzug. Dann sprang er die Treppe hinunter und folgte der Straße bis zur nächsten Bushaltestelle nahe dem Lebensmittelladen. Die Linie 10 sollte ihn in die Innenstadt bringen. In der Ferne sah er den Bus bereits über die Eisenbahnbrücke kommen. Nachdem er in den Bus eingestiegen war und bezahlt hatte, suchte er sich einen Fensterplatz und schaute hinaus. Es machte ihm immer Spaß aus dem Fenster zu schauen, wenn er in die Innenstadt fuhr. Es gab dort viel mehr zu sehen als in seinem Vorort. Und es war einer der seltenen, bunten und interessanten Ausflüge für ihn. Und er genoss die Freiheit, die er dadurch für einen Augenblick genießen konnte. Die bekannten Straßenzüge mit den bürgerlichen Häusern und ihren Vorgärten zogen vorbei. Die Häuser waren alle grau bis schwarz, es berührte ihn nicht; er kannte es nicht anders.

Das Geschäft in der Innenstadt war nur eine kleine Strecke von der Bushaltestelle entfernt. Er kannte es aus früheren Einkäufen und ohne Zögern ging er hinein. Er sollte für seinen Vater die Bücher abholen, die dieser in einem Buchclub bestellt hatte. Eigentlich wunderte er sich über den Auftrag, da er seinen Vater außer der täglichen Zeitung nur ganz selten etwas lesen gesehen hatte. Es machte ihm Spaß, in den ausgelegten Büchern zu stöbern und er nutzte die Zeit, sich in dem Geschäft umzuschauen. Neben den vielen Büchern wurden auch Schallplatten verkauft.

Ein Regal mit Sonderangeboten nahe der Kasse regte sein Interesse an. Platte für Platte schaute er durch, drehte sie um, lass die Texte und versuchte sich zu erinnern, was er schon kannte und was nicht. Sein Interesse an klassischer Musik war erst neulich im Musikunterricht geweckt worden. Der Dirigent des Stadttheaters, der seit einiger Zeit den Musikunterricht an seinem Gymnasium leitete, hatte es geschafft, ihn für Bruckner, Dvořák und Brahms zu erwärmen. Und im Radio fand er bald darauf Sender, die fortwährend diese für ihn neue Musik spielten. Gerade jetzt zur Festspielzeit gab es täglich viel Neues zu hören. Darüber vergaß er manchmal fast seine eigentliche Leidenschaft: das Lesen.

Schallplatten waren im Allgemeinen sehr teuer. Unter 25 DM war kaum eine Platte zu bekommen. In diesem Regal waren aber Sonderangebote für Schlager und Klassik bereits ab 5 DM erhältlich. Schon bald hatte er eine Platte in der Hand, die wie von selbst zu ihm wollte. Ludwig van Beethovens Sinfonie Nr. 6 F-Dur op. 68 unter dem Dirigenten Paul Paray und dem Detroit Symphony Orchestra war beim Label Pergola zu haben. Der alte

Preis war 22,50 DM, der reduzierte 5 DM und somit war das Angebot sicher ein gutes Schnäppchen. Allerdings kannte der Junge sich noch nicht besonders gut aus. Der Name des Orchesters, des Dirigenten und des Labels sagten ihm erstaunlich wenig. Aber er vertraute sich und kaufte die Platte von seinem Taschengeld. Es war mehr, als er in einem Monat an Taschengeld bekam. Durch Gartenarbeiten und Wagenwaschen konnte er sich immer etwas dazu verdienen, um seine Bücher und andere Sachen zu kaufen. Trotzdem fiel es ihm leicht, die 5 DM zu investieren. Er spürte, dass hier etwas Neues begann. Aufgeregt zeigte er den Mitgliedsausweis seines Vaters vor, bezahlte mit seinem eigenen Geld die ausgesuchte Schallplatte und nahm die Bücher für seinen Vater entgegen.

Abb. 1: Beethovens Sinfonie Nr. 6

Zu Hause angekommen, lief er sofort in sein Zimmer, um die neue Platte abzuspielen. Er öffnete die Haube des Plattenspielers, nahm die Schallplatte sorgfältig aus der Innenhülle heraus und legte sie, ohne einen Fingerabdruck zu hinterlassen, auf den Plattenteller. Über den alten Dual-Plattenspieler ertönte kurz darauf aus dem Lautsprecher des Kofferradios Beethovens Sinfonie. Für die nächste Zeit war diese Schallplatte tagtäglich sein „Hörlernprogramm".

Sein Schatz war die Sinfonie selbst und mit dieser Interpretation, dem düsteren Bild der Plattenhülle, dem Wechseln der Seite zwischen dem zweiten und dritten Satz, all das prägte sich tief in sein Unterbewusstsein ein. Aber trotz aller Exotik des Momentes, der Überbewertung des Erwerbes von dem eigenen Geld, der Riesenfreude über die Schallplatte und aller unbeholfenen Annäherung an das neue Sujet, letztlich blieb sein Verhältnis zu dem Komponisten Beethoven sein Leben lang distanziert bis fremd.

Ab diesem Tag war die Kraft der Musikkonserve im klassischen Bereich in sein Leben gelangt und ließ ihn nicht mehr los. Bald reihte sich Schallplatte an Schallplatte, wie die Bücher im Regal sortiert und gepflegt. Seine Eltern waren zufrieden mit seiner Wahl, Hauptsache es tönte nicht so neumodische Popmusik aus dem Kinderzimmer. Und wenn er sich in Phasen der Einsamkeit und dem Gefühl des Anderssein über die Gegenstände mit Schall und Buchstaben zu definieren schien, die Kraft des Trostes und die starke innere Berührung durch Wort und Ton gestalteten fortan sein Leben und wurden zu einer der wichtigsten Ressourcen im Kampf ums Überleben.

2

Musikalische Spurensuche im Leben

Der Musik muss man sich völlig hingeben,
man kann sie nicht auf- und zudrehen wie einen Wasserhahn.

Pablo Casals (1876-1973)

Umgeben von der regen Hektik eines normalen Wochentages in Bensersiel, entspanne ich mich bei Cappuccino und Apfelkuchen. An diesem 17. August des Jahres 2012 war alles normal. Im Café Waterkant wachte gegen 11 Uhr gerade die Bedienung erst langsam auf, nur wenige Touristen finden so früh den Weg hierher. Noch war es unter 20 Grad Außentemperatur. Und doch fühlte es sich für mich anders, besonders an. Nicht das Lampenfieber vor einem Auftritt oder einem ersten Kuss, mehr die innere Gewissheit, vor einem neuen Lebensabschnitt zu stehen, ohne genau benennen zu können, was dies konkret sein könnte. Halt nur so ein Bauchgefühl. Der Cappuccino konnte auch nur äußerlich wärmen, das Unwohlsein im Bauch löste sich nicht auf. Etwas drängte empor.

Fast gezwungen holte ich das Notebook aus der Tasche, öffnete den Deckel und wartete. Sekunden später klagte mir ein leeres Word-Dokument ent-

13

gegen. Was sollte das? Was soll ich hier schreiben? Fetzen aus meiner Geburtsstadt bevölkerten mein Gehirn, in den Ohren begannen hartnäckig Melodiefetzen sich einzunisten. Gefühlte zehn Minuten später, die Batterieanzeige hatte bereits 3% Leistung abgezogen, begann ich, ja genau, dieses Dokument zu schreiben, das Sie gerade lesen. Nicht an dieser Stelle, aber in Fragmenten und Überschriften. Die erste klarere Frage war: Was ist mir an Musik wichtig? Als die letzten Krümel des Apfelkuchens in mir verschwunden waren, fiel mir das Buch von Elke Heidenreich „*Ein Traum von Musik*" ein, das am Tage zuvor mir in Bremen in einer Buchhandlung in die Hände gefallen war. Geschichten der Musikliebe von bekannten Personen wie Senta Berger, Jürgen Flimm oder Kent Nagano berichteten von einzelnen Dramen oder Komödien. Einführung, Background mit Schürzung des Knotens und dann „Peng", der Höhepunkt. Jedes Mal war es „das" Musikereignis der jeweiligen Personen. Von den vermutlich vielen anderen, nicht so spektakulären Ereignissen, erfährt man nichts. Irgendwie blieb die Frage nach dem fortdauernd prägenden Einfluss von Musik verborgen.

Fasziniert von den Geschichten der Autoren über deren erste oder wichtigste Begegnung mit Musik in ihrem Leben und wie sie davon geprägt wurden, kam für mich jetzt die Frage auf, wie es denn in meinem Leben zu meiner Liebe zur Musik kam. Auf Anhieb fielen mir mehrere Ereignisse ein, denen ich in meinem Leben schwerwiegende Auswirkungen zuschreiben würde: Der Generalmusikdirektor, die erste Schallplatte aus Vaters Musiktruhe, der erste Theaterbesuch, usw. Folgen Sie mir deshalb auf meinen ganz persönlichen Wegen zu „meiner" Musik. Der Versuch, eine fortlaufende, aber nicht vollständige Chronik von Musikereignissen zu erzählen, die mein Leben beeinflusst haben, war ein intensives Kennenlernen der eigenen Vergangenheit. Aus dem Dunst der Erinnerung tauchten mit dem Schreiben immer neue musikalische Bausteine auf, Bewertungen verschoben sich und im Lichte der heutigen Wahrheit entstand langsam eine schlüssige Ereigniskette.

Wenn ich mir heute meine Musiksammlung und meine musikalischen Vorlieben anschaue, dann hege ich den Verdacht, dass dies nicht einfach Zufall war. Meine guten Eigenschaften und meine Macken sind irgendwie sogar in dieser äußerlichen Sammlung zu erkennen. Ja, ich würde heute fast behaupten, Menschen nach ihrem Musikgeschmack ganz gut beurteilen zu können. So wie dies ein Feng-Shui Berater aus der Wohnung abliest, der Heilpraktiker aus der Iris des Auges oder der Psychologe aus den Geschichten und Äußerungen des Patienten auf der Liege. Zu überheblich? Vielleicht, aber der Ansatz ist doch interessant, oder?

Deshalb lade ich Sie ein, sich selbst Ihre Liebesgeschichte zu „Ihrer" Musik zu erzählen, oder noch besser: Greifen Sie gleich zu Stift und Papier. Am Ende eines jeden Kapitels helfe ich Ihnen mit Checklisten in Fragenform, die im Kapitel aufgeworfenen Themen bei sich selbst zu überprüfen. Und zwar von der Geburt an ... bis über den Tod hinaus. Denn am Ende des Buches versuche ich eine Weitsicht: Was will ich am Ende meiner Tage hören? Spätestens dann wird deutlich, dass der musikalische Faden im Leben kein statischer Zustand, sondern einer der spannendsten Prozesse überhaupt ist.

In der Umgangssprache sind wir die Phrasen „*Denkmal*", „*Sieh mal!*" und „*Fühl mal!*" gewohnt; aber ganz selten benutzen wir das „*Hör(e) (ein)mal!*", noch seltener nutzen wir einen Ausdruck für eine Musik zur Kenntlich- machung ihrer innewohnenden Qualität mit dem Ausdruck „*Hörmal*" (als Schwester des „*Denkmal*"). Nur in Westfalen wird umgangssprachlich das „*Hömma!*" verwendet, um (auditive) Aufmerksamkeit zu erlangen. Ich nutze hier das „*Hör-Mal*" als Aufforderung, unser Sinnesorgan Ohr einmal wieder gebührend zu gebrauchen.

„*Musik sagt das Unsagbare.*" Das philosophierte der bekannte tschechische Komponist Bedřich Smetana (1824-1884). Diesem Unsagbaren bin ich auf der Spur mit Geschichten, Empfindungen, Bildern und Zitaten von Musik. Schön wäre es, wenn parallel zum Lesen auch gleich die Musik vorhanden wäre, weil sie am besten durch sich selbst verdeutlicht, um welche Empfindung oder welchen Zustand es sich jeweils gerade handelte. Die Buchform macht dies nicht möglich; am Ende eines Kapitels sind jedoch die genannten Musikstücke in der gemeinten Interpretation einschließlich Cover beschrieben. Eine jeweils andere Interpretation wäre zum Anhören aber auch gut. Vieles lässt sich in Streaming Portalen im Internet wie Spotify anhören, viele kurze Ausschnitte sind auch auf www.amazon.de oder www.jpc.de zu finden. Auf meiner Webseite www.kraftraum-musik.de können Sie sehr einfach auf diese Aufnahmen zugreifen. Auch wenn der Fokus auf der Musik und ihrer Einwirkung und Verwicklung in meinem oder Ihrem Leben zielt, eine solche Analyse und Spurensuche ist immer mit dem ganz normalen Alltag der Protagonisten, seinen Erfolgen und Problemen im Leben verbunden. Manchmal wirkt dies auch gegenseitig aufeinander ein. Ich fand es deshalb sehr spannend, was ich am Ende dieses Buches über mich erzählt haben werde. Gibt das ein rundes, komplettes Bild? Oder zeige ich nur einen Ausschnitt? Urteilen Sie selbst ...

... ach, und noch eines: Ich selbst betrachte mich gerne als Dilettanten: *„Dilettant – Musikliebhaber – im Gegensatz zum Musiker von Fach, dem die Musik oft sehr gleichgültig ist. Bei der ungeheuren Menge der vorhandenen Dilettanten kommen alle möglichen Spielarten der Musikliebe vor ...“*[2]

---

[2] Zitiert nach: Ernst Heimeran: *Prof. Kalauer's ausgewählte musikalische Schriften.*
10. Aufl., Heimeran, München, 1955, S. 11.

3

Ohne Euch wäre ich nichts

Wer nie jagte und nie liebte,
nie den Duft der Blumen suchte und
nie beim Klang der Musik erbebte,
ist kein Mensch, sondern ein Esel.

Aus Arabien

Sehr vielen Menschen auf meinem Lebensweg bin ich zu Dank verpflichtet. Nicht nur für das Interesse an Musik und vielen Ideen zu diesem Buch, sondern für mein Leben insgesamt. Ohne alle diese Freunde und Helfer auf dem Weg wäre ich verloren gewesen oder die Welt wäre ein recht trauriger Ort für mich. Es ist mir bis heute nicht gelungen, dies allen Menschen gegenüber direkt zum Ausdruck zu bringen. Somit widme ich dieses Buch diesen Freunden und Helfer: Ohne Euch hätte ich es nicht geschafft; von ganzem Herzen Danke!

Posthum gilt mein besonderer Dank meinen Eltern. Sie haben mir das Leben in dieser Welt geschenkt, und das war und ist nicht selbstverständlich. In dem Kleingedruckten vor meiner Reinkarnation bei ihnen war ich mal wieder nachlässig und habe vieles nicht gelesen, worüber ich manchmal sehr traurig und auch erbost war. Aber in der Summe haben Sie mir die Freiräume in meiner Entwicklung ermöglicht, ohne die die Breite und Tiefe der Auseinandersetzung mit Musik, Wahrnehmung und Energien nicht möglich gewesen wäre.

Mit meinem ältesten Bruder Hartmut Weber-Falkensammer (Seeshaupt) habe ich meine Erinnerungen abgeglichen. Ich danke ihm für die Offenheit und sein Placet. Für die Recherchen zu Helmut Renz habe ich seiner Tochter Katja Renz (Darmstadt) zu danken. Dietmar Millhoff (Hagen) gab mir Einsicht in die Manuskripte zu dem Buch von Berthold Lehmann. Sabine Grebrodt (Zwingenberg) hat wie schon so oft meine Rechtschreibung, Grammatik und Verständlichkeit im Blick gehabt. Heidi Kriegbaum (Darmstadt) suchte auch noch die (hoffentlich) letzten Fehler. Und dann sind da noch die lieben Menschen, die mich über Jahrzehnte immer wieder zu meinen Musikexperimenten begleitet haben: Barbara, Catherine, Cornelia, Elke, Emmanuel, Hartmut, Henning, Johanna, Katharina, Ute ... mögen uns noch viele gemeinsame Musikgenüsse vergönnt sein!

In eigener Sache: Trotz aller Mühe wird dieser Text nicht ohne Fehler sein. Ich bitte um Nachsicht. Ein bezahltes Korrektorat und Lektorat, wie es etablierte Verlage anbieten, ist aus Kostengründen für mich nicht möglich gewesen.

Deshalb bitte ich Sie Fehler, ganz gleich welcher Art, mit Bezug auf die entsprechende Seite an die Emailadresse „fehler@kraftraum-musik.de" zu senden. Ich werde sie umgehend prüfen, korrigieren und Ihnen Bescheid geben. Im Selfpublishing-Verfahren kann ich zeitnah eine korrigierte Version bereitstellen, so dass neue Käufer – dank Ihrer Mithilfe – sogleich eine fehlerfreie Version gedruckt bekommen.

4

Vom Fehlen der Musik

*In der Musik hat Gott den Menschen
die Erinnerung an das verlorene Paradies hinterlassen.*

Hildegard von Bingen (1098-1179)

Ich wurde als viertes Kind in eine Arztfamilie am Ende der 50er Jahre in einer westfälischen Arbeitergroßstadt in sehr behütete Bedingungen hineingeboren. Kein Wunschkind, aber in den Aufbaujahren nach dem Zweiten Weltkrieg waren die Menschen vertieft in die Wiederherstellung von Menschlichkeit und Sicherheit. Mit den pubertierenden Geschwistern hatte meine Mutter genug zu tun, der Vater war in guter alter Manier der Ernährer, intensiv mit seinem Beruf als praktischer Arzt beschäftigt und nicht wirklich eine Hilfe im Haushalt. So hatte ich viele Freiheiten, wenn ich auch erst viel später diesen Reichtum erkannte. Unter therapeutischem Einfluss wurde aus einem Mangel an Geborgenheit und Zuwendung dann der große Raum der freien inneren Entwicklung.

Wir wohnten in meinen ersten drei Lebensjahren in einer großen Miet-wohnung, meine drei Brüder teilten sich ein Zimmer, ich als Säugling und Kleinkind mit meiner Tante ein anderes Zimmer. Die einzige Quelle für Musik im Haus war ein Röhrenradio der Marke Graetz mit einem großen grünen Auge, das langsam aufleuchtete, wenn es eingeschaltet wurde. Erst Jahre später fand ich heraus, dass im unteren Teil des Möbels noch ein alter DUAL-Plattenspieler mit einem Plattenwechsler verborgen war.

Abb. 2: Das dunkle GRAETZ-Röhrenradio Sinfonia 3262, ca. 1954

Die perlmuttfarbenen Tasten des Radios, die Skala mit den vielen unbekannten Zeichen (meist Städtenamen) und mir noch unbekannten Zahlenhieroglyphen waren eine große Herausforderung. Ich traute mich nicht, irgendjemanden danach zu fragen. Das Holzgehäuse umfasste auch die Lautsprecher und es gab mehr als einen Drehring. Höhen- und Tiefen-Regler mit der vertikalen Skalenanzeige gaben dem veränderbaren Klang Namen und Aussehen.

Der Platz, wo dieses große, dunkle Musikmonster stand, ist mir heute noch nahe. In die gute Stube durfte ich nur zum Gute-Nacht-Sagen zum Vater, ansonsten war das Terrain des Jüngsten eher die Küche und die große Diele, in der auch der Esstisch für alle sieben Personen stand. Die erinnerbaren Geräusche meiner ersten Lebensjahre sind die meiner wenigen Spielzeuge: Das Aufziehgeräusch einer kleinen Metalleisenbahn auf einer bemalten Metallplatte, das Umfallgeräusch von Holzklötzchen und das säuselnde Ablaufgeräusch eines roten LEGO-Tankwagens.

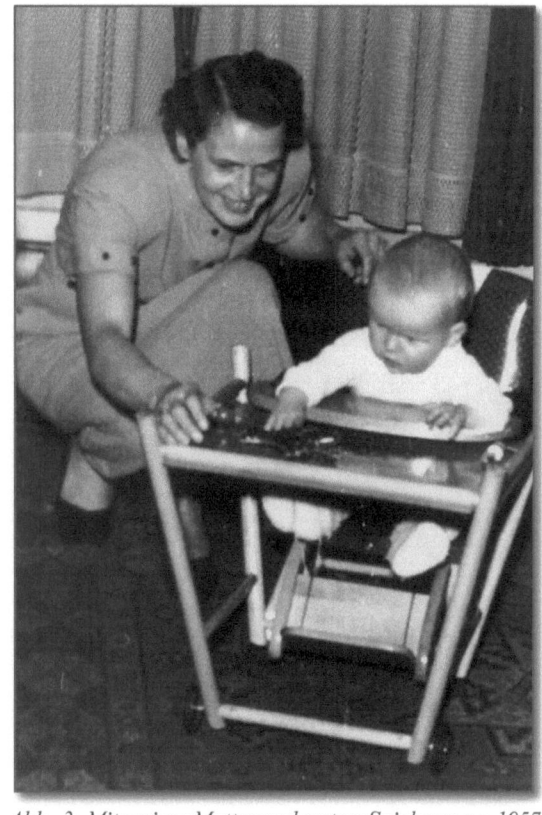

Abb. 3: Mit meiner Mutter und erstem Spielzeug ca. 1957

Seine goldenen Räder, die rote Farbe und die noch nicht vorhandenen Fensterausschnitte wurden mir einmal zum Lebensretter. An Alltags-geräusche in der Küche oder im Bad kann ich mich nicht erinnern.

Im Jahre 1960 zogen wir dann in ein großes, neu gebautes Haus und ich empfand es als riesig. So viel Neues gab es für den Dreijährigen zu entdecken, dazu der große Garten um das Haus. Am Abend sang mich niemand in den Schlaf. Oft fühlte ich mich mutterseelenalleine. Umringt von meinen Stofftieren schlief ich in einem Gitterbett. Daneben stand ein Kleider-schrank. Oben auf dem Schrank stand ein kleines Holzhäuschen im alpenländischen Stil, dass im Inneren eine Spieluhr verbarg. Wahrscheinlich war es ein Mitbringsel aus einem der Urlaube meiner Eltern im Süden Europas. Wenn ich mich auf den Platz zwischen den senkrechten Sprossen

21

des Gitters stellte, kam ich gerade so eben an das Häuschen heran. Von der Unterseite her konnte ich die Spieluhr aufziehen, im aufklappbaren Dach des Häuschens konnte ich kleine Sachen verstecken. Außen waren zwei drehbar gelagerte Figuren angebracht, die den Luftdruck symbolisieren sollten; daneben gab es ein kleines Quecksilberthermometer. An die Melodie der Spieluhr kann ich mich nicht mehr erinnern, aber sie war mir oft Trost, wenn ich mich im großen Haus allein fühlte und meine kleine Stimme nicht in der Lage war, meine Mutter im unteren Stock zu erreichen.

Zu meinem Glück wurde ich mit etwas über zweieinhalb Jahren in einen reform-pädagogischen Montessori-Kindergarten geschickt. Das pädagogische Konzept dort, das Kind als *„Baumeister seiner Selbst"* zu sehen, tat mir (aus heutiger Sicht) unheimlich gut. Mangelnde Förderung zuhause

Abb. 4: Im Montessori-Kindergartens ca. 1960

wurde hier ausgeglichen. Maria Montessori trat zu Beginn des letzten Jahrhunderts ein für gleiche Bezahlung für Frauen, Pazifismus, kindgerechte Erziehung mit hohem Respekt vor den anderen Wesen, Förderung des eigenen Lernens und der Kreativität, usw. Viel von meinen heutigen Eigenschaften und Qualitäten kann ich dort wiederfinden als Quelle und

Förderung derselben. Besonders erinnere ich mich an das Ausschneiden von frei gewählten Bildern aus einem Quelle-Katalog sowie dem Erkunden von Geräuschen in vorgefertigten Röhrchen. Diese waren mit Erbsen, Sand, Steinen, Zucker usw. gefüllt und wir Kinder mussten aufgrund eines Schüttelgeräusches erkennen, um welchen Inhalt es sich handelt. Wir haben sicher auch mit den Kindergärtnerinnen, die Ordensschwestern waren, gesungen, aber daran kann ich mich nicht erinnern. Die Leiterin, Schwester Hugonis, habe ich geliebt. Mit der Volksschule begann bald ein neues Leben – nur an Musik fehlte es dort. Zumindest wurde mir nichts präsentiert oder ich zum Mitmachen eingeladen, was mir im Gedächtnis geblieben ist.

Meine Welt zuhause wurde langsam eindeutig größer. Auch das Röhrenradio war im neuen Haus noch da, stand aber ungenutzt auf einer Chippendale-Kommode in der Ecke der Diele. Mit dem aufkeimenden kleinen Wohlstand der 60er-Jahre hatten sich meine Eltern – und ich denke mein Vater war die treibende Kraft – eine neue Musiktruhe geleistet, natürlich wieder im Chippendale-Stil. Es war noch die Generation vor der IKEA-Kultur, in der die Anschaffung eines Möbels immer für das ganze Leben galt. Stilbrüche durch Neuerungen wurden da nicht geduldet. In dieser Musiktruhe war neben einem Telefunken-Stereo-Radio auf Transistorbasis auch ein moderner DUAL-Plattenspieler untergebracht, daneben die Plattensammlung mit einem Leselicht. Diese Truhe wurde meine erste Quelle für Musik.

Mein Vater ist als Schüler in Höxter an der Weser am Gymnasium sicher nicht einer der Clan-Führer gewesen. Eher ein stiller, weicher Schüler, der aber Trompete und Horn spielen lernte. Welche Musik er liebte und spielte, kann ich heute nur noch erahnen. Im Familienalbum kann man aber von dem Bild des Jahres 1928 ablesen, dass er damit auch öffentlich im Rahmen einer Schüler- und später Studentenkapelle auftrat. Von meiner Mutter ist mir kein Bezug zur Musik bekannt. Der Krieg riss die Musik wie so vieles auch aus dem Leben meines Vaters. Dann kam die Verantwortung für die Familie und aus den Trümmern der zerbombten Wohnung in einer Großstadt im Ruhrgebiet blieben nur einzelne Schallplatten übrig.

Von Familienfesten ist mir aus Erzählungen noch in Erinnerung, dass mein Vater vor und während des Krieges abends als zuständiger Arzt im Theater eingesetzt war. Ein Luxus, den sich heute kein Theater mehr leistet. Ich wünsche meinem Vater sehr, dass er die Aufführungen damals genossen hat.

Abb. 5: Mein Vater Helmut mit Schülerband 1928

Als ich das erste Mal – unerlaubt und eifrig zitternd – mir diese Schätze in der Musiktruhe, die im Übrigen kaum gespielt wurden, in die Hand nahm, war ich von ihrem Gewicht erstaunt. Kennen Sie den Unterschied zwischen einer 78er-Schallplatte und einer 33er-Schallplatte (LP für Long Play genannt)? Enorm. Auch die Fragilität der 78er wurde mir sofort bewusst: Einmal fallen gelassen, war die schöne Musik auf immer verloren. Was auf den Etiketten stand, sagte mir damals nichts. An Auflegen und Abspielen habe ich nicht einmal im Traum gedacht. Mit ungefähr elf Jahren wurde ich dann kecker. Waren die Eltern und Geschwister außer Haus, war die Musiktruhe mein neues Forschungsobjekt.

Ich erinnere mich auch an die Musik, die ich in sonntäglichen Kirchenbesuchen zu hören bekam. Von der mächtigen Orgel im Hintergrund übertönt versuchte die Gemeinde (und ich so tuend, als ob), die Kirchenlieder zu intonieren. Bald erkannte ich die schönen Stücke im Jahreskreis der Kirchenlieder wieder. Nicht die Worte faszinierten mich, sondern die Melodien. Aus den Seiten im Gesangbuch ging auch hervor, wann diese Lieder entstanden waren und das war kaum vorstellbar: Vor so vielen Jahrhunderten! Manche hörten sich für mich ganz einfach, natürlich an (z.B. *„O Haupt voll Blut und Wunden "*), andere fand ich überhaupt nicht schön und eingängig. Mein Erstaunen später beim Kennenlernen der Musik von Johann Sebastian Bach und besonders seinen Vorvätern war groß, als ich diese Melodien bei eben jenen wiederfand, allerdings jeweils anders auskomponiert. Die schlichte Einfachheit der Version im katholischen Gesangbuch blieb mir aber nahe – und der Respekt, dass das etwas war, was irgendjemand dem Volk vom Mund abgeschaut oder volksnah erfunden hatte.

Natürlich hörte ich zu jener Zeit auch schon Radio. Meine pubertierenden Brüder hatten jeder eines. Es dudelte halt ab und zu nebenher, viele Sender gab es ja auch nicht. Es war nichts dabei, was mich anrührte. Als ich dann zum ersten Mal allein in einem Zimmer schlafen durfte, nutzte ich in den Sommermonaten die abendliche Helligkeit aus, um noch spät und verbotenerweise ohne Licht oder mit dem Licht einer Taschenlampe in meinen Büchern zu lesen. Je dunkler es wurde, desto näher rückte ich im Schlafanzug zum Fenster. Im Garten hörte man noch Mutter und Tante bei der Gartenarbeit. Daneben sangen Amsel und Drossel ihre Abendgesänge, die ich seitdem mit dem innigen Gefühl des Heimligen und Geborgenen verbinde.

Fragen

Wurde in Ihrer Familie gemeinsam musiziert?

Was wurde gespielt und hat es Ihnen Spaß gemacht?

Haben Sie als Kind mitgesungen und hat es Ihnen Spaß gemacht?

Wurden Sie (manchmal) in den Schlaf gesungen?
Können Sie sich an das Lied erinnern?

An welche Vogelstimmen aus Ihrer Kindheit erinnern Sie sich? Gibt es dazu eine Geschichte?

Was war das erste technische Gerät für Sie, aus dem Sie Töne bzw. Musik gehört haben?

Welches Musikinstrument haben Sie als erstes in der Hand gehabt (nicht notwendigerweise gespielt)?

Erinnern Sie sich noch an einige Kinder- oder Kirchenlieder?

5

Was Singen auch sein kann

Die Musik wird treffend als Sprache der Engel beschrieben.

Thomas Carlyle (1795-1881)

Kurze Zeit später begann das Erkunden einer neuen Welt in Form eines Herantastens an die Schätze der Musiktruhe. Platte um Platte schaute und hörte ich mir aus dem Schallplattenangebot der Musiktruhe meines Vaters an. Das meiste sagte mir nichts, rührte nichts in meinem Inneren an. Das immer noch bestehende Verbot war genug Feuer, um voller Energie die Geheimnisse zu erkunden. Die alten 78er Schallplatten benötigten auf dem Plattenspieler eine besondere Nadel, die am Tonkopf umgelegt wurde. Sorgfältig achtete ich darauf, dass ich diese immer in den vorherigen Zustand zurückstellte, ebenso wie ich die Reihenfolge der Schallplatten nicht durcheinander brachte. Mein Vater war kein großer Pedant, aber die Schmach eines Auffliegens wollte ich nicht zulassen.

„His Masters Voice" – jene Etiketten des Labels EMI auf den 78er Schallplatten in Rot, mit dem Hund vor dem alten Trichter-Grammophon, fand ich lustig. Alle Aufnahmen knisterten vom vielen Abspielen und dauerten recht kurz. Nach drei bis fünf Minuten war die Show vorbei. Dann musste ich die Schallplatte rumdrehen und die sogenannte B-Seite abhören. Am Anfang war mir nicht bewusst, dass die Seiten der Platten eine Bewertung in A und B hatten. Aber die Logik erschloss sich mir aus der

Abb. 6: 78er-Schallplattenlabel EMI His Masters Voice

Bezeichnung der Stücke: Es war irgendwie klar, dass eine Arie aus dem „*Il trovatore*„ (Der Troubadour) im 1. Akt vor einer Arie aus dem 3. Akt lag. Meistens waren es Schallplatten mit Schlagern aus den 30er und 40er Jahren, der Jugend- und Ausbildungszeit meines Vaters.

Nach dem Krieg kamen in die Sammlung weitere, jetzt „normale" Schallplatten mit 33er-Abspielgeschwindigkeit hinzu. Zusammenstellungen von Weinliedern, Operetten, auch auf kleinen 45er-Schallplatten, von Richard Tauber (*„Dein ist mein ganzes Herz"* – 1930), Willy Schneider (*„Wenn das Wasser im Rhein goldner Wein wär"* – 1950), Conny Froboess (*„Zwei kleine Italiener"* – 1962), Ronny (*„Hohe Tannen"* – 1966) usw. Wahrscheinlich Mitbringsel von Reisen und ein Ausdruck von nicht gelebten Träumen. Und dann die Schallplatte, die alles verändern sollte. Wie und warum gerade diese Schallplatte in die Sammlung meiner Eltern kam, ist mir heute nicht nachvollziehbar. Ein paar dieser Platten gehörten sicher auch meinem ältesten Bruder. Aber dankbar dafür bin ich bis in das Mark meines Seins. Aus dieser Zeit ist mir ein Ohrwurm

Abb. 7: Conny Froboess mit "Zwei kleine Italiener"

geblieben, der wohl aus dem Radio gekommen sein muss, an eine Schallplatte kann ich mich nicht erinnern. Es war das Lied „*Non Ho L'età*" gesungen von der jungen Gigliola Cinquetti. Sie gewann damit sowohl das Festival von San Remo als auch den Eurovision Song Contest (9. Grand Prix Eurovision). Den Refrain

Lascia che io viva	*Lass mich leben*
Un amore romantico	*eine romantischer Liebe.*
Nell' attesa	*Ich warte*
Che venga quel giorno	*bis zu diesem Tag.*
Ma ora no	*Aber jetzt nicht.*

konnte ich schnell mitsingen, auch ohne Italienischkenntnisse. In späteren Jahren erinnere ich mich, dass ich manchmal meinem Vater aus seinem Schallplattenschrank etwas vorspielen sollte; er suchte aus und ich machte den DJ. Manchmal fütterte ich nur den Plattenwechsler, manchmal machte ich es per Hand und lauschte der Musik. Das meiste kannte ich bald und – ob ich wollte oder nicht – es prägte mich mehr, als ich mir eingestehen wollte. Noch heute liegen mir die Musikstücke im Ohr ...

Was war also dieser besondere Schatz? Es war eine der ersten Aufnahmen des jungen Dirigenten Lorin Maazel (1930-2014) in seiner neuen Funktion als Leiter des Radio Symphonie Orchesters Berlin (RSO). Damals waren die großen Namen des Klassikgeschäftes Herbert von Karajan (1908-1989), Karl Böhm (1894-1981) und Rafael Kubelik (1914-1996). Dieser aufstrebende Künstler stellte über das Plattenlabel Philips seine Bandbreite und seine Interpretationen vor. Damals wusste ich von dem allem nichts, aber die Stücke auf der Schallplatte waren die ersten, die mich faszinierten und immer wieder zum Schallplattenschrank zwangen.

Natürlich könnte ich mich heute fragen, ob es die Musik der Komponisten, die Interpretations-kunst eines Lorin Maazels, eine Kombination daraus oder einfach die Kraft des Verbotenen war, was die Initialzündung in mir auslöste. Aber das ist und war mir nicht wichtig. Die erste Begegnung mit der „*Feuerwerksmusik*" („Music for the Royal Fireworks", HWV 351) von Georg Friedrich Händel (1685-1759) war das Schlüsselerlebnis, das ein Tor aufschloss, welches ich erst Jahre und Jahrzehnte später recht zu würdigen wusste.

Da saß ich nun auf dem Perserteppich vor dem Chippendale-Musikschrank. Halb mit den Ohren fasziniert zur Musik gewandt, halb auf die Geräusche im Haus achtend, ob die Eltern zurückkehrten oder einer meiner Brüder. Diese kleine Welt fesselte mich. Auch wenn damals noch keine Tränen flossen, kein Gefühl im Körper über die Wahrnehmung sich meldete oder der Reichtum aus dem Schatz des Bewussten und Unterbewussten sich in freien Assoziationen den Weg ins Jetzt brach: So etwas wie Sinnhaftes meldete sich keck in mir. Auch war mir sofort klar, dass das eine Musik war, die ich in nächster Zukunft mit keinem teilen konnte. Nicht in der Familie (obwohl ja die Schallplatten von dort kamen), nicht mit den Brüdern oder den Klassenkameraden. Eine exotische Idee der Isolation war geboren, gekoppelt mit dem Wissen um meinen „Schatz".

So wie Händels Feuerwerksmusik mir den Klangraum eines großen Orchesters vorführte, so gab es auch andere Formen, die mich ebenso berührten. In der Volksschule kann ich mich an einen Musikunterricht oder Singen und Musizieren nicht erinnern. Aber schon die ersten Unterrichts-stunden im Gymnasium im Fach Musik wurden zur erinnerten Qual. Der promovierte Musiklehrer alter Schule und kurz vor der Pensionierung hatte eine Strenge und furchterregende pädagogische Präsenz, wie man sie noch in den Heinz Rühmann Filmen der 40er- und 50er-Jahre kennt. In dem Buch „Die vergessene Generation. Die Kriegskinder brechen ihr Schweigen" von Sabine Bode berichtet die Autorin sehr anschaulich, wie gerade auch die schwarzbraune Erziehungspädagogik des Dritten Reiches noch bis in die späten 60er Jahre hinein die Anschauung von Kindererziehung geprägt hat. Dieser Lehrer hatte aus heutiger Sicht noch ganz viele dieser Einstellungen. Er scheute sich nicht, mit einem Stock den Schülern auf die Finger zu schlagen, einen falschen Ton mit einer Note 5 zu bestrafen und die Musik als etwas Todernstes und Unheimliches darzustellen. Seine Methode der Tonika-Do-Methode [3] (relative Solmisation) mit Unterstützung von Hand-zeichen mutete damals wie Zirkus an, verstanden wir doch alle das nicht. In den damals noch normalen, wöchentlichen Schulgottesdiensten spielte er in

---

[3] Lehrmethode zum Singen nach Noten, bei der die Solmisationssilben do-re-mi-fa-sol-la-ti in Verbindung mit Handzeichen benutzt werden. Die Methode stammt aus England und wurde in Deutschland von Agnes Hundoegger (1858-1927) eingeführt.

der katholischen Kirche St. Bonifatius die Orgel – und für mich klingt sein Spiel heute noch falsch.

Mit Widerwillen kommen mir heute noch die Erinnerungen an „mein" Vorsingen in den Sinn: Von zuhause weder gewohnt noch gefördert war das wohl recht unbeholfen und schief. Aber statt Hilfestellungen und Ermutigungen zum Ausprobieren gab es Hiebe mit einem Paukenschlägel und schlechte Noten. Ich habe ihn gehasst. Und forthin war Musikunterricht für mich ein rotes Tuch. Gut, dass der Schallplattenschrank einen Schatz barg, der zumindest einen Gegenpol schuf, der langwirkend und prägend daherkam.

Um meine heutige Liebe für die Barockmusik muss ich ja kein Geheimnis machen. Die Feuerwerksmusik passt da genau hinein. Ich entdeckte aber noch eine Schallplatte, die eine Zusammenstellung von anderen Werken enthielt. Diese Schallplatte enthielt ein Stück mit Gesang von Georg Friedrich Händel. Die Kombination aus Musik, Text und Stimme auf jener Schallplatte löste etwas in mir aus, dass man aus heutiger Sicht und Erfahrung isoliert betrachtet als alt und unmöglich abtun würde. Damals war es einfach „*wow*"! Und der Text begann, im Gegensatz zur heutigen interpretationsweise, ins Deutsche übersetzt und auf Deutsch gesungen mit „*Ich weiß, dass mein Erlöser lebet ... *".

> *Ich weiß, dass mein Erlöser lebet,*
> *und dass er erscheint am letzten Tage dieser Erd.*
> *Wenn Verwesung mir gleich drohet,*
> *wird dies mein Auge Gott doch sehn.*
>
> *aus: Der Messias HWV 56, Nr. 45 (Textfassung nach Peters)*

Gundula Janowitz (geb. 1937) sang aus Händels Messias HWV 56 unter Karl Richter und dem Münchner Bach Chor & Orchester mit berauschender Engelsstimme. Ihr Gesang schwebte über dem Orchester und ich saugte ihn immer und immer wieder in mich auf. Mit dem religiösen Inhalt hatte ich nichts am Hut, die Qualität des Orchesters und die Interpretationsweise waren mir egal, nur diese Engelsstimme wollte ich hören. Irgendwie wusste etwas in mir, dass da etwas Wesentliches geschah, sich mir eine neue Schicht von Bewusstsein und Sinn eröffnete und für mein Leben geschenkt wurde.

Heute bevorzuge ich andere Interpretationen des Messias, ordne die Originalsprache Englisch viel besser als die deutsche Übersetzung der Komposition zu. Aber damals war es großartig. Der damalige Zeitgeschmack änderte sich gerade ab den 80er-Jahren erheblich und heute wissen wir wesentlich mehr über jene Zeit Georg Friedrich Händels, die alte

Abb. 8: Händels Autograph aus Messias HWV 56

Instrumentenbauweise, ihre Spielweise, die Lebens- und Wirkumstände des Komponisten und so weiter. Die Prägung in mir durch jene Schallplatte ist wie der erste Kuss oder die erste Liebesnacht gewesen.

Damit war der Grundstein für die Faszination „der Stimme" gelegt. Nicht das Gesäusel der Schlager oder die verkratzten, undeutlichen und – aus heutiger Sicht – flach interpretierten Opernstücke aus der Jugendzeit meines Vaters. Zum ersten Mal hatte sich eine Stimme in mein Herz und mein Sein gesungen. Wie eingebrannt und doch erfüllt. Eines der Geschenke, die man an Ort und Stelle nicht zu würdigen weiß und die erst viel später die Augen mit Tränen füllen. Ich würde heute viel Geld ausgeben, Gundula Janowitz dies irgendwo auf der Welt genauso singen zu hören.

Im Alltag war mir der Unterschied zwischen einer Männer- und einer Frauenstimme nicht bewusst. Weit entfernt von der Pubertät klangen Vater, Mutter und Brüder einfach so, wie sie klangen. Dann war da aber diese Frauenstimme, die aus dem Messias sang. Irgendwie war die Klanghöhe besonders: Der Inbegriff einer Sopranstimme maß sich jetzt an dem Gesang der Gundula Janowitz. Da meine Mutter mir nichts gesungen hat, außer an jenen verzweifelten Ereignissen, die sich „Heilig-Abend-gleich-kommt-das-Christkind" nannten, kann ich mich an ihre mögliche Stimm- bzw. Gesangsqualität nicht erinnern.

Aber es gab ja nicht nur diese neue, heilige Zeit. Der kindliche Alltag bestand aus in die Schule gehen, zu Hause vor Eltern und Brüdern bestehen und irgendwie ins Leben kommen. Als ich mit 11 Jahren dann ins Krankenhaus musste, weil mein Blinddarm überreizt war und entfernt werden musste, wurde mir die Zeit im Bett zu liegen – was damals noch ganz üblich war – dadurch erleichtert, dass meine Mutter mir das neue tragbare Transistorradio brachte, das sie und mein Vater sich in ihrem Schlafzimmer für ihre samstäglichen, gemeinsamen, von der übrigen Familie abgeschotteten Abende angeschafft hatten. Auf seiner Skala fand ich interessante Sender und die Bedeutung und Faszination einer Hitparade der Popmusik trat in mein Leben. Ich weiß noch genau, dass – zu meinem Trost – damals die Beatles mit dem Lied „*Hey Jude*" auf Platz eins der BBC-Charts landeten. Der Text

„... Hey Jude don't be afraid
you were made to go out and get her
the minute you let her under your skin
then you begin to make it better ... "

wirkte in mir. Die ersten Schritte in der englischen Sprache lagen bereits gerade hinter mir. Von da an hörte ich über Jahre am Samstagabend in der Badewanne die Hitparade, die dadurch auch ein Teil meines Musikgeschmackes wurde. Wenn heute im Radio alte Lieder der 60er und 70er Jahre gespielt werden, tauchen diese Szenen in der Badewanne wieder auf, bedeckt mit einem riesigen Schaumberg aus Fichtennadelduft.

Meine Eltern hatten eine Bekannte, die kleinwüchsig und schwerhörig war und die eine Künstlerin in der Buchhaltung war. Sie war ein wenig in die Familie als achtes Mitglied integriert. 1966 verbrachte ich als Neunjähriger sehr schöne drei Wochen Sommerferien am Bodensee mit ihr. Sie hieß Helena Nowinski, wurde aber immer Tante Helena genannt, obwohl sie nicht zum Familienclan gehörte.

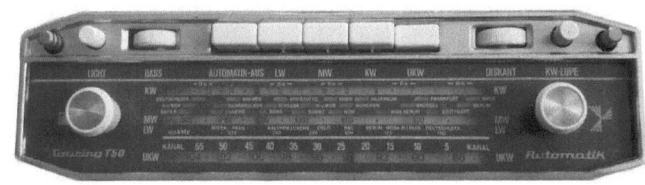

Abb. 9: Schaub Lorenz Touring T50

Diese Frau mochte mich. Wenn ich sie von ihrer Arbeit abholte und nach Hause zu uns begleitete, war meist auch auf dem Weg am Spielzeugladen vorbei ein kleines Wiking-Modellauto als Neuerwerbung möglich. Damals begannen die Preise noch bei 0,80 DM (80 Pfennige). Als sie 1971 früh an Krebs starb, bekam ich als Erbe ihr Transistorradio der Marke *Schaub Lorenz Touring T50 Automatic*.

Dieses Kofferradio war mein erstes eigenes Gerät, um unabhängig Musik zu hören. Es hatte einen Bass- und einen Höhenregler, zwei Antennen, einen guten Sound und einen AUX-Eingang für DIN-Stecker. Zu Weihnachten wurde dies vervollständigt, indem der alte DUAL-Plattenwechsler 1002F aus dem Schrank mit dem Röhrenradio in ein neues DUAL-Holzgehäuse gestellt wurde. Mit seinem angelöteten DIN-Anschluss konnte ich ihn an dem Kofferradio betreiben und hatte so meine erste eigene „Anlage".

Die ersten kleinen 45er Schallplatten, die ich von meinem Geld kaufte und über das Kofferradio abspielte, waren von Elvis Presley „*In the Ghetto*" und George Harrison „*My Sweet Lord*". Kein Mainstream, nichts womit ich angeben konnte, aber zumindest Texte, die nicht von Liebe und Schmerz handeln, sondern vom brutalen Leben und einem anderen Leben. Der alte DUAL dürfte mit seinem Tonarmgewicht den Stereorillen der Schallplatten arg zugesetzt haben, aber das war im Kofferradio mit seinem Mono-Lautsprecher nicht wahrzunehmen. Ich war nur glücklich und klebte oft mit meinen Ohren in der Nähe des Lautsprechers.

Das Stöbern im großen Haus in den Habseligkeiten der anderen war eine besondere Beschäftigung. Zum einen war dies eine Revolte gegen das Gefügig-Sein, zum anderen ein Tor zu neuen Welten. Auf einer meiner Erkundungen fand ich in einer Schublade meines nächsten Bruders einen metallischen Gegenstand, der sich als Mundstück für eine Trompete entpuppte. Er spielte schon lange nicht mehr Trompete, ich konnte mich kaum erinnern, ihn Üben gehört zu haben. Dieses Mundstück war ein Relikt aus jenen Tagen.

Ich versuchte auf diesen Mundstück Töne zu produzieren, was in kläglichen Zisch- und Brummlauten endete. Erstaunt war ich über die notwendige Atemkraft, die notwendig war, um diese Tonversuche zu erzeugen. Als ich viel später selbst begann, die Oboe zu erlernen, musste ich mich daran erinnern. Dies war damals meine erste Erfahrung mit dem Herzen-Luft-Strom – und vielleicht war der Samen zu „meinem" Instrument damit gelegt.

Ungefähr zu dieser Zeit fielen auch mal wieder die Geburtstage der Eltern. Als Kind hatte ich nicht ein Gefühl dafür, was meine Eltern freuen könnte. Es gab da wenig Erfahrung in der Familie für Schenken und Freuen. Ich kann mich nur an zwei Geschenke an meinen Vater erinnern. Das eine war ein Aschenbecher, der mit einem Drehkreisel die Zigarettenasche in sein Innerstes beförderte und damit den schlechten Geruch verbarg. Dieses Geschenk aus dem lokalen Tabakladen, in dem ich für meinen Vater immer eine Stange Zigaretten der Marke *„Simon Arzt"* holen musste, war naheliegend, da Rauchen in der Familie ständig präsent war. Auch aus jenem Laden, aber völlig wesensfremd, erwarb ich dann einmal in meiner stillen Verzweiflung eine Langspielplatte mit lateinamerikanischer Tanzmusik für 10 DM. Wein, Rauchen und Schallplatten waren meine beschränkten drei Attribute für meinen Vater. Wie die Schallplatte angekommen ist, weiß ich nicht mehr, hat aber sicher Erstaunen ausgelöst. Soviel ich mich erinnern kann, wurde sie höchstens zweimal abgespielt, denn getanzt haben meine Eltern ja auch nicht.

Und meine Mutter beglückte ich mit einer 45-Schallplatte mit dem Lied *„Mama"* (wie bezeichnend) von dem Sänger Heintje, damals als Teenager-Star berühmt. Besonders die Textzeile „ *... Du sollst doch nicht um Deinen Jüngsten weinen ...*" bezog ich auf mich. Nein, und ich schäme mich dafür auch heute nicht.

Fragen

Was ist das erste klassische Musikstück, an das Sie sich erinnern?

Was war Ihre Lieblingsmusik in den Kindertagen?

Welchen ersten eigenen Tonträger haben Sie sich gekauft?

Haben Sie „Ihre" Musik vor Ihren Eltern, Geschwistern, Schulkameraden usw. verheimlichen müssen?
Wenn ja, welche und wie fühlte sich das an?

Gibt oder gab es Musik, die Sie stark beeinflusst hat? Wenn ja, welche Musik war dies und was änderte sich dadurch?

Gab es einen Zeitpunkt oder ein Ereignis, an dem ein Gesang oder eine Instrumentalmusik für Sie bedeutsam wurde?

Haben Sie neben deutschen Texten auch andere Sprachen gehört? Wenn ja, welche? Welcher Refrain fällt Ihnen spontan aus dieser Zeit ein?

Gibt es eine Stimmlage, die Ihnen bei Gesang am besten gefällt? Wissen Sie warum?

♪ Können Sie sich an Räume, Zeiten oder Ereignisse erinnern, an denen Musik Ihnen sehr wichtig war und Sie in die Musik abgetaucht sind?

_____

♪ Wann haben Sie zum ersten Mal einem Instrument Töne entlockt? In welchem Zusammenhang?

_____

♪ Wie haben Sie den Musikunterricht in der Schule erlebt?

_____

Musikbeispiele [4]

Georg Friedrich Händel
Music for the Royal
Fireworks (Feuerwerksmusik) HWV 365
Lorin Maazel (Radio Symphonie Orchester Berlin)
Philips (88083 DY) 1965.

Georg Friedrich Händel
Der Messias HWV 56
Karl Richter (Münchner Bach Chor & Orchester) Gundula
Janowitz, Marga Höffgen, Ernst Haefliger, Franz Crass
DGG (413 967-2) 1965.

The Beatles
Hey Jude (aus dem Blauen Album)
EMI (1C172-05309/10) 1971/1973.

Elvis Presley
In The Ghetto
RCA/Victor (RCA 47-9741) 1969.

George Harrison
My Sweet Lord
APPLE (1C006-092-053) 1971.

---

[4] https://www.kraftraum-musik.de/buch/musik-mosaik/kapitel-5/

6

Mit Dvořák auswendig in die Neue Welt

Die Musik muss immer ein Sehnen enthalten,
ein Sehnen über diese Welt hinaus.

Gustav Mahler (1860-1911)

Wie ich in meinem Elternhaus bezüglich Musizieren und Musik nicht gefördert wurde und daraus dann sich die Freiheit entwickelte, „meine" Musik zu finden, so bot auch die Schule, nach der Tragödie des ersten Musikunterrichts, den Kontrapunkt für mein Leben. Die pubertierenden Jugendlichen auf dem reinem Jungengymnasium waren durch viele Jahre Musikunterricht gelaufen. Der Lehrer wechselte, die Wunden nicht. Durch Strohhalme geschossene kleine, weiche Papierkügelchen verzierten den Musikraum mit dem Klavier und dem frisch angeschafften Hi-Fi-Zentrum. Und dann geschah ein Wunder, zumindest für mich. Der Inhalt des Musikunterrichtes war mal wieder langweilig, Daten und Fakten aus der Musikgeschichte, Strukturen, die für uns nicht zu hören waren, Komponistenportraits im Stile der 60-er Jahre usw.

Die Großstadt, in der ich seit meiner Geburt wohnte, war geprägt von der Eisenindustrie. Das Haus meiner Eltern war nur knapp einen Kilometer vom Hochofen entfernt. Die Schule lag direkt neben dem Stahlwerk und im Sommer, wenn die Fenster geöffnet waren, konnte man in seinem geöffneten

Schulheft nach 15 Minuten im feinen Eisenstaub aus der Luft malen. Grau und Schwarz beherrschte neben einem goldenen Himmel aus dem mit Sauerstoff und ohne Filterung ausgeblasenen Thomas-Birnen-Hochofen unsere Umwelt. In dieser Industriestadt gab es ein Stadttheater. Anfang des 20. Jahrhunderts, in der Blüte des Kohlenpotts, war es vielen Städten möglich und erwünscht in Kultur für das Bildungsbürgertum zu investieren. Nirgendwo auf der Welt ist die Theaterdichte so groß wie hier. Das Stadttheater in Hagen war nie berühmt, ein Provinztheater im besten Sinne. Keine

Abb. 10: GMD Berthold Lehmann ca. 1960

großen Dirigenten nahmen das Haus als Trittbrett. Aber nach dem 2. Weltkrieg wurde ein Dirigent als Generalmusikdirektor verpflichtet, der etwas ändern wollte. Berthold Lehmann (1908-1996) hatte einen Schwerpunkt in der modernen Musik seiner Zeit und er konfrontierte das Publikum der Industriestadt mit Tönen, die wohl nur schwer für sie verdaulich waren. Es gab sogar Tage für Neue Musik, auf der heute berühmte Komponisten wie Witold Lutoslawski (1913-1994) auftraten und ihre neuen Werke zum Besten gaben (sein Werk: *„Livre pour orchestre"* von 1968 widmete er Berthold Lehmann, Generalmusikdirektor in Hagen). Ich habe davon nichts mitbekommen, aber irgendwie war deutlich, dass dieser Dirigent sicher sich nicht länger zu halten wusste: Es war keine gute Kombination in der Industriestadt.

Geboren 1908 in Kiel wächst Berthold Lehmann bei seinem Vater im thüringischen Wickersdorf auf. Die Musikalität seiner Mutter nährt ihn, vorrangig will er komponieren, Klavierspielen wird nicht sein Liebstes. Nach Studien in Berlin erste Engagements an Theatern in Wiesbaden, Kiel und Duisburg. Dann war er Stellvertreter Herbert von Karajans in Aachen, 1941-1947 Nachfolger Wilhelm Furtwänglers in Lübeck. 1947/48 musikalischer Oberleiter der Komischen Oper Berlin, zuletzt Generalmusikdirektor in Hagen von 1949-1970. Er begegnet und lernt

Abb. 11: Berthold Lehmann am Stadttheater Aachen ca. 1940

von bekannten Dirigenten der Zeit wie Bruno Walter, Erich Kleiber, Wilhelm Furtwängler. Letzterer fördert ihn, fast wäre er sein Nachfolger bei den Berliner Philharmonikern geworden.

Seine musikalische Autobiographie „*Musikwärts auf vielerlei Wegen*" 2009, posthum herausgegebenen von seinem Sohn, lese ich an einem Sonntag. Ich atme einen Duft, der mich tief berührt: ich fühle in ihm den Vater, den ich so nicht hatte. Von gemeinsamen Orten, Büchern über die Vorliebe für die Tonart Es-Dur bis hin zu unserem Treffen am „*Mathematisch-Naturwissenschaftlichen Gymnasium für Knaben Hagen-Haspe*" (ja, so hieß das wirklich!), alles atmet den Duft von Vertrautem und Gewolltem. Letztlich habe ich so viel von ihm über Musik und Musikwahrnehmung gelernt, dass ich nicht genau unterscheiden kann zwischen seinem und meinem seelischen Urgrund.

Die Stadt Hagen entledigte sich 1970 dieses Mannes, der zudem von weichem und feinfühligem Charakter war. Die Schmach der Entlassung für ihn, der kurz vor der Pensionierung stand, sollte dadurch gemildert werden, dass man ihm anbot, in den Musikunterricht des Schuldienstes zu gehen. Für Berthold Lehmann war dies sicher nicht einfach, für mich aber der große Gewinn. Unerfahren mit pubertierenden Jungen umzugehen, wurde er zum Opfer jener Jungen, die all ihren Frust an einem neuen Opfer abließen. Es gab nur ein Mittel für Berthold Lehmann, der früher Orchester mit über 100 Individualisten gebändigt hatte, sich Respekt und einigermaßen Ruhe zu verschaffen: Indem er Musik spielte. Ich habe ihn leider nicht im Theater oder Konzert live erlebt. Vergleiche ich aber seine mir durch den Musikunterricht vertraute Art mit Dirigierstilen auf YouTube, so stelle ich ihn auf seine eigene Art neben Bruno Walter. Heute würde ich ihn gerne besuchen und mit ihm plaudern – und erfahren wollen, woher diese große Anziehung rührt.

Und zwar auf zweierlei Weise. Die erste große Überraschung war, dass er sich an das obligatorische Klavier im Musikraum setzte, den Deckel hochklappte und nicht das tat, was seine schulischen Kollegen zuvor uns immer angetan hatten: Den Ton durch Anschlagen des Tones „a" vorzugeben. Nein, er konzentrierte sich kurz und dann produzierten seine Hände ohne Noten, ohne Augenaufschlag, ohne Zögern und weit entrückt die Sinfonie Nr. 9 e-moll op. 95 *„Aus der Neuen Welt"* von Antonín Dvořák (1841-1904). Da war Stille im Raum, so wie man es aus guten Konzerten kennt. Die Kraft und Magie der Musik, dieses mutige Anschlagen von „anderen" Tönen ließ die wilden Schüler still werden und in mir tat sich die nächste, neue Welt auf. Das war keine Konserve aus der Schallplatte, das war absolut *„Live"*!

Indem ich dies hier schreibe und beschreibe, bekomme ich wieder Tränen in die Augen, die ich natürlich damals im Unterricht nicht gezeigt habe. Ich wäre in der Pause verprügelt worden. Was für eine Macht war denn das? Unglaublich, was aus diesem schwarzen, gehassten Kasten genannt Klavier heraus kam. Unglaublich, dass jemand so etwas einfach so, ohne Noten, ohne Vorbereitung so spielen konnte. Ich selbst konnte mir kaum die Namen der Noten merken. In mir musste etwas wissen, was da an neuem Potential sich für mich den Weg in die Realität gebannt hatte. Das war der erste Kontakt mit der Kraft einer Komposition direkt, die sich unabhängig von der Darbietungsform – es war ja eigentlich für ein Sinfonieorchester geschrieben – dem Zuhörer überträgt. Und es war der erste Kontakt mit einer Person, die diesen Prozess mit ihrer Liebe und Hingabe erst ermöglichte. Ich würde Berthold Lehmann dies heute gerne einmal sagen.

Magisch zog es mich zu ihm hin. In der folgenden Stundenpause tat ich etwas, was entgegen meiner damals entwickelten, kindlichen Persönlichkeit fast wie ein Wunder wirkte: Ich sagte ihm, wie großartig ich das gerade Gehörte fand und noch heute sehe ich sein mildes Gesicht, wo er dann sagte: „Schön, Helmut"[5]. Dadurch entstand eine Verbindung, die ich mir zarter und intensiver nicht vorstellen konnte. Es war aus meiner Warte so, dass er mich in jedem Unterricht erwartungsvoll ansah, und ich genoss es. Seinen Unterricht erwartete ich mit heimlicher Freude und sog alles in mich auf. Ab und an erzählte er aus seiner Lebens- und Theatergeschichte und das war damals spannender als der Schwarz-Weiß-Fernseher zu Hause im Esszimmer. Mit all seiner Kraft versuchte er wider besseres Wissen in diese ekelhaften Schüler den Samen der Musik zu säen. Mit unendlicher Geduld ertrug er unsere Peinigungen.

Aber wenn er erzählte, vom Unterrichtsplan abwich und im Raum ehrfürchtiges Staunen für kurze Augenblicke entstand, dann war da wieder der große Mann, der an Statur alt und ein wenig gebückt war, dessen Gesicht aber so voller Freude und Zurücknahme war, dass ich mir heute die Frage stelle, wie er wohl ein großes Orchester geleitet und inspiriert haben mag. Die Kraft dazu kam sicher nicht aus seiner Gestalt.

Eines Tages erzählte er von großen Dirigenten und ihren Eigenarten. Unter den uns damals meist unbekannten Namen tauchte für mich ein Name auf, den er mit besonderer Liebe und Weichheit erwähnte: Bruno Walter (1876-1962). Mir war so, als sei dies sein Vorbild. Und wie das Leben so will, erhielt ich wieder ein großes Geschenk. Mein ältester Bruder Hartmut, der 12 Jahre älter ist, war damals bereits außer Haus und studierte Medizin in Innsbruck. Um die Zeit seines Abiturs verdingte er sich aus Spaß und um Geld zu verdienen als Redakteur für die lokale Zeitung. Von Berichten über Sportereignisse entwickelte er sich zusammen mit seinen Fotos zu einem Kulturreporter. Er schaffte es sogar, von den Salzburger Festspielen zu berichten. Seine Schwarz-Weiß-Fotos von Will Quadflieg (1914-2003) als Mephisto prangten stolz in seinem Zimmer. Dieses Zimmer wurde mir zur

---

[5] Meine Eltern wählten als meine ersten Rufnamen Helmut (so, wie mein Vater hieß); in meinen 20er Jahre wählte ich dann aus meinen drei Vornamen Richard als den für mich passenderen aus.

Schatztruhe. Hartmut hatte auch eine Ader für klassische Musik. Er spielte Geige, sang in der Matthäuspassion von Johann Sebastian Bach mit und hatte die Querflöte vom Vater geerbt (ich habe ihn aber nie spielen gehört). Er hörte und sah gerne Opern und hinterließ mir unfreiwillig zur Erforschung seine Bücher, die er in das Studentendasein nicht mitgenommen hatte. Ein tragbarer Plattenspieler von Philips mit einem Lautsprecher im Deckel war ebenso großartig wie die Schallplatten mit Beispielen aus der Opernwelt: Verdi, Mozart, Leoncavallo usw. Manchmal sollte und durfte ich ihn sonntags in den Semesterferien, wenn er mal wieder im Lande war, wecken und dann machte ich mir einen Spaß daraus, auf diesem Plattenspieler eine Oper aufzulegen und ihn damit lautstark aus dem Bett zu quälen. Ich erinnere mich an „*Die Entführung aus dem Serail*" (KV 384) vom Wolfgang Amadeus Mozart (1756-1791; sein Lieblingskomponist) und „*Der Troubadour*" von Giuseppe Verdi (1813-1901).

Und unter seinen Büchern entdeckte ich neben vielen interessanten Büchern auch die Autobiografie von Bruno Walter. Ich verschlang das Buch und konnte kaum erwarten mit „meinem" Musiklehrer darüber zu reden. Das war aber nicht einfach, weil ich ja ständig von Mitschülern umgeben war. Nur meinem Tischnachbarn Friedrich traute ich, weil er Klavier spielte und sich wie ich gegen die testosterongeballte Übermacht der Klassenführer wehren musste. Aber es gelang trotzdem Kontakt mit Berthold Lehmann aufzunehmen, ich fiel nicht weiter auf und es entstand eine schöne, intensive Beziehung. Ich konnte ihn nach dem Unterricht, in den kurzen Pausenmomenten, alles fragen und immer gab es eine Antwort. Keine meiner Fragen war unwürdig, alle wurden beantwortet.

Und Berthold Lehmann legte auch Platten aus seinem persönlichen Schatz auf der Hi-Fi-Anlage im Musikraum auf. Die hatte mächtige Aktivboxen an den Wänden, ordentlich „*Wumm*" wie wir damals sagten. Sinfonien von Johannes Brahms (1833-1897) und Anton Bruckner (1824-1896), die ersten Stücke von Gustav Mahler (1860-1911) hörten wir dort – und jedes Mal waren es Aufnahmen mit Bruno Walter. So wie ein Geschmack eines neuen Obstes, Gemüses oder einer neuen Kräutersoße sich bildend in das Gehirn als Referenz einbrennt, so bildeten diese Interpretation in mir die Basis für „*deutsche*" Interpretationen: So musste ein Brahms klingen, so ein vertontes Lied von Mahler zuschlagen. Hieran habe ich bei diesen Komponisten in der

Zukunft alles Gehörte gemessen. Bruno Walter war bereits 1962 gestorben und nur wenige seiner Aufnahmen hatten die Aufnahme- und Abspielqualität, die zu meiner Schulzeit schon möglich war. Immerhin war er einer der ersten Dirigenten, die Stereoaufnahmen gemacht haben. Extra für ihn hatte seine damalige Plattenfirma CBS ein Orchester in den USA zusammengestellt, das Columbia Symphony Orchestra, mit dem diese wundervollen Aufnahmen festgehalten wurden. Trotz aller technischen Mängel aus heutiger Sicht sind die Aufnahmen interpretatorisch für mich heute noch genauso wundervoll wie zu meinen Schülertagen. Da tritt etwas zutage, was durch alle Technik und alles Marketing nicht erreicht werden kann: Wie von einer himmlischen Seele geführt kommt eine Musik durch die Luft, die den Empfänglichen in einen anderen Zustand versetzt.

Abb. 12: Vaters Tonbandgerät UHER Variocord 263 Stereo

Und wieder nahm ich mir allen Mut zusammen und fragte den großen Dirigenten im Lehrergewand, ob ich mir die Schallplatten mit den Sinfonien von Johannes Brahms (es waren vier in einer Box) einmal ausleihen dürfte. Ich glaube, es war nur das kurze Zögern beim Blick tief in meine Augen, dann hatte ich den Schatz für eine Woche in meinen Händen!

Zuhause war das Glück wieder auf meiner Seite: Zu seinem 60sten Geburtstag hatte mein Vater Jahre zuvor eine Tonbandmaschine geschenkt bekommen, um damit seine Diaserien aus den Urlauben zu vertonen und automatisch vorführen zu können. Die Technik behagte ihm nicht und so stand das Wunderwerk der Technik ungenutzt im Schrank. Es war eine UHER-Vierspur-Hi-Fi-Stereo-Maschine „Variocord 263 Stereo", neben der Marke Revox eines der Besten, die es damals am Markt gab. Das Gerät hatte fast 800 DM gekostet und das war damals sehr viel Geld.

Ich durfte mir die Maschine ausleihen und kaufte mir meine erste Tonkonserve, ein Tonband von BASF LGS 26, 540 m. Da meine Eltern gerade in Urlaub fuhren, baute ich den DUAL-Stereo-Plattenspieler 1009 aus der Musiktruhe aus, brachte ihn zusammen mit dem Tonband in mein Zimmer und errichtete mein erstes Tonstudio. Die Technik war mir nicht fremd, schon damals hatte ich eine Vorliebe für Technik und Basteln. Wie durch ein Wunder gab es keine Kabelprobleme, alles erklärte sich wie von selbst (damals war Google noch ein außerirdisches Märchen). Bruckner und Brahms wanderten auf das Band und das Tonbandgerät blieb ab da in meinem Besitz und zu meiner Verfügung.

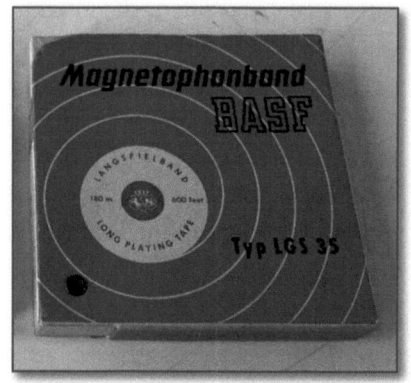

Abb. 13: BASF-Magnetband

Wie tief kann Musik in einen Menschen eingreifen? Und was wird da berührt und eventuell verändert? Diese Fragen habe ich mir damals noch nicht gestellt. Zu jener Zeit war eine Aufnahme aber definitiv daran beteiligt, tiefer in mir etwas zu erreichen und zu berühren, was mir noch unbekannt war. Text, Musik und Interpretation waren so „spannend", dass ich sie sehr oft hörte, fast auswendig mitsummen konnte. In der 2. Sinfonie von Gustav Mahler, der „*Auferstehungssinfonie*", singt Maureen Forrester (1930-2010) in einer Aufnahme mit Bruno Walter mit den New Yorker Philharmonikern von 1957 folgenden Text:

„Der Mensch liegt in größter Not!
Der Mensch liegt in größter Pein!
Je lieber möcht' ich im Himmel sein!
Da kam ich auf einen breiten Weg.
Da kam ein Engelein und wollt mich abweisen.
Ich bin von Gott, und will wieder zu Gott!
Der liebe Gott wird mir ein Lichtchen geben,
Wird leuchten mir bis in das ewig' selig' Leben!"

In der Schule wurde nicht viel über Musik unter den Klassenkameraden geredet. Nur auf Klassenfahrten wurde es Thema, wenn in den Schlafsälen eine Mehrheitsentscheidung gefunden werden musste. Im Zimmer der „Bosse" lief Rolling Stones, Pink Floyd, Black Sabbath usw., im Zimmer „der Looser" eher Beatles, Simon & Garfunkel, Middle of the Road usw. Die Schule bot aber auch Überraschungen, die sich erst viel später als solche herausstellten. Für den Lateinunterricht hatten wir ein paar Monate lang einen Vertretungslehrer, der ansonsten uns nur für den Sportunterricht bekannt war. Dieser Lehrer hieß Kerner und wohnte mit seiner Familie nur ca. 500 Meter von meinem Elternhaus entfernt. So kam es, dass er mich ein paar Mal auf den Nachhauseweg in seinem Wagen mitnahm. Manchmal war dann auch seine Tochter Gabriele Susanne mit im Auto, die in das benachbarte Mädchengymnasium ging. Diese Tochter machte später eine Karriere als Sängerin, vor allem bekannt für das Lied „*99 Luftballons*". Ihr (Künstler-) Name ist: Nena.

Nach der Erfahrung der ersten eigenen Schallplatten und den ersten Schritten in Richtung eigenem Geschmack, war der Wunsch nach einer eigenen, modernen Stereoanlage vorhanden. Mit Hilfe von gespartem Geburts- und Weihnachtsgeld und vielen Autowäschen kaufte ich mir dann 1972 einen Receiver der Marke GRUNDIG RTV 700 mit Boxen und kurze Zeit später dazu einen DUAL-1214-Plattenspieler. Zusammen mit dem UHER-Tonbandgerät war ich nun bestens ausgerüstet. Auch gegenüber Klassenkameraden und Freunden sah ich plötzlich mit diesem „*Studio*" ganz gut aus.

Fragen

Was war Ihr erstes eigenes Gerät, um Musikkonserven abzuspielen? Haben Sie es geschenkt bekommen oder sich selbst erarbeitet?

Wie sind Sie mit Ihren Tonkonserven umgegangen? Waren sie heiliger Besitz oder gute Tauschware?

Haben Sie einzelne Stücke immer und immer wieder gehört, bis Sie Ihnen aus den Ohren kamen? Können Sie diese Stücke immer noch oder wieder hören?

Wie sind Sie zu „Ihrem" Musikgeschmack gekommen? Haben Sie sich den anderen, dem „Mainstream", angepasst oder eigene Wege gesucht? Wie reagierte Ihre Umwelt (Elternhaus und Freunde) darauf?

Gibt es eine bestimmte Person, der Sie Ihre Liebe zur Musik verdanken?

Musikbeispiele [6]

Wolfgang Amadeus Mozart
Die Entführung aus dem Serail (KV 384 - Kurzoper)
Ferenc Fricsay (RIAS-Symphonie-Orchester Berlin) Maria
Stader, Rita Streich, Ernst Haeflinger, Martin Vantin, Josef
Greindl
DGG (LPE 17 113) 1954.

Giuseppe Verdi
Der Troubadour
Franz Bauer-Theussl (Chor und Orchester der Wiener
Volksoper) Waldemar Kmentt, Walter Berry, Mimi Coertse,
Eberhard Waechter, u.a.
Ariola (13.359) ca. 1960.

Johannes Brahms
Sinfonie Nr. 1 c-moll op. 68, "Akademische Festouvertüre",
Sinfonie Nr. 2 D-Dur op. 73, "Tragische Ouvertüre d-moll
op. 81", Sinfonie Nr. 3 F-Dur op. 90, Sinfonie Nr. 4 e-moll
op. 98
Bruno Walter (Columbia Symphony Orchestra)
CBS (77402) 1961.

Anton Bruckner
Sinfonie Nr. 4 Es-Dur „Romantische", Sinfonie Nr. 7 E-Dur
„Urfassung", Sinfonie Nr. 9 d-moll
Bruno Walter (Columbia Symphony Orchestra)
CBS (S 77401) 1961.

---

[6] https://www.kraftraum-musik.de/buch/musik-mosaik/kapitel-6/

Gustav Mahler
Sinfonie Nr. 1 D-Dur (Der Titan)
Bruno Walter (Columbia Symphony Orchestra)
CBS (S 61116) 1961.

Gustav Mahler
Sinfonie Nr. 2 c-moll „Auferstehung"
Bruno Walter (New Yorker Philharmoniker,
Westminster Chor) Maureen Forrester (Alt)
CBS (S 77266) 1957/58.

7

Vom sich füllenden Fass

Wenn wir einander mit Musik berühren,
berührt einer des anderen Herz,
Verstand und Seele, alles auf einmal.

Leonard Bernstein (1918–1990)

Ich habe im letzten Kapitel ausführlich beschrieben, wie die Musikkonserve zu meiner Quelle wurde. Von da an war es wie ein selbstlaufender Prozess: Eine Lust und eine Gier waren geweckt und die Befriedigung kam auf verschiedenen Ebenen zu mir. Das Glücksgefühl wieder eine „neue" Musik oder Aufnahme für mich gefunden zu haben, das Exotische im Wissen, dass die anderen Schulkameraden davon keine Ahnung hatten und bei den Beatles, Tin Lizzy, den Rolling Stones oder Suzy Quattro „verblieben". Diese Tendenz zur Abkapselung war nicht neu in meinem Leben. Als viertes Kind, das eigentlich eine Tochter und damit Haushaltshilfe werden sollte, musste ich einfach mitlaufen, keine Probleme machen und selbständig sein. Das tat ich und bekam dafür sehr viele Freiheiten der äußeren und vor allem inneren Entwicklung. Zu der Zeit, als die Musik in mein Leben trat, fand auch das Wort in neuer Form in mein Leben. Hermann Hesse (1877-1962) mit seinem „Siddhartha" war eben ein solcher Impuls, aber genauso so etwas Banales wie die parodistischen

Kriminalromane von Carlo Manzoni (1909-1975) – beides wieder aus dem Schatzkästlein meines entfernt weilenden großen Bruders.

In der Schule wurde das Futter der Entwicklung durch den großartigen Lehrer Dr. Hegener gefördert, bei dem wir zeitweilig bis zu acht Schulwochenstunden in den Fächern Deutsch, Geschichte und Philosophie hatten. Es war die Zeit des Willi Brandt und der Affäre Günter Guillaume. Die Rote-Armee-Fraktion (RAF) tobte in der Bundesrepublik Deutschland und der Lehrer förderte eine Auseinandersetzung mit den Themen z.B. durch gemeinsames Anschauen der Live-Übertragung aus dem Bundestag in Bonn mit anschließender Diskussion. Hammelsprung, die Redekultur eines Herbert Wehners oder Franz Josef Strauß prägten uns ebenso wie Schriften von Hans Jonas und die Auseinandersetzung mit der BILD-Zeitung und Günther Wallraff. Diskussionskultur und politisches Denken wurden Teile von uns, die zuhause mit der Kriegsgeneration der Eltern nicht kompatibel war. Irgendwie wurde der Samen des Andersseins in uns gesenkt. Jahre später verwirrten mich die angepassten Studenten aus der Generation nach mir maßlos.

Die neu erwachte Sehnsucht und Leidenschaft für klassische Musik teilte ich mit niemand anderem. Keine Reflektion und kein Austausch sorgten für eine Differenzierung. Über Berthold Lehmann erfuhr ich von einem verbilligten Theaterabonnement für Schüler. Zuhause konnte ich das einfach als Schulveranstaltung verkaufen. Mit den sechs oder acht Veranstaltungen im Schülerabonnement für die Saison begann eine neue Welt. Ich weiß heute nicht mehr, wie sich mein erster Theaterbesuch zutrug. Ich bin sicher mit der Straßenbahn zum Theater gefahren, ich kann mich aber nicht mehr erinnern, wer mich begleitete – mit Sicherheit kein Erwachsener. Meinen Sohn und meine Ziehtochter habe ich später bewusster versucht, an Kultur in Form von Theater-, Museumsbesuchen und Eventveranstaltungen heranzuführen. Damals war alles für mich einfach. Ich wurde nicht gestriegelt, musste nur sauber aussehen, aber erhielt auch keine Vorbereitung. Vielleicht wurde im Musikunterricht darüber gesprochen – aber das liegt hinter einer grauen

Wolke. Sternenklar sind mir aber zwei Abende vor den Augen und Ohren, die mir zeigten, was Theater sein und bewirken kann.

Abb. 14: Orchester der Stadt Hagen mit Dirigent Berthold Lehmann ca. 1957

Zuerst kam die einfachere Version des großen Theaters in mein Leben: Das Musical „*Anatevka*" (engl.: *Fiddler on the Roof*) von Jerry Bock (1928-2010). Eingängige Melodien, das bunte Agieren auf der Bühne und die Atmosphäre im Zuschauerraum waren traumhaft. Bilderfetzen hielten sich über Jahrzehnte in meinem Unterbewusstsein. Es war ein großer Spaß und die Lebendigkeit kam gut in meinem Bewusstsein an. Anatevka wurde zwar nicht zu meinem Liebling; Musicals sind nicht unbedingt meine Welt. Aber dieses erste Musical sehen zu dürfen, erzeugte Dankbarkeit und Wärme, die ich später nur noch vereinzelt so zielsicher auf genau eine Veranstaltung zurückführen kann. Es war halt das erste Mal ...

Ein meist kaum beachteter Teil einer Aufführung in einem Theater oder einem Konzert ist die Eintrittskarte. Ich kannte schon Eintrittskarten von Kinobesuchen. Die vom Theater waren aber etwas Neues. Zum einen war das Theater mit wesentlich mehr Sitzplätzen bestückt (784 in Hagen) und in mehreren Etagen angeordnet, zum anderen war auf dem Ticket der genaue Tag und das gegebene Stück aufgedruckt. Beim Abholen der Karten an der

Abb. 15: Statuen am Stadttheater Hagen

Theaterkasse konnte ich auch das große Buch sehen, in dem damals alle Karten nach Tagen und Aufführungen sortiert gedruckt zum Herausreißen hineingeheftet waren. „Rang II, Reihe 12, Platz 37" machte schon einen großen Eindruck auf mich. Alles war so genau geplant und versorgt. Das kleine, farbige Stückchen Papier eröffnete eine geheimnisvolle Welt – und konnte gut in der Hosentasche verstaut werden.

Heute genieße ich es zwar, zu Hause am Computer Tickets aus der ganzen Welt bestellen und gleich ausdrucken zu können, aber vor Ort ist das ausgedruckte Ticket im DIN-A4-Format meist unhandlich. Früher fehlten auch – Gott sei Dank – die

Abb. 16: Beispiel alte Eintrittskarte

ganzen Warnhinweise und rechtlichen Wortverdrehungen, die heute einen Großteil der bedruckten Fläche einnehmen. Leider habe ich keine Eintrittskarte von damals mehr, aber die nachfolgende Eintrittskarte gibt einen guten Eindruck davon aus jener Zeit.

Wenn ich mich recht erinnere, gab es – damals noch kostenlos – ein beschreibendes Programmheft mit Hintergrundinformationen und Bildern der Aufführung dazu. Ohne Internet war das wie ein Geschenk oberdrauf. Ich las es (tatsächlich!) und bewahrte es lange auf. Natürlich habe ich damals genauso wenig wie heute erneut darin recherchiert, aber es betonte den besonderen Charakter dieses Ereignisses.

Die zweite erinnerte Aufführung war ein Schock: Die Oper „*Katja Kabanowa*" von Leoš Janáček (1854-1928). Düstere Bühne, zerrissene Musik und endlose Verwirrung waren das Ergebnis. Dass ich das Ganze doch nicht vergessen und verdrängt habe und zu meinen ersten Highlights zähle, hat andere Gründe. War ich bisher mit Musik konfrontiert worden beziehungsweise habe mich selbst damit konfrontiert, die ihre Kraft aus Schönheit und Harmonie bezog, trat nun mit Macht eine Wirkung durch Musik zutage, die etwas anderes wollte. Gegen Ende der Schulzeit begann das Leben sich von seiner dunklen Seite zu zeigen. Der beschützte Raum wich einer weiteren Verunsicherung, deren Meisterung in jedem Leben vorrangig ansteht. Fortschauen und Vogel-Strauß-Politik sind nicht wirklich Lösungen dafür. Die RAF bombte weiter, Menschen starben. Über Fernsehen und Zeitung kam das Leid der Welt z.B. aus Vietnam näher und die ersten Menschen im eigenen Umfeld verließen ihre menschliche Hülle. Katja Kabanowa wurde zur Ressource, weil mir buchstäblich vor Augen geführt wurde, dass man Leid darstellen kann. Und Leid war in meinem bisherigen Leben kein wirklicher Gast gewesen. Die eigene Erfahrung der ungelösten Geschichte der Oper verband sich mit der Erfahrung, dass Musik etwas Tröstliches sein kann, jenseits bekannter Erklärungsversuche und Erfahrungen anderer. Die Musik Janáčeks wurde in den folgenden Jahren nicht zu meiner Lieblingsmusik. Vor ein paar Jahren sah ich die Oper im Staatstheater Darmstadt erneut: Auch diesmal transportierte sich keine Lösung über Musik, Gesang und Darstellung. Ich musste mir zugestehen, dass mir der Zugang zu dieser Musik verwehrt blieb. Das Stadttheater in Hagen aber blieb der Startpunkt für meine große Liebe zum Theater.

Daneben gab es auch Konzerte im Stadttheater. Ich erinnere vor allem an das Violinkonzert D-Dur von Ludwig van Beethoven, das der Konzertmeister der Wiener Philharmoniker Gerhart Hetzel (1940-1992) als Solist bestritt. Die hervorragende Präsenz der Violine vor dem Hintergrund des gesamten Orchesters machte es zu einem bleibenden Erlebnis.

Abb. 17: Gerhart Hetzel, Konzertmeister der Wiener Philharmoniker ca. 1963

Auch war es neu für mich, dass das Agieren auf der Bühne im Gegensatz zur Oper allein darin bestand, den Musikern und dem Dirigenten bei ihrem

Spielen zuzuschauen. Schon damals habe ich dann ab und zu einfach die Augen geschlossen und nur der Musik gelauscht. Bücher begannen meine Regale zu füllen und eine Etage tiefer reihte sich langsam Schallplatte an Schallplatte. Wieder begünstigten zwei Tatsachen meine Entwicklung: Die Stadt, in der ich wohnte, war groß genug, um damals ein gutes Musikgeschäft mit Hunderten von Schallplatten zu beherbergen. Und mein Vater war Mitglied in einem Bücherring, bei dem er jedes Quartal für mindestens 30 DM etwas kaufen musste.

Da er kaum das Haus verließ und ich mich unschuldig anbot, bekam ich bald die Freiheit für diese 30 DM dort einzukaufen, was immer ich wollte. Bücher und Schallplatten mit Klassikmusik waren immer okay. Zwar musste ich zuhause zeigen, was ich erstanden hatte, aber das war alles in Ordnung – das bildet den Jungen. Bloß keine Pop- oder Rockmusik!

Die ersten Schallplatten waren meist Sonderangebote: Ludwig van Beethovens *Sinfonie Nr. 6 (Pastorale)* mit Paul Paray, die letzten *Mozart-Sinfonien* mit dem Moskauer Kammerorchester unter dem Bratschisten Rudolf Barshai, Antonín Dvořák *Slawische Tänze op. 42 und 72* mit der Tschechischen Philharmonie unter Karel Sejna... und ... und. Ich wollte möglichst viel für mein Geld haben und schielte auf die Sonderangebote. Aber auch von heute aus betrachtet waren es keine schlechten Aufnahmen, die ich einkaufte, auch wenn sich der Geschmack der Interpretation nach der Mode änderte. Jede neue Schallplatte erweiterte meine Hörerfahrung. Ich lernte Etiketten lesen, kannte Namen von Komponisten, Orchestern und Interpreten und wurde langsam ein „Experte". Der erste „Bielefelder Katalog für klassische Musik" war der Jackpot in meinen Händen. Obwohl es frustrierend war, was ich alles noch nicht besaß, so wurden langsam Ziele und Visionen deutlich – es entwickelte sich so etwas wie Geschmack oder Vorlieben. Die Suche nach Musik (-konserven) wurde zielgerichteter.

Im Musikschulunterricht wurden Kompositionen und Komponisten behandelt, auf recht langweilige Art und Weise. Zuhause versuchte ich an andere und umfangreichere Informationen zu kommen. Mein Erwerb von Schallplatten konzentrierte sich auf einer Erweiterung des Repertoires, das Kennenlernen von Orchestern und Dirigenten. Im Rahmen des knappen Budgets wanderte dann diejenigen Aufnahmen in meine Sammlung, die bekannte Kompositionen waren, von – meist verstorbenen – großen Dirigenten und Orchestern gespielt wurden und als Low-Budget-Pressungen oder Sonderpressungen auf dem Markt kamen.

Als einer der ersten Errungenschaften rollten Orchesterstücke von Richard Wagner (1813-1883) aus seinen Opern auf meinen Plattenteller. Der Breitbandsound der Einspielung mit Otto Klemperer (1885-1973) und dem Philharmonia Orchestra London beeindruckten mich sehr. Dynamik, Stereobreite und die Wucht der Spätromantik hinterließen tiefe (Sound-) Spuren. Aufgrund dieser Aufnahmen kopierte ich Wagner-Aufführungen live aus Bayreuth aus dem Radio auf meine Tonbänder, insbesondere „Die Meistersinger von Nürnberg" unter Silvio Varviso. Da in der Schule das 3. Reich Thema war, entstand aber auch ein fader Beigeschmack zu der Musik von Wagner, dessen Musik und Wirken die Nazis für ihre Propaganda missbraucht hatten. Gerade Klemperers „Deutschsound", als Beispiel für die Aufführungspraxis seiner Generation, erreichten mich nicht sehr tief, blieben aber als Referenz im Ohr „hängen". Wenn ich heute die mittlerweile digital aufbereiteten Aufnahmen anhöre, dann entsteht zwar noch die Erinnerung an den Raum, das Equipment und den jungen Helmut von damals, aber die Distanziertheit zu der Musik bleibt. Neben Bruno Walter war Klemperer einer der fünf Dirigenten, die auf dem berühmten, und oft abgedruckten Bild von 1929 (Berlin) die Creme-de-la-Creme der Dirigenten jener Zeit zeigten. Die andere waren Arturo Toscanini (1867-1957), Wilhelm Furtwängler (1886-1954) und Erich Kleiber (1890-1956). Genannt wurden sie die „The Big 5".

Ähnlich erging es mir mit Aufnahmen zu Beethovens Klavierkonzerten unter Georg Szell (1897-1970), dem Cleveland Orchester und Leon Fleisher am Klavier. Szell war wie Klemperer kurz vor meinem Einstieg in die Klassik gestorben. Die Beschreibung in der Kassette über den Dirigenten machte ihn größer, aber auch viel älter. Allein das Klavierkonzert Nr. 5 Es-Dur op. 74 sagte mir ein wenig zu. Womit es sich in die Reihe meiner Es-Dur-Vorlieben einreiht.

Abb. 18: The Big 5 - Berlin 28. Mai 1930

Auf Szell als Interpret für die Klavierkonzerte war ich gekommen, da ich seine Aufnahme der Sinfonie G-Dur Nr. 94 von Joseph Haydn (1732-1809) gekauft hatte. Szell, als gebürtiger Ungar, schien mir damals als Repräsentant der K.u.K.-Musikkultur durchaus glaubwürdig für eine authentische Interpretation. In der Schule hatten wir dieses Musikstück mit seinem bekannten Effekt im 2. Satz („*Mit dem Paukenschlag*") besprochen. Dort hörten wir irgendeine alte Aufnahme in schlechter Qualität, zuhause war ich stolz und glücklich über „meine" Interpretation. 30 Jahre später erlaubte ich mir den Vergleich dieser Version mit den Interpretationen von Ádám Fischer (1949-), Sir Colin Davis (1927-2013), Nikolaus Harnoncourt (1929-2016) und Herbert von Karajan (1908-1989). Karajan hat gute Aufnahmetechnik, aber kein Haydn-Gefühl und will schnell nach Hause. Colins Aufnahme klingt mir zu „britisch", fast wie ein William Boyce. Harnoncourt holt die meisten Einzelheiten heraus, ist aber zugleich fast „mozartisch". Mit großem Orchester klingt Haydn mit Szell nach wie vor sehr gut, ansonsten höre ich am liebsten aber die Aufnahme mit Ádám Fischer und dem Austro-Hungarian Haydn Orchestra.

Wilhelm Furtwängler (1886-1954) und Franz Schubert (1797-1828) erschienen mir eine gute Kombination. Die Aufnahme mit den Berliner Philharmonikern aus dem Jahre 1951 war zwar in Mono und klang ein wenig wie ein Super-Grammophon, aber was für eine Kraft, eine Dichtheit und was für eine Sphärenmusik kam mir da entgegen! Dass diese Sinfonie der Komponist mit weniger als 30 Jahren schrieb, imponierte mir.

Wie kann man eine russische Seele kennenlernen? Am besten mit Pjotr Iljitsch Tschaikowski (1840-1893) dachte ich damals. Zuvor hatte ich schon einmal Musik von ihm zum Ballett „Schwanensee" gehört und als eher seicht empfunden. Also wollte ich eine Sinfonie aus seinem Spätwerk hören. Mit einer Interpretation von Jewgeni Fjodorowitsch Swetlanow (1928-2002) und dem Staatlichen Sinfonieorchesters der UdSSR erwarb ich eine günstige Schallplatte. Sicher keine schlechte Interpretation; sie klang sehr voll und so fremdartig, wie ich mir einen „russischen" Klang vorstellte. Aber auch hier drang nichts ins Herz, was auf den Komponisten zurückzuführen ist. Die Noten blieben nur im analytischen Teil meines Kopfes hängen.

So lernte ich anhand „großer" Werke langsam, was mir gemäß war und was nicht. Nicht alles gefiel mir, auf Anhieb und auf Dauer. Alles prägte sich mir aber als Ersteindruck stark ein. Diese Einrücke legten einen Hörgrundstock, auf dem dann das „Feine" des Barocks sich legen konnte.

Zudem bekam ich die Möglichkeit, über das Radio einen Zugang zu vielem Neuen zu bekommen. Und wieder war es mein Bruder Hartmut, von dem ich profitierte. Zu jener Zeit gab es die Möglichkeit, sich vom Sender Westdeutschen Rundfunk (WDR) in Köln ein monatliches gedrucktes Programmheft zukommen zu lassen, dass alle Klassiksendungen in WDR 3 aufführten. Mein Bruder hatte es zu den Zeiten, als er noch vor seiner Studienzeit zuhause weilte, per Post bestellt und es kam noch immer. Es wurde dann irgendwann in den Müll geworfen – bis ich das als Ressource entdeckte. Fortan war es mein Schatz! Dort lernte ich, dass es Festspiele gab (Salzburg, Wien, Bayreuth, usw.) und das Liveübertragungen aus dem Radio im Angebot waren. Zusammen mit dem bereits in meinen Besitz überführten Tonbandgerät meines Vaters entstand bald eine gute Sammlung von Opern und Konzerten. Ein Engpass war immer nur das Geld für neue Tonbänder.

Abb. 19: Der Freischütz auf CD mit LP-Layout

Die Freude für Opern und das Gemeinsame von Musizieren und Singen gehört in jener Zeit auch unauslöschlich mit einem Radiomitschnitt zusammen. Auf WDR 3 wurde – und mal wieder war ich so wach, dass ich rasch ein Tonband einspannen und die Aufnahme vorbereiten konnte – als Schallplattenkonzert *„Der Freischütz"* von Carl Maria von Weber gesendet. Ein super Sound, klare, verständliche Sänger und Sängerinnen, ein Inhalt der sowohl verständlich als auch nachvollziehbar war und eine irre Spannung (Wolfsschlucht Szene!) wie in einem Krimi oder Hörspiel. Da klebten meine Ohren am Lautsprecher! Es war die kurz zuvor 1972 eingespielte Oper in der Interpretation von Carlos Kleiber und der Staatskapelle Dresden. Noch heute liebe ich diese Aufnahme vor anderen, auch wenn sie mittlerweile statt von Band von CD kommt.

Während der Schulzeit musste ich selbstverständlich immer „zeitig" ins Bett. Die Übertragungen von Opern und Konzerten störte das nicht, sie wurden auch unter der Woche übertragen. Um den Genuss nicht einbüßen zu müssen, entsann ich technische Lösungen. Meine Mutter, die, obwohl schon fast 60 Jahre alt, sich noch immer um ihr jüngstes Kind kümmerte, überprüfte abends fast immer, ob ich schlief. Mein Zimmer war im ersten Stock. Wenn sie die Treppe heraufkam, reichte es beim Lesen mit kleiner Lampe immer aus, kurzfristig das Licht zu löschen und mich schlafend zu stellen. Ihr kurzer Blick ins Zimmer genügt, es gab ja genug anderes für die große Familie zu tun. Wenn ich aber Musik aus dem Radio mit einem Kopfhörer hörte, dann war das anders. Ich konnte sie nicht hören und das barg die Gefahr erwischt zu werden. Selbst das geringe Licht der Skala auf dem Verstärker hätte Argwohn geweckt. Deshalb entwickelte ich einen Mikroschalter, den ich an der Tür anbrachte. Sobald die Tür von ihr geöffnet wurde, unterbrach der Schalter über ein Relais die Stromversorgung der Musikanlage. Ich wusste dann, dass Gefahr im Verzug war. Da ich tief in die Kissen gewühlt mit dem Kopfhörer auf den Ohren kaum im Dunklen wahrzunehmen war, ging es immer gut. So hörte ich beispielsweise spät abends von Heinrich Marschner (1795-1861) die Oper „Hans Heiling" unter der Leitung von Joseph Keilberth. In dieser märchenhaften Oper, in der es ja auch um Widerstand gegen die Mutter und deren Wünsche und Anordnungen geht, kommt leicht düstere Stimmung rüber. Trotz Romantik spürte ich die Spannung in der Geschichte und die Schürzung des Knotens auf das unselige Ende. Die deutsche Sprache war wegen des Kopfhörers gut zu verstehen und dann Peng! geht mittendrin das Licht aus und ein paar Sekunden später wieder an! Das vergas ich nicht.

Mit einem Kassettenrecorder meines Bruders Klaus habe ich ab und zu aus den Hitparaden des Radios, insbesondere aus dem Sender BFBS (British Forces Broadcasting Service – dem Radioprogramm der britischen Soldaten in Nordrhein-Westfalen), Musiktitel mitgeschnitten. Das war höchst konzentrierte Arbeit, da man ja nicht nachträglich etwas verändern konnte, wie man das heute mit digitalen Musikdateien auf jedem Rechner oder Smartphone machen kann. Ich lauschte dem Ansager im Radio, der den aktuellen Titel auf Platz 1-20 der wöchentlichen Schlagercharts der BBC vorstellte. Im Bruchteil der Sekunde, wo seine Stimme sich senkte und kurz danach die Musik begann, musste ich auf die Aufnahmetaste drücken. Am Ende des Stückes, sofern nicht hineingeredet wurde, was auch schon damals gängige Praxis war, musste die Stopp-Taste gedrückt werden. Das gelang nicht immer, aber zumindest konnte ich unabhängig von einer Radiosendung die aktuellen Chart-Titel nachhören.

Damals begann ich in Sachen Liebesleben die ersten Schritte. Mit der Freundin saßen wir z.B. bei ihr im Zimmer und haben versucht mit ihrem Kassettenrecorder den Text von Elton Johns Titel „Crocodile Rock" zu erfassen:

Me and Suzie had so much fun
Holdin' hands and skippin' stones
Had an old gold Chevy and a place of my own

61

But the biggest kick I ever got
Was doin' a thing called the Crocodile Rock
While the other kids were rockin' 'round the clock
We were hoppin' and boppin' to the Crocodile Rock, well ...
Elton John: Crocodile Rock (1972)

Mit unseren Englischkenntnissen aus der Schule und ohne praktische Erfahrungen war es kaum möglich. Der Kassettenrecorder wurde bestimmt hunderte Male damit gequält, zwei bis fünf Sekunden vom Band abzuspielen, um dann mit einem kurzen „Fast-Backward" wieder an die alte Stelle positioniert zu werden. Das war für die Mechanik des Gerätes und auch für das Band nicht besonders gut. Und wir haben es nicht geschafft, den Text auch nur ansatzweise komplett sprachlich zu entschlüsseln und zu verstehen. Heute rollt so ein Text mit ein paar Mausklicks in den MP3-Container. Es war das erste kleine Projekt mit dem weiblichen Geschlecht und fühlte sich erwachsen und nah an.

In den vielen Tonbandmitschnitten jener Zeit ist mir noch ein Mitschnitt sehr deutlich in Erinnerung, der durch das Erleben einer neuen Sprachmelodie und dramatischer Szenen eine Kraft versprühte und lange in mir hängen blieb. Vor nicht allzu langer Zeit habe ich mir dann die Aufnahme von damals auf CDs besorgt und begierig alles erneut gehört: Die Faszination ist nicht gewichen, im Gegenteil. Heute kann ich mit Französisch wesentlich mehr anfangen und den inhaltlichen Beitrag zur Geschichte des Abendlandes noch besser würdigen. Es geht um die Oper „*Benvenuto Cellini*" op. 23 von Hector Berlioz (1803-1869). Der Aufstand des Florentiner Bildhauers gegen Papst und Umwelt, verknüpft mit Liebe, Karneval und Kampf ist eine grandiose Metapher auf reales Leben.

Aber nicht nur die Musik prägt die eigene Hörerfahrung. Mitunter sind andere Geräusche wie Pfeiler im Hörerleben, die lange nachwirken und immer wieder erscheinen. So war ich in jenen Jahren zweimal in der Jugendherberge in Benediktbeuern. Diese ist im alten Kloster der Salesianer in einem Seitentrakt untergebracht. Die Jungenfreizeit in den Sommerferien war stets großartig. Mein damaliger bester Freund Heinz-Peter war jeweils mit dabei, so dass nicht alles für uns fremd war. Durch die umliegende Natur, Räuber-und-Gendarm-Spiele sowie Herumschweifen, gab es viel zu erleben.

Das Erklimmen der ersten großen Berge, das mutige Herabschauen von der 600-Meter hohen Benediktenwand und auch das erste Zusehen bei der Schlachtung eines Kaninchens bei den Betriebsgebäuden waren faszinierende Erlebnisse.

Besonders ist mir jener Abend in Erinnerung geblieben, als von drei Seiten ein gewaltiges Gewitter sich über dem Kloster zusammenbraute und mit donnerndem Getöse entlud. Das war eine besondere Musik! Viele hatten Angst. Unsere Zimmer waren unter dem Dach des Gebäudes und irgendwie erzitterte der ganze Raum. Ich war hellwach und versuchte ganz genau hinzuhören, die Zwischentöne zu erfassen und in Beziehung zu setzen zu den aus dem Fenster gesehenen Blitzen und Wolkenstrukturen. Auch die Stille danach, vor dem Einschlafen, als bereits die letzten Regengüsse gurgelnd aus den Dachrinnen sich verflüchtigt hatten und das Einsetzen der letzten Vogelgesänge zur Nacht gehören zu diesem Szenario: eine Natur-Sinfonie.

Eine der letzten Eindrücke im Musikunterricht der Schule war der Unterrichtsinhalt „*Neue Musik*". Mitte der 1970er Jahre verstand der Lehrplan darunter Igor Stravinskys „*Feuervogel*" von 1911(!). Auch für mich klang das damals neu und eigenartig. Aber auch spannend; eine komplett neue Hörgewohnheit wurde mir da angeboten. Einzelne Teile des Orchesters bekamen eine neue Art von Präsenz und Eigenständigkeit. Die Ohren hörten begierig. Trotz vermeintlicher „*Fehler*", die ja nur gewollte Dissonanzen waren, packte mich das Stück.

Allerdings blieb es insgesamt in der Schule nur bei einem kurzen Ausflug mit zweimaligem Hören des ganzen Stückes. Jahre später habe ich die Komposition interpretiert von dem Komponisten und Dirigenten Pierre Boulez gehört. So hatte ich dann Zeit genug, mich hörtechnisch in das Werk einzuwühlen. Die Faszination, dass ein Komponist einen anderen interpretiert, kam hinzu. Boulez war für mich seit damals stets erster Wahl bei der Interpretation „*neuer*" Musik gewesen. Seine eigenen Stücke blieben mir allerdings fremd.

Fragen

An welche Themen im Musikunterricht der Schule erinnern Sie sich? Welche davon waren schön und welche weniger?

Wann war Ihr erster Konzertbesuch? Wann war Ihr erster Theaterbesuch? Welche Stücke wurden gespielt? Waren Sie allein dort oder in einer Gruppe (Eltern, Freunde, Schulklasse usw.)?

Wie kamen Sie damals an Informationen über Musik in Radio, Fernsehen, Theater oder auf Tonträgern?

An welche klassische Musik von damals können Sie sich noch erinnern? Haben Sie selbst welche gekauft?

Können Sie sich noch an die Form, Farbe und den Inhalt der Eintrittskarten erinnern?

Welche Radiosender und Sendungen hörten Sie? Sahen Sie Musiksendungen im Fernsehen?

Wann haben Sie das erste Mal zu Musik getanzt? Welche Musik war das?

♪ Welche Haltungen hatten Ihre Eltern zu Ihrem
Musikgeschmack?

♪ Welches ist Ihr Lieblingsmusikstück? Unter welchen
Umständen wurde es dazu?

♪ Haben Sie jemals versucht, den Text fremdsprachiger
Musikstücke zu verstehen, aufzuschreiben und /oder zu
übersetzen? Wenn ja, welchen?

Musikbeispiele [7]

Ludwig van Beethoven
Sinfonie Nr. 6 F-Dur op. 68 (Pastorale)
Paul Paray (Detroit Symphony Orchestra)
Pergola (832 027 PGY) 1964.

Wolfgang Amadeus Mozart
Sinfonien Nr. 28-41
Rudolf Barshai (Moskauer Kammerorchester)
Melodia/Eurodisc (86080 XKK) 1974.

---

[7] https://www.kraftraum-musik.de/buch/musik-mosaik/kapitel-7/

65

Antonín Dvořák
Slawische Tänze op. 42 und op. 72
Karel Šejna (Tschechische Philharmonie)
Supraphon (80943) 1959.

Richard Wagner
Der Fliegende Holländer, Tannhäuser, Lohengrin, Die
Meistersinger von Nürnberg, Tristan und Isolde,
Götterdämmerung
Otto Klemperer (Philharmonia Orchestra London)
EMI Electrola (1C 187-00 498/99) 1960.

Ludwig van Beethoven
Die fünf Klavierkonzerte
George Szell (Cleveland Orchester) Leon Fleisher (Klavier)
CBS (S77410) 1961.

Joseph Haydn
Sinfonie Nr. 93 D-Dur Hob. I:93, Sinfonie Nr. 94 G-Dur
Hob. I:94 "Mit dem Paukenschlag"
George Szell (Cleveland Orchester)
CBS (S 92 996) 1967.

Franz Schubert
Sinfonie 7(9) C-Dur posthum
Wilhelm Furtwängler (Berliner Philharmoniker)
Heliodor (88 006) 1951.

Pjotr Iljitsch Tschaikowsky
Sinfonie Nr. 6 h-moll op. 74 „Pathétique"
Jewgeni Fjodorowitsch Swetlanow (Staatliches Sinfonie-
orchester der UdSSR)
Melodia/Eurodisc 1967.

Carl Maria von Weber
Der Freischütz
Carlos Kleiber (Staatskapelle Dresden) Gundula Janowitz,
Edith Mathis, Peter Schreier, Theo Adam, Bernd Weikl,
Franz Crass
DGG (2709 046) 1973.

Heinrich Marschner
Hans Heiling
Joseph Keilberth (Chor & Orchester des WDR Köln)
Leonore Kirschstein, Hetty Plümacher, Hermann Prey,
Liane Synek, u.a.
MYTO (MRF 70) 1966.

Elton John
Crocodile Rock
DJM (12392 AT) 1972.

Hector Berlioz
Benvenuto Cellini
Colin Davis (BBC Symphony Orchestra)
Christiane Eda-Pierre, Nicolai Gedda, Jules Bastin,
Robert Massard, Roger Soyer
Philips (416 955-2) 1972.

Igor Stravinsky
Feuervogel-Suite (1910)
Bela Bartok: *Musik für Saiteninstrumente, Schlagzeug
und Celesta*
Pierre Boulez (BBC Sinfonie Orchester).
CBS (72 652) 1968.

Nach den Außensein [8]

Jemand sagt: Musik ist die Schwingung des Lebens,
ja das Leben selbst. Doch verstehen kann ich
seine Worte nur, wenn ich Musik höre und
viel Musik ist in allem:

Der Wind im Gebälk
das schreiende Kind
der glucksende Tee
ein Choral von Bach
eine Oboe und ein Schlagzeug
das Geräusch des Schlafens
der Sommer in der Innenstadt
das Rauschen des Meeres
das sterbende Mäuschen
mein Atem
das Umschlagen einer Buchseite
das Tauchen im See
die Schritte im Dom
das Balzen der Drosseln
das Adagio der Einsamkeit
der springende Funke im Ausgelassensein
die vermischten Farben im Malkasten
die Fahne des Räucherstäbchens.

Und wenn ich sterbe, verklingt nur meine
Schwingung und viele neue stimmen ein
in das ewige Lied.

---

[8] aus: Richard Weber-Laux: *Vorwärtsbewegungen.* Books on Demand, Norderstedt,
2024, Seite 12.

8

Der Übergang als Schwelle(nmusik)

Die Aussage von Musik sollte keine andere sein,
als die Herrlichkeit von Gott und die Wiedergeburt der Seele.

Johann Sebastian Bach (1685-1750)

Reichlich früh ist die Schulzeit vorbei. Während des Grundwehrdienstes bei der Bundeswehr in Ahlen gab es nur einmal „Marschmusik": Bei der förmlichen Verpflichtung der Grundwehrdienstleistenden auf das Grundgesetz. Danach hatte ich allerdings in meinem Büro Zeit und Raum, Musik zu hören. Im sicheren Innendienst angelangt waren ich und mein direkter Vorgesetzter, ein Oberfeldwebel, oft den ganzen Tag mit Papierkram beschäftigt. Wenn ich mal allein war, konnte ich mir aus einem kleinen Kofferradio meine Schreibmaschinenarbeit mit leiser Musik versüßen. Zu der Zeit „hörte" ich nur den Sender BFBS, den „British Forces Broadcasting Service " aus Nordrhein-Westfalen. Neben den aktuellen Songs aus den Pop-Charts lernte ich so – besonders am Vormittag – gut Englisch, wenn der jeweilige Moderator mit den Hausfrauen am Telefon in Englisch und allen möglichen Dialekten plauderte. Klassische

Musik war zu dieser Zeit vollkommen aus meiner Welt gefallen. Abendlich lernte ich das Gedröhne in der Diskothek kennen, erträglich gemacht durch reichlich Alkohol. Da die Erfahrungen in den 15 Monaten aber doch für mein Leben prägend waren, so gibt es heute eine ganze Reihe Songs aus jener Discozeit, die immer noch sofort diese Erinnerungen wieder auslösen.

Nach der Bundeswehr begann dann das Studium. Mit dem ersten Kuss, der Verliebtheit, dem Fortzug aus der Heimat und dem Kennenlernen neuer Menschen und Situationen verblasste die Notwendigkeit von Musik. Diese kommt jetzt aus dem Autoradio, verträglich mit den Mitfahrern oder laut in der Diskothek gegenüber der Kaserne. Ich musste und wollte mich im Leben beweisen und das waren andere Schwerpunkte. Auch wenn das Lied „*Don't Let Me Be Misunderstood*" von Santa Esmeralda mit der hübschen, unabhängigen Mitstudentin Iris im Karneval des Jahres 1978 in Melodie und Gefühl erhalten blieb, meine Welt war es nicht.

Das Autoradio im ersten Auto, einem weißen VW Käfer Baujahr '68, war eine besondere Anschaffung: Nicht nur der Preis von 89 DM war hoch, auch der eigene Einbau des Monoradios mit seiner analogen Skala, den fünf Festtasten (drei für UKW, je eine für MW und LW) und dem einzigen Lautsprecher hinter der Blechplatte links vom Lenkrad war eine Erfahrung. Der Einbau der Antenne stellte sich als eine Herausforderung in geduldiger, handwerklicher Feinarbeit heraus. Alle paar Dutzend Kilometer musste der Sender auf der Autobahn nachjustiert werden. An das Glücksgefühl „*Don't Let Me Be Misunderstood* " mal wieder (laut) zu hören, kann ich mich gut erinnern; und, dass mich das Radio oft auf dem Heimweg in die Universitätsstadt vor dem Einschlafen auf nächtlicher Autobahn bewahrt hat.

Die Studentenbude wurde mit der mitgebrachten Stereoanlage aufgerüstet. Zuerst wurden die schwachen Boxen des Grundig RTV 700 durch Gemini-Boxen ersetzt, dann der Verstärker durch einen DUAL Verstärker CV62. Das war eine deutliche Klangverbesserung, obwohl ich den Teil mit der Quadrophonie nie genutzt habe. Die auch hier noch üblichen Schieberegler machten aber nach zwei Jahren bereits Probleme, abgesehen davon, dass die Lautstärkeregelung mit diesen Reglern stets schwer war. Aber das Gerät begleitete mich flott durch mein Vordiplom.

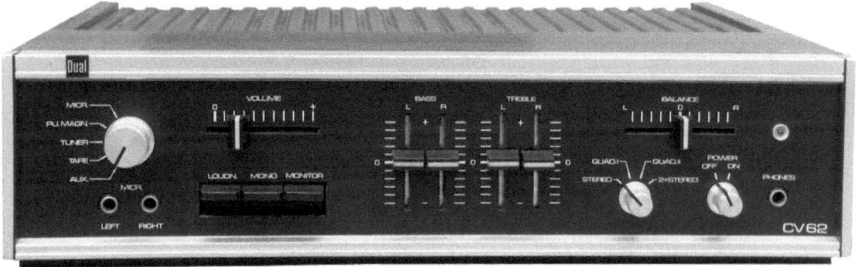

Abb. 20: Verstärker DUAL CV62

Mit meiner damaligen Freundin traf ich mich zum Studium im Darmstadt. Auch sie hatte einen Draht zur klassischen Musik, aber wir konnten uns darüber und über all das andere Notwendige in einer Beziehung nicht wirklich austauschen. Am meisten im musikalischen Gedächtnis geblieben sind mir die Fahrten nach Köln zum Musikkaufhaus Saturn. Damals der erste Laden unter diesem Namen und von sich behauptend, der größte Schallplattenladen der Welt zu sein (damals). Ich glaube, dass das Kaufhaus fünf Etagen groß war und einfach überwältigend. Was man sonst zuhause per Katalog bestellen musste, da konnte man es anfassen. Und das verleitete. Als Studenten sind wir damals mit Schallplatten im Wert von fast 1.000 DM nach Hause gefahren, ein überwältigendes Gefühl von Glück und Macht. Meine Freundin stand auf Franz Schubert (1797-1828) und kaufte alle Lieder mit dem bekannten Bariton Dietrich Fischer-Dieskau (1925-2012) vom Label „Deutsche Grammophon Gesellschaft (DGG)". Ich füllte meine Bestände mit Musik der Romantik und Wiener Klassik. Noch trennten mich Galaxien vom Reichtum des Barocks. Aber auch Liedermacher wie Herman van Veen, Georg Danzer und andere waren in unserem Gepäck. Wir waren großzügig im Ausgeben von Geld und großzügig in der Auswahl der Musik. Wir lebten im heute.

Bei meinem Bruder Hartmut und kurze Zeit später dann in einer Radio-Live-Übertragung entdeckte ich das Universalgenie André Heller. Erst in Liedern auf Schallplatten, dann auch in den Beiträgen seiner Show. Aus jener Zeit ist mir besonders das Lied „Abendland" in Erinnerung, in dem Heller eine gebetartige Passage dichtet und singt, wo ich auch heute nicht in mir unterscheiden kann, ob er – der Poet – es ernst meinte oder sich dem Zynismus hingab:

Abendland
[...]
Die Frau, bei der ich Kind war, lehrte mich beten.
Worte, die älter waren als die Haut an ihrem Hals.
Worte der Demut und Anmaßung.
Jetzt, mit meiner Angst, die schon von jeher so zum
Lachen war, will ich diese Worte sprechen, wie damals
vor vielen, vielen Jahren, als ich das erste Mal begriff,
daß wir nicht an der Fähigkeit zu sterben, sondern an der
Unfähigkeit zu leben zugrundegehen:
Herr gib, daß ich Liebe gebe, wo Haß ist,
daß ich verzeihe, wo Schuld ist,
vereine, wo Zwietracht herrscht,
nicht um getröstet zu werden, sondern um zu trösten,
nicht um verstanden zu werden, sondern um zu verstehen,
nicht um geliebt zu werden, sondern um zu lieben.
Nur dies ist wichtig.
Denn, da wir geben, empfangen wir,
da wir uns selbst vergessen, finden wir,
da wir verzeihen, erhalten wir Vergebung,
da wir sterben, gehen wir in das neue Leben.
[...]
André Heller: Abendland, 1976.

Das Studium forderte Aufmerksamkeit und Energie und die Beziehung brach. Langsam stetig glitt jeder in seine kleine Welt und nutzte die Ressourcen, die ihm/ihr zur Verfügung standen. Johann Sebastian Bach (1685-1750) hatte ich schon früher gehört, sogar das Weihnachtsoratorium mit dem Leipziger Thomaner Chor während des Vordiploms in Erlangen. Es war wunderschön und schauerlich zugleich, weil ich wusste, dass die Chorknaben aus der damals noch „bösen" DDR kamen. Trotzdem kam etwas rüber, was wie ein Bazillus weiterwirkte. Der alte Bach kratzte an meiner spirituellen Ader.

Von den Besuchen in Köln brachte ich dann meine erste Schallplatten-kassette mit Bach-Kantaten mit. Es waren Interpretationen aus den 60er und 70er Jahren unter Karl Richter (1926-1981). In dem Maße, wo es mir psychisch und in der Beziehung schlechter ging, nutzte ich während des Lernens für das Studium die Kantaten als beruhigende Hintergrund-musik.

Manchmal wanderte die Aufmerksamkeit zum Text oder zu einer besonders schön gesungenen oder gespielten Stelle. Dann wieder rannen die Töne wie Sand vorbei. Am Tiefpunkt im Inneren angekommen legte dann eine magische Hand aus dieser Sammlung die Kantate „*Gottes Zeit ist die allerbeste Zeit* (Actus tragicus, BWV 106)" auf den Plattenteller. Trost und Zuversicht tropfte mir aus den Lautsprechern auf fast unaussprechliche Weise entgegen. Tief in meinem Inneren fand eine Resonanz statt, die ich viele Jahre später erst wieder in buddhistischen Meditationen erneut erlebte. Meine Seele, mein ganzes Bewusstsein saugte und saugte – und die düstere Stimmung ging vorbei. Folgender Text aus der Kantate war am eindrucksvollsten:

> „.... *Ach, Herr, lehre uns bedenken, dass wir sterben müssen, auf dass wir klug werden. Bestelle dein Haus; denn du wirst sterben und nicht lebendig bleiben ...*"

Natürlich war die Wirkung dieser Worte nicht allein für meinen Zustandswechsel verantwortlich. Erst die geniale Vertonung von Johann Sebastian Bach mit seinen minimalen Mitteln an Harmonik und Instrumentierung im Verbund bewirkte dies. Es war das erste Mal, dass ich an mir selbst Musik als heilend empfand. Was für ein Schatz, was für eine Welt! Fortan liebte ich Bach so sehr, dass sogar mein erstes Passwort in der EDV-Welt aus den Kürzeln seines Namens bestand: JSB.

Sie kennen sicher auch Gier in ihrem Leben: Was man als gut erfährt, will man vollständig, individuell und sicher bei sich wissen. Also begann ich, die Musik von Johann Sebastian Bach zu sammeln. Zuerst irritiert, dass es mehr als einen Bach gab (dazu später mehr) und umgeworfen davon, dass er so viel geschrieben hatte. Im dtv-Verlag lagen die Texte und Beschreibungen der Kantaten als zwei Bände vor, die ich mir von meinen evangelischen Schwiegereltern in spe zum Geburtstag wünschte. Die Messlatte war gelegt. Alle Kantaten in guter Qualität zu kaufen, war mir als Student unmöglich. In jener Zeit begannen gerade Nikolaus Harnoncourt sowie Helmuth Rilling die Bachkantaten komplett einzuspielen. Also wurde es der Weg eines Stück- und Schnitzelwerkes. Das Gute daran war, dass es mein Hören schulte und intuitiv den Weg ebnete zum differenzierten Umgang mit Interpretationen. Sehr schnell kamen neuere Aufnahmen unter Nikolaus

Harnoncourt (geb. 1929) und Gustav Leonhardt (1928-2012) hinzu. Und das tat weh! Wie sehr unterschieden die sich in ihrer Interpretation von Karl Richter! Es begann das innere Arbeiten mit Musik auf der Ebene der Interpretation und ihrer Wirkung. Jetzt konnte ich endlich in die Tiefe gehen, was sehr gut passte, da die Freundin mich verlassen hatte und das Berufsleben begann. Es gab viel Zeit allein mit mir.

Ich zählte die Schallplatten nach Anzahl, sortierte sie nach Komponisten und alphabetisch. Genau wie die vielen Bücher stellten sie die Basis meiner Identifikation dar: Das war ich. Jedermann, der mich kennenlernen wollte, musste nur dort wühlen und sich damit konfrontieren. So dachte ich aus einem schwachen Selbst heraus und immer wieder nutzte ich die Musik als Ressource, um mich im Alltagsleben über Wasser zu halten. Eine gewisse bürgerliche Überheblichkeit stellte sich ein. Ein Kollege entpuppte sich als Klassik- und Technik-Fan und mit ihm ging ich auf Tour. Zuhause musste es jetzt die teure Hi-Fi-Anlage sein mit Aktiv-Boxen von *Backes & Müller* und ein Vorverstärker von *Yamaha* für den Klassik-Spezialisten. Alles vom Feinsten. Klar, da war ein großer Unterschied zu hören: Kristallklar, unverfälscht und enorm präsent kamen die Töne aus den neuen Lautsprechern. Aber es war auch die gleiche Musik. Und wieder eine neue Welt tat sich auf: Mit sich schön Anziehen, vornehmen Gehabe und intellektuellen Gespräche über Musik, Interpretationen und Aufführungen.

Wir hatten eine gute Zeit, hörten und sahen „*Die Trojaner*" von Hector Berlioz (1803-1869) in einer sehr eindrucksvollen Inszenierung von Ruth Berghaus in Frankfurt, „*Das Rheingold*" von Richard Wagner (1813-1883) in Covent Garden (London) unter unseren neuen Randbedingungen und „*Die von Nürnberg*" von Richard Wagner im Nationaltheater Mannheim in einer eingestaubten Inszenierung. Doch es langweilte mich. In Covent Garden packte der Mann neben mir im Parkett zu Beginn der Pause sein Butterbrot aus, was mir im feinen Zwirn gar nicht zusagte. Dies waren doch sehr heilige Hallen! In der Kneipe nebenan gab es dann einen Gong, wenn es in den zwei Pausen im Opernhaus gegenüber weiter ging. Welche Gegensätze!

Wagners Musik war nicht meine, zuhause legte ich Bach auf und verschwand in einer anderen Sphäre. Erst Jahre später konnte ich analysieren und erkennen, dass zu der Zeit mein Intellekt und mein Verstand sich mit Musik die Zeit vertrieben. Ich konnte mich tierisch darüber freuen, eine achtstimmige Fuge von Bach hörend analysiert zu haben. Auf eine Synthese im Verschmelzen des Gehörten bin ich damals nicht gekommen. Mich faszinierte die Klarheit und Breite der Bachschen Musik, konnte in den Texten Höheres vermuten und ließ mich einfach in eine Wirkung ohne Gefühlstiefe fallen. Es war wie ein unbewusster Rausch.

Aber gefühlt habe ich wahrscheinlich nichts; dazu war ich damals nicht in der Lage. Noch trennten mich Galaxien von mir selbst und Musik war nicht mehr und nicht weniger als der geschenkte Balsam zum Überleben. An Wochenenden ging ich in Kneipen zu irischer Folkmusik, klatsche mit und war getrieben davon, wieder eine Frau zu finden. Ich lernte dabei, dass ich sehr wohl die meiste Musik per Analyse erfassen kann, mir aber Erklärungen fehlten über deren Wirkung auf andere und auf mich. Es war das Gefühl von Hilflosigkeit und Ausgeliefertsein, welches meine Musikerfahrung jener Zeit kennzeichnete. Andere suchen dann Trost in Drogen, Alkohol oder Arbeit, ich verlor mich in Arbeit in der Uni und dem Wahn, Musik könne mich retten. Hier ein Konzert, dort eine Aufführung. In ganz Europa trieb ich mich ruhelos rum. Ich legte mir einen Ordner an mit meinen Eintrittskarten und den sorgfältig mitgenommenen Programmheften, um vor mir selbst mein Engagement zu rechtfertigen. Das war ich!

Die Technik zum Musikanhören änderte sich in dieser Zeit auch schnell. Der DUAL-Plattenspieler wich zuerst einem Thorens TD150 MKII mit einem Shure M75-Tonabnehmer, bevor dieser auch wieder ersetzt wurde durch einen DUAL 731Q mit einem Ortofon-Tonabnehmer. Die Boxen wurden durch Aktivboxen von Backes & Müller BM3 ausgetauscht und der Vorverstärker wurde erst ein Grundig XV 5000, dann ein Yamaha C60. Als

Abb. 21: Verstärker YAMAHA C60

die CDs eine gute Qualitätsalternative wurden, bekam ein Philips CD 820 das neue Familienmitglied.

Der Umgang mit Musik in meinem Leben entpuppte sich als Spiegel für meinen wirklichen Zustand. An dem tiefsten Punkt im Tal, wenn es keinen Ausweg zu geben scheint, die Sonne nicht mehr schien und alles ausweglos war, dann wurde mir vom Leben Hilfe und Erlösung angeboten. Wohl denen, die dies merken und wahrnehmen und es dann auch annehmen können. Dieser Zustand ist sehr schön musikalisch in der Oper „*Palestrina*" von Hans Pfitzner (1869-1949) beschrieben. Giovanni Pierluigi da Palestrina, der die Komposition im Auftrag des Papstes zur Rettung der abendländischen, kirchlichen Musik nicht mehr schreiben zu können glaubt, verzweifelt an den Menschen, an Gott und sich selbst. Alles in der Handlung treibt auf diesen Tiefpunkt zu.

Abb. 22: Act I, Scene 5: Palestrina. Hamburgische Staatsoper 2011

Mit dem Ausspruch „*Warum das ganze Spiel? Wenn das nicht wäre, was wäre dann?*" kommt Rettung in die Nähe – natürlich von oben. Palestrina rettet die Kirchenmusik (was historisch so nicht stimmt), aber in erster Instanz sich selbst, weil er sich der Talsohle ergibt. Obwohl die ganze Oper nicht besonders bedeutend ist, diese Stelle ist göttlich, auf einer Wahrheitsebene, die zu Herzen geht. Interessant an dieser Oper ist auch, dass es nur eine Frauenstimme gibt neben all den vielen Männerstimmen als ehemalige Meister, päpstliche Gesandte, Kardinäle usw.

Lange bevor mich das Leben in die Nähe von Mannheim verschlug, kam schon ein musikalischer Vorbote zu mir. Die Präsente der Vertreter der Pharmaindustrie an meinen Vater enthielten zu jener Zeit unter anderem Schallplatten mit klassischer Musik. Ein Album der Firma Boehringer Mannheim enthielt Musikstücke von Komponisten, die in der Zeit von 1743 bis 1778 unter dem Kurfürsten Karl Theodor arbeiteten. Da erklang Musik, die nicht so recht mehr Barock war, irgendwie frecher, frischer und aufmüpfiger. Später bekamen diese Hörerfahrungen dann Begriffe zugeordnet wie „*Mannheimer Rakete*" oder „*Vorklassik*". Oft habe ich das Doppelalbum als „*Korrektur*" für „*zu viel*" Barockmusik gehört – immer wieder im Leben habe ich diese Art von Korrekturen für ein zu langes oder zu beharrendes Verbleiben im „*Alten*" erlebt. Impulse über den Rand hinaus, Potentiale für neue Prozesse.

Vom Hören aus Konserven wechselte ich weiter zu Live-Auftritten. Diese boten die Chance, neue Leute kennenzulernen und erweiterten das Hörerlebnis um die Wahrnehmung der Umgebung, der Menschen und des Vergänglichen der verklingenden Musik. Von Bachkantaten in den lokalen Kirchengemeinden, über Opernaufführungen in ganz Europa bis zu einem Konzert mit der Saxophonistin Barbara Thompson (1944-2022) in Frankfurt reichte mein Interesse. Es gab daraus immer eine kurzfristige Befriedigung. Fast bürgerliches Kulturgehabe.

Mitte 20 und keine Partnerin: Die Gedanken und Gefühle brauchen Raum und Freiheit. In der Popmusik, aus Radio oder von Platte, finden sich Texte und Stimmungen, in denen ein wundes Herz seine Entsprechung findet. In Ulla Meinecke fand ich eine Singer-/Songwriterin, deren Texte genau meine Stimmung widerspiegelten. Allein der Titel der damaligen Schallplatte „*Wenn schon nicht für immer, dann wenigstens für ewig*" deutet den Kontext an. Hier ein Auszug aus dem Hit „*Nie wieder*":

Ich hab' dich oft gesehen und hab' mich nie getraut
Mal waren wir nicht allein, mal die Musik zu laut
Ein Blick von dir, ich fang zu zittern an

Geh'n wir zu mir? Weiss nicht mal, ob ich laufen kann
Ich red' zu viel und lach' zu laut
Und spür, du hast mich längst durchschaut
Geständnisse im weichen Licht
Und du sagst leise "Ich dich nicht. "
…
Ulla Meinecke: Nie wieder

Ich sah sie dann live in einem Konzert in der Alten Oper, Frankfurt. Aus der vierten oder fünften Reihe war ich ihr nicht nur räumlich nah. Knapp zwei Stunden baden im Gefühl, im Tanz mit den anderen Menschen um mich herum. Anhimmeln und seufzen über ungelebte Gefühle. Und wieder ein Saxophon zwischendrin in den Liedern. Jahre später, jenseits ihrer großen Hits und Jahre, sah ich sie in Pfungstadt Open Air auf einem kleinen Acker – was für eine Ent-Täuschung der Erinnerung.

Über das Radio war mir eine Stimme einer Sängerin aufgefallen, die unheimlich ausdrucksvoll war: Chi Coltrane. Die gekaufte LP mit dem Titel „*Silk & Steel*" beinhaltete kraftvolle Lieder, teils mit musikalischer Untermalung einem Sinfonieorchester gleich. Auch waren die Lieder nicht im plumpen Popsongstil geschrieben, sondern expressive Balladen wie zum Beispiel „*Don't forget the Queen*".

Irgendwie bekam ich mit, dass eben besagte Chi Coltrane in Darmstadt auftreten sollte, in einer Disco. Mit zwei Nachbarn ging ich dort hin, musste als Eingang durch eine ausgediente Straßenbahn, die als Tür in die Halle gemauert war, bezahlend passieren und fand mich im Halbdunkel einer Disco wieder. Es war schon fast voll und wir suchten uns einen Stehplatz. Den Ort der Show markierte ein Flügel, der bereits aufgeschlagen war. Schier endlose Popsongs aus dicken Lautsprechern ließen die Zeit kaum verstreichen, bis gegen 21.30 Uhr Chi Coltrane auftrat. Zuerst war ich überrascht, dass keine Band sich einfand, sondern Chi sich allein am Klavier selbst begleitete. Aber das war dann auch vollständig genug. Ihre Stimme („Röhre") war so dominant, dass sie allein den ganzen Saal füllte ... und die Leute gingen mit. Es war eines meiner eindrucksvollsten Konzerte; nur 6-7 Meter vom Künstler entfernt, in rauchiger Umgebung (ja, damals durfte noch geraucht werden!) und im Strom der jubelnden Fans. Großer Abend.

Im Vorfeld der Ereignisse hatte ich unter den vielen Popsongs einen auf Langspielplatte erworben, der in die Stimmung nach einer Trennung gut passt (Thema: *I got the blues*): „*The First Cut Is The Deepest*". Nicht in der Originalversion von P.P. Arnold oder der bekannten Version von Cat Stevens, sondern in der Version mit Keith Hampshire:

I would have given you all of my heart
But there's someone who's torn it apart
And she's takin' almost all that I've got
But if you want, I'll try to love again
Baby I'll try to love again but I know

The first cut is the deepest, baby I know
The first cut is the deepest
'Cause when it comes to bein' lucky, she's cursed
When it comes to lovin' me, she's worse
But when it comes to bein' loved, she's first'
That's how I know
The first cut is the deepest, baby I know
The first cut is the deepest
…
Bert Russell / Wes Farrell: The First Cut Is The Deepest

Den geliebten Generalmusikdirektor a.D. Berthold Lehmann besuchte ich ein paar Jahre später als Student einmal in seiner Wohnung. Er öffnete auf mein Klingeln die Wohnungstür und schon im Flur empfing mich ein umlaufendes Regalsystem, das mit Schallplatten und Büchern gefüllt war. Im Wohnzimmer eine ähnliche Situation: Nur Schallplatten, Bücher, Noten, ein Klavier und zwei Stühle. Er war mir zugetan, fragte nach meinem Werdegang und wir plauderten ein wenig über Musik. Die mit den vielen Schallplatten gepflasterte Wohnung hat mich einfach umgehauen; heute könnte man die ganze Musik fast locker in der Hosentasche auf einem MP3-Spieler oder auf dem Smartphone mit sich herumtragen.

Aus den Schätzen im Plattenschrank meines Vaters entnahm ich auch Schallplatten, die von Pharmafirmen wie Boehringer Mannheim als Arztpräsente gedacht waren. Die Sensibilisierung für die Klassik durch

Berthold Lehmann ließ mich beim Durchschauen aufhorchen: Das „*Te Deum*" von Anton Bruckner. Das erste Anhören fesselte wieder zugleich. Nie zuvor hatte ich einen Chor zu solch einer Musik gehört. Anders als bei Händel durchwob etwas Neues und Altes zugleich meine Sinne. Erst in einem zweiten Schritt konnte ich das dem zuordnen, was ich aus den Besuchen der Kirche kannte. Heute würde ich das christliche Ursuppe nennen. Und das meine ich nicht despektierlich. In der Aufnahme mit Wilhelm Pitz erreichte mich auf unerklärliche Weise etwas Tröstliches, Bewegendes. Bruckner stellte ich mir als kleinen, alten Mann vor, der in einer Barockkirche allein sitzt und das notiert, was der liebe Gott ihm persönlich vom Altar aus diktiert. Kaum Ego, ganz viel Hingabe in die Aufgabe. Auch heute kann ich von diesem Bild kaum Abstand nehmen. Auf einer anderen Platte fand ich Giuseppe Verdis „*Requiem*". Sehr kontrastreich, aber ebenso eine Offenbarung. Mit beiden zusammen war das Tor für christliche Musik weiter geöffnet worden; Johann Sebastian Bach hatte eine moderne – und mehr katholische – Ergänzung erfahren.

Fragen

    Welche technischen Geräte und Instrumente begleiteten Sie in Ihrer Jugend?

    Hatten Sie Musikunterricht außerhalb der Schule? Wie war der Unterricht?

    Können Sie sich an den Zeitpunkt oder das Ereignis erinnern, zu dem Sie Musik zum ersten Mal bewusst „benutzt" haben (zur Ablenkung, zum Feiern, als Geschenk usw.)?

Gibt es Musik, die Sie gar nicht mögen? Gibt es dafür in der Ver-gangenheit einen Grund?

Wann haben Sie das erste Mal Musik verschenkt und geschenkt bekommen? Von wem?

Welche Musik oder welches Lied gehört unauslöschlich zu Ihrer ersten Liebe?

Aus welcher (düsteren) Stimmung hat Sie Musik schon einmal „gerettet"?

Welche rituelle Kirchenmusik kennen Sie? Was bedeutet sie Ihnen?

Musikbeispiele [9]

Santa Esmeralda
Don't Let Me Be Misunderstood
Philips (6042 325) 1977.

Franz Schubert
Lieder Vol. 1, Vol. 2 & Vol. 3
Dietrich Fischer-Dieskau (Bariton), Gerald Moore
(Klavier)
DGG (ADD 0289 437 2152/2252/2352) 1969-71.

André Heller
Abendland
Angelo (062-31 845) 1976.

Johann Sebastian Bach
*Weihnachts-Oratorium BWV 248, Magnificat BWV 243
und 17 Kantaten*
Karl Richter (Münchner Bachorchester & Chor)
Edith Mathis, Ernst Haefliger, Theo Adam,
Dietrich Fischer-Dieskau, Peter Schreier, Hertha Töpper,
Gundula Janowitz, Christa Ludwig, Fritz Wunderlich
DGG (27722010) 1961-1975.

---

[9] https://www.kraftraum-musik.de/buch/musik-mosaik/kapitel-8/

Hans Pfitzner
Palestrina
Rafael Kubelik (Chor & Symphonieorchester des
Bayerischen Rundfunks, Tölzer Knabenchor)
Nicolai Gedda, Dietrich Fischer-Dieskau, Helen Donath,
Brigitte Fassbaender, Karl Ridderbusch, Bernd Weikl,
Hermann Prey, Friedrich Lenz
DGG (427417-2) 1973.

Ulla Meinecke
Wenn schon nicht für immer, dann wenigstens für ewig
RCA (PL 28545) 1983.

Chi Coltrane
Silk & Steel
CBS (85277) 1981.

Keith Hampshire
The First Cut
AM Records (13122) 1973.

Anton Bruckner
Te Deum
Daniel Barenboim (New Philharmonia Orchestra &
Chorus) Anne Pashley, Birgit Finnilä, Robert Tear,
Don Garrard
EMI Werbeplatte Gruenenthal (F65226) 1970.

Guiseppe Verdi
Stabat Mater. Te Deum
Zubin Mehta (Los Angeles Philharmonic Orchestra)
Teldec Werbeplatte Sandoz (TST77 402) 1962-1978.

Musik aus Mannheim.
Musik von Franz Xaver Richter, Johann Stamitz,
Christian Cannabich und Franz Danzi
Wolfgang Hofmann (Kurpfälzische Kammerorchester)
Boehringer Mannheim (BN0072) 1970er Jahre.

9

Im Blickpunkt: Konzerte und Mägde

*Musik ist eines der größten Mittel, das Herz zu bewegen und
Empfindungen zu wecken. Die Musik drückt das aus,
was nicht gesagt werden kann und
worüber es unmöglich ist, zu schweigen.*

Victor Hugo (1802-1885)

Durch den Besuch der vielen Konzerte, die das Fass in mir reichlich füllten, wurde auch das Spektrum dessen, was „hörbar" wurde, vergrößert. Schallplattenkäufe, teilweise gezielt, die meisten jedoch spontan, gaben neue Höraufgaben. Der „*Karneval der Tiere*" von Camille Saint-Saëns (1835-1921) fügte die Imitation von Tieren als Ressource hinzu. Es machte Spaß mit analytischem Hören der Komposition auf die Sprünge zu kommen. Die Zwischentexte, gesprochen von Karl-Heinz Böhm, erzeugten eine intime Atmosphäre, so, als ob man selbst in der Arena sitzen würde, in der die Tiere sich versammeln. Ich war von Hause aus kein Naturfreak, obwohl durch Garten und Spaziergänge mit Mutter, Tante und Hund zumindest ein Grundstein gelegt war. Doch die

85

lautmalerischen Klänge zu den Tieren und ihren Charaktereigenschaften waren mir sofort deutlich. Der Schwan war besonders schön. Die Rückseite mit *„Peter und der Wolf"* von Sergej Prokofieff (1891-1953) fiel dagegen stark ab.

Sprach der Karneval die analytische Seite in mir an, so erreichte mich das *„Klavierkonzert Nr. 2 G-Dur"* von Maurice Ravel (1875-1937) auf ganz andere Weise. Der erste Satz stellte noch eine Herausforderung an meine Hörgewohnheit dar. Beim zweiten Satz war ich hin und weg. In der Interpretation von Monique Haas sog mich die Musik geradezu in sich hinein. Ich hatte zuvor noch nie einen besonderen Bezug zum Klavier gehabt, es eher abgelehnt aufgrund der Erfahrungen in der Schule. Doch das war magisch, und zwar auf eine Art und Weise, die in dem wachsenden Gefühlskontingent in mir Spuren hinterließ. Es gab noch keine Referenz zu dem induzierten Gefühl beziehungsweise Gefühlscocktail. Und diese Wirkung war die Mischung aus der Musik und der Interpretation von Monique Haas. Auch wenn ich heute andere Interpretationen des Werkes mir anhöre, so kommt nie der Eindruck zustande wie in jener Aufnahme. Da spielte Monique Hass ein Stück Musik auf eine Art und Weise, als ob sie mit den Noten und der Intention des Komponisten „verheiratet" wäre. Tief durchdrungen, selig schwebend, mystisch abtauchend, sphärisch schwebend: Alle Versuche der Beschreibung verfehlen den eigentlichen Kern, der nur in mir entstand und sich einbrannte. Als ich später einmal dieses Stück und besonders den zweiten Satz einer guten Freundin vorspielte, war meine Enttäuschung groß, das Feuer in ihr nicht auflodern zu sehen. Noch heute kann ich sehr traurig werden, wenn ich meine Begeisterung für bestimmte Musik nicht im anderen wiederfinde. Das Gefühl des Alleinseins paart sich dann mit dem Gefühl der Dankbarkeit über die Geschenke, die mir zuteilwurden.

Und ein drittes Erlebnis aus der Zeit des Sammelns möchte ich anführen. Wieder kam es in Form des Klaviers zu mir. Bei einem Besuch bei meinem Bruder hörte ich die *„Prélude op. 23 und op. 32"* von Sergej Rachmaninow (1873-1943). Im Gegensatz zum Ravelschen Klavierkonzert baute diese Konserve die Intimität einer privaten Umgebung in mir auf. Beruhigend und tröstend empfand ich die Klangwolken. Interessanterweise merkte ich bei diesem Werk zum ersten Mal, dass ich beim zweiten Hören bereits die folgenden Akkorde voraushören konnte: In mir hatte sich das Stück bereits so eingebrannt, dass es nur dieses erste Mal mit „das ist neu" gab. Ab dem zweiten Hören war es vertraut, vorhersagbar und das innere Hören wechselte gleich in eine Analytik des Stückes. Erst viel später habe ich lernen müssen und können, das bewusst zu entscheiden. Auch ist für dieses Stück die Interpretation durch Vladimir Ashkenazy nicht so entscheidend für mich gewesen. Ich kann die Prélude auch gut in anderen Interpretationen hören, ohne dass etwas Wesentliches fehlt.

Neben den musikalischen Genüssen vor Ort zogen die „Kirschen" aus anderen Gärten mich auch an. Ein geplanter Urlaub in Großbritannien fiel unter die musikalische Planung. Ich hatte vom „Edinburgh International Festival" gehört. Es wurde nördlichster Punkt der Reise. Ich bestellte mir (per Post!) ein Programm. Im Reisemonat August zog mich als erstes die Händel Oper „*Tamerlano*" an. Das Bestellen der Karten für zwei Personen per Brief, die Überweisung in englischen Pfund und die ganze Korrespondenz per Snailmail (Entschuldigung: Internet-Slang; bedeutet normale Briefpost) waren schon eine Herausforderung. Aber nach ein paar Wochen hatte ich endlich die Karten in der Hand.

Leider verlief die Anreise nicht so glücklich: Nach der Überfahrt Rotterdam – Kingston upon Hull hatten wir nach einer Stunde einen unverschuldeten Unfall. Der Wagen hatte einen Totalschaden, uns aber war nichts passiert. Zwei Tage Unterkunft bei einer deutschstämmigen Polizistin waren sehr hilfreich. Danach ging es per Leihwagen nach Schottland. In Edinburgh hörte ich dann meine erste Händel Oper live! Die Aufführung war bestimmt ganz nett, aber ich erinnere mich nicht mehr an Einzelheiten. Dagegen hat ein anderes musikalisches Ereignis dort hoch im Norden Spuren in mir hinterlassen: der „*Edinburgh Military Tattoo*". An Karten zu kommen war damals ganz einfach. Um 21.00 Uhr abends begann das große Spektakel vor der grandiosen Kulisse der Burg und einem düsteren, stürmischen Abendhimmel. Hauptsächlich wurde Militärmusik gespielt zusammen mit ballettmäßigem Marschieren. Ein großartiges Erlebnis. Wind, Wolken und Wetterereignisse waren gleichberechtigte Partner, das Publikum trotz britisch kühlem Wetter guter Laune. Das Gesamtkonzept ließ mich vergessen, dass früher zu solcher Musik teilweise in den Krieg gezogen wurde. Dem Sog der Musik, ihrem Rhythmus und der durchdringenden

Lautheit war kein Entkommen. Die Füße wippten und alle standen wie unter Bann. Irgendetwas an der Musik, der Präsentation und dem Ort machten sehr nachhaltige Eindrücke.

Mit der wachsenden Offenheit „neuer" Musik gegenüber wuchs in mir auch das Gefühl, etwas von den Geschenken, die Musik in mir gepflanzt hatte, weiterzugeben. In Darmstadt gab es unter dem Titel *„Blickpunkt Orangerie"*

Abb. 23: Orangerie Darmstadt

eine über Jahre fortgesetzte Konzert-reihe, die den Schwer-punkt *„Alte Musik"* hatte. Mit Musik aus dem Mittelalter auf alten Instrumenten, deren Namen ich erst einmal nachschlagen musste, bis hin zu komplexer Barock-musik reichte das Spektrum. Dort hörte ich auch zum ersten Mal einen Countertenor, nämlich René Jacobs. Und da alles in relativ kleinem Rahmen ablief, traute ich mich und sprach die Veranstalterin an. Fortan nahm ich kleinere organisatorische Aufgaben wahr, recherchierte Details der kommenden Musikstücke und Interpreten (noch ohne Internet) und produzierte detaillierte Handzettel für die jeweiligen Aufführungen. Das gab mir einen Einblick in die Welt hinter der Bühne sowie vor allem in das soziale Milieu vor und nach der Veranstaltung. Zum einen ernüchternd bezogen auf die Menschlichkeit von Veranstalter und Musizierenden, zum anderen faszinierend in den Atmosphären und Prozessen der Veranstaltungen. Vielleicht ähnlich zu dem, wenn man zum ersten Mal einen geliebten Kuchen von Mutterhand selbst versucht zu backen.

Noch war ich weit weg von eigenen Versuchen, aktiv Musik zu machen. Aber Darmstadt war ein gutes Pflaster für Musik. In einem dieser Veranstaltungen gab es ein Konzert mit Musik des Darmstädter Barockkomponisten Christoph Graupner (1683-1760) zu seinem 300-jährigen Geburtstag am 11./12. Juni 1983. Graupner ist wenig bekannt, aber hatte auf Empfehlung Georg Philipp Telemanns (1681-1767) sich auf die freie Kantorenstelle an der Thomaskirche in Leipzig beworben. Er musste aber einen Rückzieher machen, da sein Dienstherr, der Landgraf Ernst Ludwig von Hessen-Darmstadt, ihn nicht ziehen ließ. Die Stelle bekam dann Johann Sebastian Bach. Im Rahmen eines Konzertes mit Graupners Werken lernte ich neben einer vollständig neuen Musik einen jungen Mann kennen, der gerade an einer Promotion über den Komponisten Graupner schrieb. Er war an jenem Samstagnachmittag auf der Suche nach einer Unterkunft. Ich ließ ihn bei mir schlafen, hatte nette Gespräche über Musik und besuchte ihn das Jahr drauf in Berlin. Dort verführte er mich zu „*Dido and Aeneas*" des englischen Komponisten Henry Purcell (1659-1695), welches soeben mit Nikolas Harnoncourt auf LP erscheinen war. Eine neue Dimension des transparenten Hörens. So „sprechend", klar und mitreißend konnte Barockmusik sein. Purcell wurde daraufhin aktiv in die Liste „Lieblingskomponisten" abgelegt.

Auf der immer noch währenden Suche nach meiner persönlichen Position in den Kompositionen dieser Welt, half mir wieder eine Werbungsschallplatte. Eine Arzneimittelfirma wollte unter dem Thema „Alt & Neu" eine musikalische Aufwartung machen. So packte man auf die eine Seite die „*Pulcinella-Suite*" von Igor Strawinsky (1882-1971), auf die andere Seite eine Komposition, die ursprünglich Giovanni Battista Pergolesi (1710-1736) zugeschrieben wurde. Strawinsky verwendete Themen aus dem Barockstück und machte etwas Neues daraus. Dieses Prinzip des „Recyclings " fand ich dann im Barock als alltägliche Praxis wieder. Noch heute freue ich mich tierisch, wenn ich bei Georg Friedrich Händel in einem mir neuen Stück Zitate aus einem nseiner eigenen Werken wiederhöre. Oder bemerkte, dass Kantatenstücke in der Fassung von Johann Sebastian Bach bereits von anderen Mitgliedern der Bach-Familie vor ihm vertont waren (Beispiel:

„Ach, bleib bei uns, Herr Jesu Christ" von Johann Michael Bach (1648-1694) oder *„Es erhub sich ein Streit"* von Johann Christoph Bach (1642-1703)). Die strengen Kategorien der musikalischen Epochen brachen auf; es wurde kein „Entweder-Oder", sondern ein „Sowohl-als-auch".

In der Zeit, in der die Suche nach „der" Frau im Leben schon einmal gescheitert und ein zweiter Versuch noch nicht in Sicht war, erregt ein Operntitel wie *„Die Magd als Herrin"* manchmal falsche Assoziationen. Ich weiß nicht mehr genau, was mich als erstes an dem Stück anzog, aber die *„La Serva Padrona"* von Giovanni Battista Pergolesi erschien im Fokus. Die erste Aufnahme hörte ich im Radio, mit deutschen Texten, schöne Musik und kurz(weilig). Das Sujet der kleinen Hausepisode rührte die eigene Fantasie an, machte ein Mitschwingen in Möglichkeiten und Realitäten. Endlich einmal etwas, was aus dem realen Leben zu kommen schien und würdig, in schöne Musik verpackt zu werden. Der Zweifel daran, was ich in Beziehung zu Frauen sah, begann allerdings angesichts der Manipulation der Dienerin neu bewertet werden zu müssen. Nur die Nicht-Identifikation mit dem alten Lüstling gab noch die Chance auf Abstand vom Inhalt.

Ein paar Jahre später sah ich dieses kleine Stück live in der Nähe von Mannheim in einer Kneipe. In der Inszenierung einer Musikakademie in kleinem Rahmen und ganz nah an der flachen Bühne war wie ein Blick in das Wohnzimmer einer bekannten Familie. Die Unmittelbarkeit und Nähe der Musik in Verbindung von Text (jetzt in Italienisch) und Handlung zeigte mir eine Form von Musiktheater, die auf keiner noch so großen, technisch perfekt ausgestatteten Bühne möglich ist. Erst in neuerer Zeit auf dem heimischen Fernseher konnte ich eine Inszenierung über YouTube ansehen und diese Atmosphäre ein wenig wiederherstellen.

In diesen Zeiten gab es von mir auch den Versuch, die Ursprünge der geliebten Musik zum Vorschein zu bringen. Was für eine Musik existierte vor Bach? Wie fing alles an und mag ich das vielleicht auch? Bei einem Besuch in Berlin, damals noch in der Enklave hinter dem Eisernen Vorhang, entdeckte ich in einem Schallplattengeschäft am Kurfürstendamm bunte Schober mit dem Titel *„Reflexe – Stationen europäischer Musik"*. Musik von Oswald Wolkenstein, Ludwig Senfl, Roman de Fauvel, Guillaume de

Machaut und vielen anderen, mir zu dieser Zeit vollständig unbekannten Komponisten standen auf den Covern.

Viele einzelne Platten darin und auch ganze Sets hatten große Preise gewonnen, wie z.B. den *„Grand Prix du Disque"*. Es waren die günstigen Restbestände einer Serie von 10 LP-Boxen mit jeweils 6 Schallplatten. Ich wählte mir sieben Boxen aus ... und lies sie mir per Post nach Hause senden. Ins Flugzeug hätte ich sie allein wegen Volumen und Gewicht nicht mitnehmen können.

Abb. 24: REFLEXE: Oswald von Wolkenstein

Das konfrontiere mich mit mittelalterlicher Musik und Musik der Renaissance. Zuvor hatte ich ähnliches noch nie gehört, sodass das Auflegen auf den Plattenteller eine enorme Herausforderung war. Ich muss zugeben, dass ich wahrscheinlich gar nicht einmal alle Platten gehört habe. Aber mit einem Schlag 42 Schallplatten zu erwerben und dazu mit schönen Kassettenrücken formte die Plattensammlung zur Augenweide.

Fragen

Gibt es Musik in Ihrem Leben, die Sie nicht mit anderen teilen können oder möchten?

Hat sich bestimmte Musik als Gefühl in Ihnen verewigt, ohne dass Sie das Gefühl genau beschreiben könnten?

Kennen Sie Musikstücke, die Sie in genau der Interpretation hören wollen, in der Sie diese kennengelernt haben? Was fehlt Ihnen bei anderen Interpretationen?

Kennen Sie Militärmusik? Wie stehen Sie dazu? Was fasziniert Sie daran genau?

Haben Sie schon einmal einen Blick hinter die Bühne werfen können? Wie war das für Sie? Eher schockierend oder eher erleichternd?

Wie war Ihr erster Kontakt mit einem Künstler oder einem Muszierenden?
Was haben Sie dabei in ihm bzw. ihr gesehen?
Welches Gesamtbild haben Sie davon in sich gespeichert?

Musikbeispiele [10]

Camille Saint-Saëns
Karneval der Tiere
Karl Böhm (Wiener Philharmoniker) Karl-Heinz-Böhm
(Erzähler), Alfons und Aloys Kontarsky (Klavier)
DGG (2530587) 1975.

Maurice Ravel
Klavierkonzert Nr. 2 G-Dur
Paul Paray (Orchestre National de France) Monique Haas
(Klavier)
DGG (LPM 18 988) 1965.

Sergej Rachmaninow
Prélude op. 23 und op. 32
Vladimir Ashkenazy (Klavier)
Decca (635297) 1975.

Henry Purcell
Dido and Aeneas
Nikolaus Harnoncourt (Concentus Musicus Wien,
Arnold Schönberg Chor) Ann Murray, Rachel Yakar,
Trudeliese Schmidt, Paul Esswood, u.a.
Teldec (6.42919 AZ) 1983.

Giovanni Battista Pergolesi
La Serva Padrona
Franzjosef Maier (Collegium Aureum)
Maddalena Bonifacio, Siegmund Nimsgern
harmonia mundi (30828) 1969.

---

[10] https://www.kraftraum-musik.de/buch/musik-mosaik/kapitel-9/

Igor Strawinsky
Pulcinella-Suite
Neville Marriner (Academy of St. Martin-in-the-Fields)
Giovanni Batista Pergolesi
Concertino Nr. 6 B-Dur, Flötenkonzert Nr. 2 D-Dur
Karl Münchinger (Stuttgarter Kammerorchester)
Jean-Pierre Rampel (Flöte)
Chemie Grünenthal GmbH (TST 77931) 1968/1963.

Die Familie Bach vor Johann Sebastian
Die Kantaten
Reinhard Goebel (Musica Antiqua Köln)
DGG Archiv (419 253-2) 1986.

REFLEXE – Stationen europäischer Musik
10 Boxen a 6 Schallplatten
EMI Electrola (verschiedene) Anfang ´70-Jahre.

10

Musizieren statt nur Hören

*Wer Musik nicht liebt, verdient nicht,
ein Mensch genannt zu werden;
wer sie nur liebt, ist erst ein halber Mensch;
wer sie aber treibt, ist ein ganzer Mensch.*

Johann Wolfgang von Goethe (1749-1832)

Zeitweise überkam mich dieses Kribbeln. Zu hören (und zu sehen) war ja schön, aber was war mit Selbermachen? Das Wippen der Beine im Takt drückt schon zum Teil diesen Impuls aus, es befriedigt ihn aber nicht. Zu der Zeit hörte ich viel Cembalo- und Orgelmusik aus Renaissance und Barock. So war es natürlich, mich nach diesem Instrument umzusehen. So spielte ich mit dem Gedanken, mir ein Cembalo zu kaufen. Fasziniert von dessen Klang in der Barockmusik machte ich mir lange nicht klar, dass auch auf diesem Instrument die Fertigkeit der parallelen Fingerbenutzung und Klangerzeugung notwendig, ja der eigentliche Sinn sind. Die fragilen Ausmaße eines Cembalos im Gegensatz zu seinem Flügel machten es in meinem Kopf zum einen beherrsch- und zum anderen auch bezahlbar. Außerdem war ich von der handwerklichen Ausgestaltung angetan. Kein schwarzer Lack, sondern warme Holzfarben und oft ausgemalte Deckel. Bald schon hatte ich mir Prospekte besorgt und studiert. Was mich letztendlich davon abhielt, ein solches Instrument zu kaufen, kann ich heute nicht mehr sagen. Sicher war es aber sinnvoll, dies nicht zu tun – zumal bei mir keine Erfahrungen mit dem Instrument vorlagen.

In dem Zweifel, ob es auch das richtige Instrument wäre, zögerte ich so lange, bis mir in Form eines Synthesizers das ideale Probeinstrument vor die Füße gelegt wurde. Mit diesem neumodischen Technikwunder konnten viele Instrumente simuliert werden! So wanderte dann ein Yamaha DX7 zu mir

Abb. 25: YAMAHA DX7 Synthesizer

und ich probierte technisch alles aus, was vom Instrument vorgegeben war. Der Wechsel der einprogrammierten Instrumentenstimmen war an sich schon interessant genug, die Verwendung von künstlichen Sounds bis hin zu Gewitter, Heulen und Stimmnachahmungen einzigartig. Ich erwischte mich immer mehr dabei mit diesen Klängen zu experimentieren, als ernsthaft mit dem Üben auf der Klaviatur zu beginnen. Diese wichtige Probephase brachte aber ein Ergebnis hervor, dass ich zuvor intellektuell nicht bedacht hatte: War ich in der Lage mit meinen Fingern parallel verschiedene Töne gleichzeitig zu erdenken, wahrzunehmen und umzusetzen? Nein! Die Tendenz zur Nutzung von einem Ton nach dem anderen schälte sich systematisch heraus.

Der Wunsch selbst zu muszieren war immer noch vorhanden, brauchte aber einen neuen Fokus. Wieder brachte mich das Hören meiner damaligen Lieblingsmusik auf den richtigen Weg. Besonders gerührt von Musik war ich immer dann, wenn das Leitmotiv von einer Oboe gespielt oder begleitet wurde. Ich besorgte mir das Buch „Die Oboe" von Léon Goossens und Edwin Roxburgh. Begeistert las ich alles über Technik und Geschichte, Herausforderungen und Instrumentengruppen. Langsam wurde mir bewusst, auf was ich mich da einlassen würde. Neben Üben, Üben, Üben würden eine ganze Menge anderer Herausforderungen auf mich zukommen. So schwankte meine Motivation zwischen starker Zuversicht aus Liebe zur Musik und Zweifeln an meinem Alter (damals 27) und dem Üben neben Beruf und Alltag. Ein Detail schlug auf die positive Seite des Projektes: Die

Oboe gibt in den allermeisten Fällen im Orchester den Ton an, nach dem alle anderen Musiker ihre Instrumente stimmen. Und eine führende Rolle wollte ich schon immer einmal einnehmen.

Doch wie findet man einen Lehrer, der einen „so alten" Schüler als Anfänger und zudem noch ohne Notenkenntnisse annehmen will? In meinem Willen, die Oboe unbedingt zu erlernen, griff ich gleich nach oben, alle Volkshochschulen, Musikschulen und anderen Schritte auslassend. Ich besorgte mir die Adresse des ersten Oboisten am Staatstheater Darmstadt. Am Telefon war Helmut Renz (1931-2005) nicht nur sehr nett, sondern er ermunterte mich gleich doch einmal vorbeizukommen und dann würden wir weitersehen. Aufgeregt ging ich zu meiner „ersten" Stunde. Ich brachte gleich in den ersten zehn Minuten Töne aus einer mir hingehaltenen Oboe heraus und nach einer Stunde war klar: Du hast einen Oboenlehrer, die Stunden sind bezahlbar und ich kann sie vor der Arbeit gleich frühmorgens nehmen. Zu Beginn bekam ich ein Leihinstrument und schon nach einem halben Jahr konnte ich eine gebrauchte Anfängeroboe von Mönnig (DDR) für 2.800 DM bei ihm kaufen. Das Geld hatte ich kurz zuvor von einer Versicherung erhalten, nachdem ich sechs Monate zuvor einen nicht verschuldeten Unfall in England hatte. Also Oboe statt Auto und Fortbewegung mit dem Fahrrad.

Helmut Renz studierte Oboe bei Fritz Fischer in Stuttgart und Kammermusik bei Prof. Philipp Dreisbach. Dort nahm er in späterer Zeit auch unter Karl Münchinger und dem Stuttgarter Kammerorchester die Matthäuspassion und das Weihnachtsoratorium von Johann Sebastian Bach auf. Bereits 1959 wurde er Mitglied des Staatstheaters Darmstadt, damals noch in der Orangerie. Renz war vielfältig tätig: Er unterrichtete an der Akademie für Tonkunst in Darmstadt, war Mitglied beim Kammerorchester Merck und machte mit denen zahlreiche Konzerte und Aufnahmen. Nicht zuletzt brachte er Musikstücke für Oboe und Englischhorn heraus, u.a. Mozarts "*Adagio in C*" für Englischhorn, 2 Violinen und Violoncello KV 580a.

Und diesen netten, ruhigen Mann hatte ich jetzt als privaten Lehrer für die Oboe. Natürlich fragte Helmut Renz mich auch, warum ich denn Oboe lernen wolle. Die empathisch vorgetragene Antwort war damals wie heute gültig: Ich wollte das *Oboenkonzert Es-Dur Wq 165* von Carl Philipp

Emanuel Bach (1714-1788) spielen können (siehe nächste Abbildung). Insbesondere der Beginn des dritten Satzes war so etwas wie „meine Melodie". Diese war so tief in meiner Seele verankert, dass manchmal der Gedanke kam, dieses Stück bereits zu seiner Entstehungszeit 1765 in einer früheren Inkarnation als Oboist gespielt zu haben. Meine musikalischen Studien waren nicht für alle verträglich.

Obwohl die Nachbarn in der damaligen Wohnung sich nicht beschwerten, machten doch einige Freunde und Bekannte lange und verdrießliche

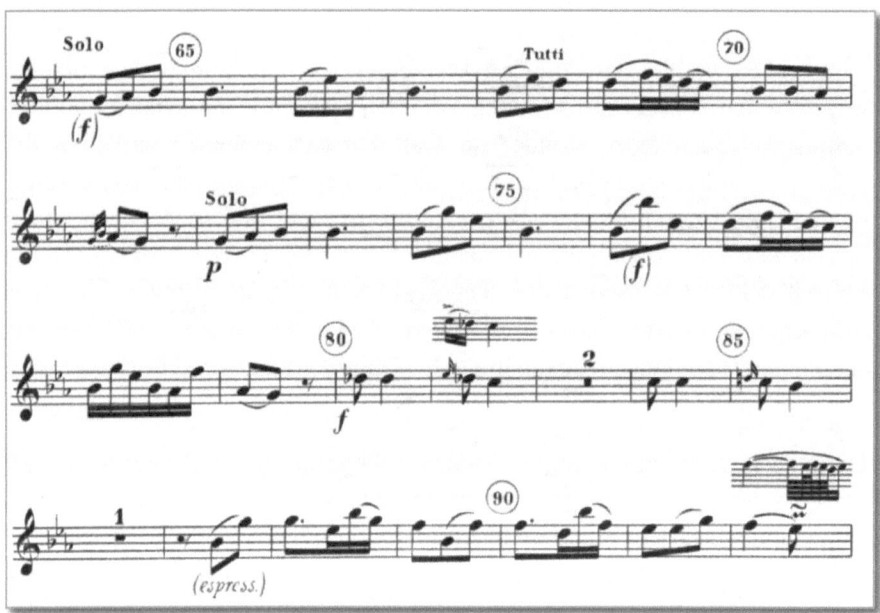

Abb. 26: Carl Philipp Emanuel Bach – Beginn 3. Satz aus Wq 165

Gesichter. Kaum einer beglückwünschte mich zu meinem Projekt, Ängste und Zweifel waren die häufigsten Kommentare. Nur diejenigen, die selbst ein Instrument noch aktiv spielten, waren interessiert. So kam es dann auch, dass ich in einer kleinen Adventsparty unter engen Freunden mit einer Bekannten, die Querflöte spielte, ein paar einfache Lieder zur Erzeugung weihnachtlicher Stimmung zusammen zum Besten gab. Die Anspannung und der Stress sind mir noch heute nahe. Das Publikum war uns gnädig und das anschließende Beisammensein bei Gepäck und Tee dann sehr schön.

Obwohl mir bewusst war, dass ich nie ein großer Musiker werden würde – das Üben und das Ergebnis brachten schnell eine realistische Einschätzung –, so überkamen mich ab und zu Ideen, deren Umsetzung ich hier nicht verschweigen möchte. Den Klangraum, den die von mir bespielte Oboe einnahm, konnte ich innerhalb von Räumen gut ermessen. Lautstärke, Echo, Klangfarbe, Ansprache, usw. wurde im Laufe der Zeit vertraut. Aber wie klingt eine Oboe in der freien Natur? Mit dem Oboenkasten im Rucksack fuhr ich auf dem Fahrrad in den nahegelegenen Wald, suchte mir einen vermutlich unter der Woche von Spaziergängern freien Raum. Die ersten Intonationen waren gleich ein Schock: Klar und laut wurden die Töne von den Bäumen reflektiert, so, als wäre ich in einem Studio mit Verstärkern. Ganz im Gegensatz zu den Augen, die nur die Zwischenräume zwischen den Bäumen wahrnahmen, hörten die Ohren eine glasklare Brillanz in unmittelbarer Nähe. Mut und Spaß am Probieren wurden gedämpft durch die Sorge um die Tiere und eventuelle Beobachter und Zuhörer. Es war ein nachhaltiges Erlebnis. Ich spielte nicht irgendwelche Stücke, sondern improvisierte frei und ließ mich von den Tönen tragen. Das war in manchem Tier- und Baum(er-)leben sicher ein besonderer Höhepunkt.

Letztendlich führte dieser Versuch auch zu einem Experiment anderer Art. Da mir immer schon Jazzstücke mit Saxophon besonders gefallen haben, war die Idee des Improvisierens nicht zu bändigen. Auf der Suche nach einer Erfahrung las ich in dem VHS-Programm der Stadt München von einem Wochenend-Workshop für freies Improvisieren. Mit Rucksack und Oboe traf ich an einem Samstagmorgen per Bundesbahn am Veranstaltungsort in München ein. Wir waren sechs Teilnehmer, die meisten mit Streich- bzw. Zupfinstrumenten, ein Perkussionist und ich als Holzbläser. Ich stellte schnell fest, dass ich sowohl zu wenig Erfahrung an der Oboe hatte als auch im Improvisieren viel zu unsicher und befangen war. So beschränkte sich mein musikalischer Beitrag fast durchweg auf einer Art „Basso Continuo" zu dem freien Spielen der anderen. Aber Spaß hat es dennoch gemacht.

Das Oboespielen, das „mit der Oboe spielen", förderte auch die Suche und den Genuss nach Musik mit Oboe. Über die Zeitschrift „fonoforum", den „Bielefelder Katalog" und andere Medien (das Internet existierte erst in den Anfängen) war mein Fokus auf Oboe gerichtet. Manche hervorragende Aufnahme auf CD wanderte zu mir. Höhepunkt für mich war das zuvor erwähnte *Konzert Es-Dur für Oboe, Streicher und Basso continuo Wq 165* von Carl Philipp Emanuel Bach und die *Sonate Nr. 2 g-moll ZWV 181* von Jan Dismas Zelenka (1679-1745). In der Aufnahme mit Burkhard Glaetzner und Ingo Goritzki war ich total hingerissen von der Dichte, Zartheit und Intimität des Spieles der zwei Oboen, die sich wie zwei Liebende umwarben. Durch Einsatz der Zirkularatmung als Spieltechnik schien der Ton auch da nicht abzureißen, wo jeder normale Mensch eine Atempause erwarten würde. In kammermusikalischer Schlichtheit strebte die Musik von einem Orgasmus zum nächsten. Dieses Prinzip des endlosen Tones sollte mir sehr bald in einem ganz anderen Kontext wiederbegegnen.

In einem der vielen Kurse, die ich als Single an den Wochenenden besuchte, wurde ich mit Obertonsingen konfrontiert. Das Gehörte von Michael Vetter war zunächst recht merkwürdig. Es braucht eine Zeit, sich auf diese neue Klangwelt einzustellen. Am interessantesten war es dann, es selbst auszuprobieren. Die mikrokleinen Änderungen im Gaumenraum lassen auf einem Grundton die vorhandenen Obertöne verschiedentlich hervorstechen. Lauscht man auf die sich ändernden Obertöne, bilden sie selbst eine eigene Melodiekette. Ich probierte das mehrfach aus, vor allem unter der Dusche und im Auto. Natürlich kann man so nur die Eigenresonanzen im Kopf hören, also indirekt, aber es machte und macht Spaß. Man hat so ein kleines Instrument immer mit dabei. Bei tibetischen Mönchen, dort aber mehr als Untertongesang, begegnete mir diese Technik dann wieder.

Wieder ein paar Wochen später finde ich mich erneut in München unterwegs. Ohne konkrete Vorerwartungen nehme ich an einem Workshop zum Bau von Musikinstrumenten teil. 15 Teilnehmer mit sehr verschiedenen Vorkenntnissen, Wünschen und Plänen versammeln sich in einer großen Werkstatt. Die ersten zwei Stunden gehen ins Land mit Vorstellungen, Abfragen der Vorlieben und Einteilen der Gruppen. Ich wähle die Blasinstrumentengruppe, passt natürlich zur Oboe. Kann man an einem Wochenende ein Instrument bauen? Man kann. Wenn auch auf unerwartete Art und Weise. Samstagnachmittags finde ich mich in einem Werkraum wieder, die Lötlampe in der Hand. Ein ca. 2 Meter langes Stück Kupferrohr erwärme ich an dem einen Ende. Dann wird auf einem Amboss mit einem speziellen Hammer das gerade Ende des Kupferrohrs zu einem Trichter ausgetrieben. So also entstehen vielleicht die Endstücke der Hörner und deren Kollegen.

Als der Trichter einen Durchmesser von ca. 12 cm hat, wird abgekühlt und entgratet. An das andere Ende des Kupferrohrs wird ein Mundstück für Klarinetten gesteckt, das „zufällig" den gleichen Innendurchmesser hat. In traditioneller Weise wird ein Blatt (Reed) auf das Klarinettenmundstück gewickelt. Dann der erste Versuch, einen Ton zu erzeugen. Trotz Erfahrungen mit der Oboe fällt es mir schwer. Total erstaunt bin ich dann über den tiefen Ton, der plötzlich den Raum füllt. Eigentlich physikalisch erklärlich, da das Rohr fast zwei Meter lang ist, also länger als der Schalltrichter eines Fagotts. Und dann mischen sich da noch die Töne der anderen Mitstreiter mit rein. Da die beteiligten Instrumente nicht von der Tonhöhe her aufeinander abgestimmt sind, entsteht eine richtige Kakophonie – aber es macht tierisch Spaß.

In der Abschlussrunde stellt jeder „sein" Instrument vor. Alle sind stolz, aber nicht 100% zufrieden, da meist noch viel Kleinarbeit für zuhause übriggeblieben ist. Am Sonntagabend mache ich mich dann per Zug auf in Richtung Heimat. Das lange Kupferrohr mit seinem Trichter im Gepäck zieht ganz schön viele Blicke im Bahnhof, im Zug und im Bus auf sich, aber keiner fragt nach. Ich habe dann leider nicht weiter mit dem Rohr gearbeitet. Die Möglichkeit, durch Bohrungen neue Tonhöhen zu ermöglichen, nahm ich nicht in Angriff, wahrscheinlich aus Angst, dann „Misstöne" zu produzieren. Dieses Kupferrohr habe ich über 20 Jahre über viele Umzüge gerettet, bevor es dann doch eines Tages verschwunden ist, vermutlich als Altmetall zu einem fahrenden Altmetallhändler. Aufgegriffen habe ich diese Art von Instrument, in dem ich später mir ein Chalumeau zulegte: Das gleiche Mundstück, nur nicht auf Metall, sondern an einem konischen Holzkörper.

Fragen

Haben Sie schon einmal in der freien Natur Musik gemacht? Wie war das?

Mit welchen Instrumenten haben Sie schon Erfahrungen gemacht? Sei es, um sie nur einmal auszuprobieren (*„da bekommst Du sowieso keinen Ton raus!"*) oder als Ergänzung zum eigenen Hauptinstrument?

Haben Sie schon einmal Ihre musikalischen Fähigkeiten auf einem Instrument mehreren Zuhörern präsentiert? Welche Erfahrungen haben Sie dabei gemacht?

Gab oder gibt es ein Musikstück, das Sie schon immer spielen wollten? Wann trat dies in Ihr Leben?

Haben Sie jemals an einem Musik- oder Instrumentenunterricht teilgenommen? Für welches Instrument? An was erinnern Sie sich besonders?

Welche Instrumente bevorzugen Sie? Gibt es einen Unterschied im Hören und Spielen?

Welche Musik berührt Sie so tief, dass Sie sie als einzige auf die berühmte Insel mitnehmen würden?

Haben Sie schon einmal ein Instrument selbst gebaut?
Welches und wie war das? Spielen Sie noch heute darauf?

Musikbeispiele [11]

 **Carl Philipp Emanuel Bach**
Konzert für Oboe, Streicher und Basso Continuo
Es-Dur Wq 165
Max Pommer (Neues Bachsches Collegium Leipzig)
Burkhard Glaetzner (Oboe)
Cappricio (10074, 10075) 1986.

 **Jan Dismas Zelenka**
Sonaten für zwei Oboen, Fagott und B.C.
Burkhard Glaetzner, Ingo Goritzki, Knut Sönstevold,
Siegfried Pank, Achim Beyer, Walter Heinz Bernstein
Berlin Classics (BC 1070-2).

 Michael Vetter
Overtones in Old European Cathedrals: Senanque
Wergo (SM 1078-50) 1989.

---

[11] https://www.kraftraum-musik.de/buch/musik-mosaik/kapitel-10/

Musik [12]

Sie wärmt mich, spricht mit mir,

ihr gebe ich meine Aufmerksamkeit

und ihr bin ich treu.

Die Wogen ihres Rhythmus interferieren mit den meinen

meine Höhen und Tiefen bestimmen ihr Vorhandensein.

Oft das Mantra, oft die Richtschnur für den Tag,

oft das Sinnbild für mein Leiden, oft Ausdruck meiner Freude.

Von vielen Altern und Vätern,

durch viele Medien und Sphären,

in vielen Dingen und auf letzten Worten.

Ewig weiblich und mahnend an Geduld.

Sinnlich reizend und Lösung von Fragen.

Landschaften erzeugend und Schutzschild gegen die Umwelt.

Wo meine Worte aufhören, fängt sie an

und ich möchte in sie hineinfließen,

mich zeitweise verlieren, die alten Wunden

diesem Leben überlassen und doch eins sein.

---

[12] aus: Richard Weber-Laux: *Vorwärtsbewegungen*. Books on Demand, Norderstedt, 2024, Seite 80.

11

Von Alphörnern, Ferienkursen und dem Dritten Ohr

Die Musik soll das subtilste Mittel sein, das bis ins Innerste des Menschen vordringt, durch seine Haut, durch seinen Körper, nicht nur durch die Ohren, und die ihn vibrieren lässt. Sie ist der wichtigste Mittler zwischen dem Menschen und seinem Schöpfer.

Karlheinz Stockhausen (1928-2007)

Unterdessen machten meine Eltern zweimal im Jahr einen größeren Urlaub, bei dem wir Kindern leider nicht erwünscht waren. Die Tante versorgte uns bestens, der Pudel war Tröster und Spielkamerad. Ab und an kam durch den Postboten ein Lebenszeichen. Wenn dann z.B. ein kleines Päckchen aus der Schweiz kann, dass ein buntes Alpenmotiv als Verpackung trug und mit einem Bindfaden verschnürt war, wusste ich um die gute Schweizer Schokolade im Inneren für mich allein und es meinen Eltern gut erging.

Nach dem Urlaub gab es dann den berühmten Dia-Abend und die Reiseberichte. Während so einer Vorführung sah ich einmal meinen Vater ein

Schweizer Alphorn blasen, das mit einer geschätzten Länge von ca. drei Metern richtig mächtig aussah. Er hatte während seiner frühen Jahre in der Schule und im Studium Horn geblasen. So dürfte es für ihn nicht so schwer gewesen sein, im Gegensatz zu den meisten anderen Touristen, einen Ton zu erzeugen. Leider konnte man den Ton bei der Dia-Show nicht hören.

An diese Alphörner sollte ich mich später erinnern. Jetzt aber war es erst einmal die Zeit nach dem abgeschlossenen Studium und den ersten Schritten im Beruf an der Universität als Assistent. Neben den ersten, selbst erarbeiteten Möbeln und Gegenständen wuchs die Lust aufs Reisen. In einem Prospekt von Wikinger-Reisen fand ich dann beim Durchblättern eine Doppelseite, die mich sofort faszinierte. Auf dem Plattenteller des DUAL-Plattenspielers dreht die LP „*The Unforgettable Fire* " der Gruppe U2. Der Song „*Pride*" verschmolz in meinem Kopf mit diesem Erleben, dem Finden der vierwöchigen Reise nach Indien und Nepal. Im März buchte ich die Reise in einer Kleingruppe. Am 2. November 1985 startete der Flug ab Düsseldorf mit Air Italia in Richtung New Delhi.

In der Retrospektive fällt es mir leicht die Gründe für diese Reise und die Heftigkeit des „dort-hin-müssens" zu beschreiben. Neben dem ersten Kontakt mit Asien, der Armut, den so anderen kulturellen Rahmenbedingungen und den Anforderungen der ersten größeren Rucksacktour steht das Aufsaugen der Eindrücke in einem Nach-Hause-Kommen. Nichts war wirklich abstoßend oder beängstigend, eher das Gefühl von Vertrautheit und stiller, innerer Trauer ohne Inhalt und Grund. In der Vorbereitung fand ich besonders für Nepal das Nebeneinander der Religionen interessant. Ich wollte mir Hinduismus und Buddhismus, die dort teilweise die gleichen „*Heiligtümer*" nutzen, vor Ort anschauen. In den Straßen und auf den Plätzen von Kathmandu konnte man damals noch sehr leicht die Religionsausübung im Alltag erleben. Überall gab es kleine Statuen oder Abbildungen, an denen Menschen verharrten, Blumen und andere Opfergaben niederlegten und beteten. Am Anfang war es für mich nicht leicht, zwischen den Religionen zu unterscheiden, aber nach zwei Tagen gab es dann langsam ein Gefühl dafür. 18 Jahre später auf der nächsten Reise dorthin war vieles verschwunden, die Großstadt mit dem Streben nach westlicher Ausrichtung lies diese kleinen Stellen und Ecken im Dreck verschwinden.

Damals lag noch etwas außerhalb über Felder aus der Hauptstadt erreichbar die Stelle Swayambhunath. Neben Borobudur auf Java in Indonesien gilt sie als eine der ältesten buddhistischen Tempelanlagen der Welt. Viele Stufen führen hinauf zu einer Ansammlung von Stupas und Tempeln, für Buddhisten und Hinduisten. Die freilaufenden Affen stahlen gerne von den Touristen, also war Wachsamkeit geboten.

Neben der Schönheit dieser alten Anlage und dem weiten Blick auf das Kathmandu-Tal – sofern der Smog und Nebel dies zulässt – konnte ich die besondere Atmosphäre genießen.

Abb. 27: Bodnath Stupa, Kathmandu/Nepal

In einen Tempel rechts neben dem Aufstieg traute ich mich als Einziger der kleinen Gruppe hinein. In einem buddhistischen Tempel wird man als Westler selten ausgeschlossen, hingegen waren die meisten hinduistischen Heiligtümer für uns verschlos-sen. Ich setzte mich in den Tempelraum (im Kloster *Karma Raja Maha Vihar*) und hörte einfach zu. Für ungefähr zehn Minuten hörte ich sehr fremdartige Instrumente, Melodien und Gesänge. Das tibetische Ritualorchester bestand aus Trommeln, Zimbeln und Blas-instrumenten. Unter anderem aus langen Hörnern mit Löchern, die die Mönche wie die Alphörner der Schweiz mit Zirkularatmung in einfachen Skalen bliesen.

Ich war wie paralysiert. Ich kannte dies, obwohl ich es noch nie in diesem Leben gehört hatte. Etwas in mir tief Vertrautes trat in mein Leben und dort begann eine über 20-jährige Phase im Tibetischen Buddhismus. Diese Musik und die Ritualgesänge um den Aspekt des „*Schwarzen Mantels (Mahakala)*" in der mir fremden Sprache wirkten auf tief archaischer Ebene zusammen mit dem Raum und dem, was dort seit vielen Zeiten stattgefunden hat. Für die Mönche war ich kein Fremdkörper, sondern irgendwie vollkommen normal und erwünscht. Ein leichter Seitenblick und ich wusste mich am rechten Platz. Im Hinausgehen machte ich eine Spende und fand mich wie gewandelt in der Nachmittagssonne auf Swayambhunath wieder. Jahre später kannte ich dann die Bedeutung dieser Stelle.

Als ich zwei Jahre später aktiv in diese Religion eintauchte, fiel es mir unbeschreiblich leicht, diesen Gesang der Mönche in der nicht erlernten Sprache selbst zu singen, oder besser gesagt, zu rezitieren. Melodie, Aussprache und Begleitung variieren in den verschiedenen Traditionen und Klöstern sehr voneinander, so dass man nicht grob danebenliegt. Dieses Mahakala-Gebet dauert ca. drei Minuten und in nur einem Tag hatte ich sowohl den tibetischen Text wie auch die Melodie gelernt. Noch heute staune ich darüber. Nie zuvor und nie wieder später habe ich auch nur annähernd so etwas geschafft. Eigentlich war es kein Lernen, sondern eher ein Wiedererinnern. Wenn meine Mutter es mir als Embryo täglich als ihre spirituelle Praxis vorgesungen hätte, würde ich einen triftigen Grund für das schnelle Lernen sehen können. So aber bleibt es ein Rätsel.

Durch die Erfahrungen im Musikunterricht in der Schule hatte ich für mich lange verlernt irgendetwas zu singen. Immer war ich in der Angst, meine Stimme wäre schief, schlecht, unpassend und eine Last für andere. Selbst das Singen unter der Dusche war verstummt. Nun aber trieb mich etwas dazu, meine Stimme – zusammen mit anderen – zu erheben. Plötzlich war es vollkommen in Ordnung schief zu singen, die anderen konnten es auch nicht besser. Das Feedback in mir selbst überdeckte die vermeintliche Unzulänglichkeit. Das Singen war jetzt eine Funktion und kein Selbstzweck mehr.

Das Singen in der katholischen Tradition der Familie war in den jungen Jahren rückblickend eher wie ein nettes Spiel gewesen. Ritueller Gebrauch, Wirkung und Bedeutung blieben mir damals vollkommen unklar und unbewusst. Jetzt öffnete sich stückweise die Erfahrung im Singen der Ritualstücke aus einem anderen Kulturraum. Das Gefühl von Gemeinschaft, das Einschwingen zu einer ausgeglichenen Grundstimmung auch größerer Gruppen und vor allem die Wirkung auf mich selbst wurden hautnah. Es hatte identitätsstiftende Wirkung und ermöglichte ein sehr leichtes Wiederankoppeln bei Bedarf. Und diese Funktion lag nicht nur in der Musik und den Gesängen selbst, sondern stammte unerklärlicherweise aus anderen Ebenen.

In unserem Kollektivbewusstsein im Westen sind aufgrund der christlichen Prägung ein *„Ave Maria "*, das *„Vom Himmel hoch da komm ich her "* oder ein *„Requiem"* fast allen vertraute Grundmuster, die auch bei unbekannten Stücken von Komponisten noch wirken. Diese Grundmuster religiöser Entäußerung haben wir als Kinder gehört, sie begegnen uns in Radio, Fernsehen oder Konzerten immer wieder. Wir fallen dann in das *„ach, das kenn ich"*-Muster – bewusst oder unterbewusst. Auch musikalische Abwandlungen davon oder qualitativ schlechtere Versionen hören wir *"zurecht"*, indem wir aus unserer inneren Audio-Bibliothek uns die uns genehmen Erinnerungen hinzufügen. Mit meiner neuen Erfahrung, wie sinnvoll und bereichernd Gesang und Musik in rituellem Kontext auf mich wirken konnten, war ich auch viel eher in der Lage „christlichen" Gesang und *„christliche"* Musik als das zu nehmen und stehen zu lassen, was sie für die Ausführenden und Hörer jeweils ist: Als Teil ihrer Art der Religionsausübung.

Das Neue war, dass der Text zu der Musik von Bedeutung war, auch wenn er in einer mir fremden Sprache erklang. Ferner ist per se auch nicht auf Anhieb klar, wer wen unterstützt. Dient die Musik dazu, die Bedeutung und den Inhalt der Texte zu verdeutlichen oder ist es eher umgekehrt: Die innewohnende Wirkung der Musik wurde durch den Text *„erklärt"* oder verdeutlicht, einer Deutung zugeführt? In vielen Fällen sicher ähnlich zu beurteilen, wie das Henne-Ei-Problem. Bei Bach war mein Gefühl, dass die Musik den Text unterstützt, bei Mahlers Sinfonien mit Text eher andersherum.

In diesen aufregenden Zeiten kam dann auch der Wunsch, das Bild von mir selbst bezüglich meiner Fähigkeit oder Unfähigkeit singen zu können, zu revidieren. Ich scheute mich immer zu singen, weil es sich für mich selbst schief anhörte, ich früher gesagt bekommen habe: „Lass das besser" und einfach kein gutes Vorbild vorhanden war. Wie gerne hätte ich ein Wiegenlied zum Einschlafen gehört oder mich im gemeinsamen Singen gesonnt. Allein zu Weihnachten wirkte das bürgerlich gezwungene Weihnachtslied wie ein Schauer auf den Rücken von allen Beteiligten, das dann in

Schluchzen unterging. Eine Gesangslehrerin habe ich dann auch in Darmstadt gefunden. Aber alles ist wie im Nebel: Ich kann mich nur daran erinnern, dass es bei einer Stunde geblieben ist und ich unendlich frustriert war.

Im Frühjahr ′86 lass ich in der lokalen Zeitung von den „*Ferienkursen für Neue Musik*". Diese zweijährlich stattfindenden Tage in Darmstadt sind weltbekannt. Obwohl „*Neue Musik*" für mich ein unbeschriebenes Blatt war (ich sonnte mich ja gerade erst einmal im Barock), wollte ich dort teilnehmen und was Neues erfahren. Da der Veranstalter für die Teilnehmer preiswerte Unterkünfte suchte, bot ich mein Wohnzimmer als Unterkunft für diese Tage an. Im Gegenzug bekam ich freien Eintritt zu den Konzerten. Ein französischer Komponist wurde mein zeitweiser Untermieter. Die Verständigung war wegen der verschiedenen Sprachen und den verschiedenen Erfahrungen und Wünschen im Musikalischen sehr eingeschränkt, aber nett. Leider habe ich heute seinen Namen nicht mehr parat.

Das Hörerlebnis in den Konzerten war einmalig. Nie zuvor hatte ich solche „*Musik*" gehört und gesehen. Ja, manche dieser ungewohnten Konzerte oder „*Performances*" waren mehr für das Auge als für das Ohr ein Erlebnis. Der Charm einer großen Turnhalle war da nicht der einschränkende Faktor, noch der bunte Mix an Leuten und das Organisationschaos. Ohne jegliche Hörvorerfahrung war es für mich fast unmöglich, dass einmal Gehörte als Musik zu erfassen und zu integrieren. Verwirrend und einlullend, fesselnd und langweilig, isolierend und integrierend: Alles war vorhanden und fehlte doch auch zugleich. Es brauchte weit über 25 Jahre, bevor ich die Erlebnisse von damals wieder anging und verarbeiten konnte. In seinem Buch „*The Rest is noise*" erläutert Alex Ross die Entwicklung zu dieser Musik aus den Anfängen de 20. Jahrhunderts sehr eindrücklich und verständlich. Welche Musik in der Zukunft allerdings dominant sein wird, kann auch er nicht festlegen.

In jener Zeit stolperte ich aber das Buch „*Das Dritte Ohr*" von dem bekannten Radiomoderator und Jazzkritikers Joachim-Ernst Berendt. Ich ließ es mir von meiner Mutter zum Geburtstag schenken. Neben dem Inhalt halte ich das Buch heute in besonderer Ehrung, weil es die einzige Widmung meiner Mutter enthält, die ich je von ihr in ein Buch bekam. Was Berendt in diesem auch heute noch lesenswerten Buch über Musik, das Ohr und Wirkungs-zusammenhänge dort zusammengetragen und bildlich geschildert hat, erschloss mir einen neuen Zugang zur Musik und ihrer Wirkung. Kapitelüberschriften wie *„Denken durchs Ohr"*, *„Die Welt ist Klang"* oder *„Das Hören ist Weiblich"* geben einen kleinen Eindruck über die abdeckende Bandbreite seiner Untersuchungen und Theorien und die provozierende Aufklärungshaltung in seinem Streben für die Verbreitung von guter Musik. Seine riesige Sammlung an Jazz-Platten erwarb 1983 die Stadt Darmstadt und begründete damit das *„Jazzinstitut"*, das mittlerweile weltweit bekannt und anerkannt ist mit über 60.000 katalogisierten LPs, 20.000 CDs, tausenden Schellackplatten, usw.

Während eines Besuches in Berlin (West) konnte ich in den Schätzen der alten bundesrepublikanischen Großstadt wühlen. In einem Schallplattengeschäft am Kurfürstendamm entdeckte ich eine LP-Kassette mit Opernaufnahmen unter Georg Solti: *„Salome"*, *„Elektra"*, *„Der Rosenkavalier"*, *„Ariadne auf Naxos"* und *„Arabella"* von Richard Strauss (1864-1949) sowie *„Eugen Onegin"* von Pjotr Iljitsch Tschaikowski (1840-1893) und die *„Carmen"* von Georges Bizet (1838-1875) ertönten fortan häufiger aus meinen Lautsprechern. Auch ohne eine Aufführung vor Augen zu haben, genoss ich die großartigen Stücke der Spätromantik. Irritierenderweise enthielt die Kassette zwei weitere Opern, die so ganz andere Musik enthielten. Das war zum einen *„Herzog Blaubarts Burg"* von Bela Bartok (1881-1920) und *„Final Alice"* von David del Tredici (geb. 1937). An den Herzog konnte ich mich damals kaum gewöhnen, die Schallplatten sind vermutlich nur maximal zweimal bespielt worden. Hingegen war *„Final Alice"* ein besonderes Erlebnis. Das Werk schwankt zwischen der Welt der Opern- und Konzertmusik. Auf der einen Seite Oper mit seiner dramatischen Kontinuität, seinen Arien, ihren verschiedenen Charakteren. Auf der anderen Seite ein Konzert für Stimme und Orchester. Barbara Hendricks als Sprecherin und Sängerin ist von bestechender Präsenz, Sprache und die untermalende Musik erinnert mich stets an eine Filmmusik zu *„Alice im Wunderland"*.

Insbesondere folgende Stelle heftete sich wie ein Markenzeichen des Werkes in mein Gehirn[13]:

> „It proves nothing of the sort!" said Alice. „Why, you don't even know what they're about!"
> „Read them," said the King.
> The White Rabbit put on his spectacles. „Where shall I begin, please your Majesty?" he asked.
> „Begin at the beginning," the King said gravely, „and go on till you come to the end: then stop."

> These were the verses the White Rabbit read:

> „They told me you had been to her,
> And mentioned me to him:
> She gave me a good character,

> But said I could not swim.
> He sent them word I had not gone
> (We know it to be true):

> If she should push the matter on,
> What would become of you?

> I gave her one, they gave him two,
> You gave us three or more;
> They all returned from him to you,
> Though they were mine before.

> If I or she should chance to be
> Involved in this affair,
> He trusts to you to set them free,
> Exactly as we were.

> My notion was that you had been
> (Before she had this fit)
> An obstacle that came between
> Him, and ourselves, and it.

---

[13] Aus: Lewis Carroll: *Alice in Wonderland*, Chapter XII: Alice's Evidence.

Don't let him know she liked them best,
For this must ever be
A secret, kept from all the rest,
Between yourself and me."

"That's the most important piece of evidence we've heard yet," said the
King, rubbing his hands; "so now let the jury--..."

Diese Aufnahme empfand ich damals als den neuen Typus von Oper, als „Neue Musik". Erst später wurde mir klar, dass dem nicht so war. „*Final Alice*" ist eher eine Retro-Stück, das in seiner Musikalität von den Vertretern der Neuen Musik verächtlich als „*old-fashioned*" und eben „*retro*" betrachtet wurde.

Fragen

Können Sie sich erinnern, dass ein für Sie neues Musikstück Ihnen unendlich vertraut und bekannt vorkam? Wenn ja, was war das?

Kennen Sie musikalische Stücke aus anderen Religionen? Wenn ja, welche?

Singen Sie während eines Gottesdienstes? Wie wirkt das auf Sie?

Können Sie für sich immer klar unterscheiden, ob der Text der Musik dient oder die Musik dem Text?

Wann ist Ihnen zum ersten Mal so etwas wie „Neue Musik " begegnet? Was war Ihre erste Reaktion?

♪ Haben Sie sich jemals mit dem Gedanken getragen, Unterricht für Gesang oder das Erlernen eines Instrumentes zu nehmen? Was ist daraus geworden?

_____

♪ Wie offen fühlen Sie sich gegenüber „alternativer" und „andersartiger" Musik?

_____

Musikbeispiele [14]

U2
The Unforgettable Fire. Pride (In The Name of Love)
ISLAND (206 530-620) 1984.

Tibet - Authentic Inspirations
Laserlight Digital (21264) 1989.

Choying Drolma & Steve Tibbets
Chö
Rykodisc (HNCD 1404) 1997.

Solti-Edition: Opern Vol. 3.
Mit Placido Domingo, Luciano Pavarotti, Hilde Güden,
Walter Berry, Regine Crespi, u.a.
Decca (16.35062) 1981.

_____

[14] https://www.kraftraum-musik.de/buch/musik-mosaik/kapitel-11/

12

Theater und Steine

Malerei verwandelt den Raum in Zeit,
Musik die Zeit in Raum.

Hugo von Hofmannsthal (1874-1929)

Konsequenterweise beschäftigte ich mich immer mehr mit Musik. Dazu hatte ich viel Zeit, weil ich meinen Job reduziert hatte; es genügte mir nicht mehr nur zu Programmieren und Kurse zu organisieren. Im Abtasten der Möglichkeiten in Zeitungen, Auslagen und auf Plakaten stieß ich auch auf Ankündigungen, die abseits von klassischer Musik und der Oboe auf anderes verwiesen. Plötzlich fand ich mich in einem Konzert in Frankfurt wieder, in dem die englische Saxophonistin Barbara Thompson der Star war. Saxophon und Oboe liegen nicht so weit auseinander, beides Holzblasinstrumente. Ich war fasziniert von dem Klang der Instrumente, die Barbara Thompson spielte, dem Spagat zwischen Jazz, Klassik und Pop den sie vorstellte und von ihrer Persönlichkeit. Ich hörte ziemlich weit vorne in den Reihen zu und genoss vor allem den Klang und die so ganz anderen Möglichkeiten der Intonation und Instrumentennutzung gegenüber der Oboe und dem Barock. Im Anschluss an das Konzert erwarb ich vor Ort ihre damals aktuelle CD *„Heavenly*

115

Bodies". Diese CD war über Jahre dann wie ein Marker für dieses Instrument, das ich später selbst üben würde.

Das Konzert selbst war so ganz anders als die mir bekannten klassischen Konzerte. Statt still in den Sitzreihen sitzend zu konsumieren, erfasste der Grove die Leute. Beine wippten, die Menschen kommunizierten non-verbal mit den Nachbarn, waren sich einig im (Wohl-)Gefühl. Die Energie füllte nicht nur den Raum, sondern brach sich über die Menschen einen eigenen Resonanzkörper. Jeder durfte „mitswingen" – in Resonanz gehen. Auch das überschwängliche Gejohle am Ende jeden Stückes, „*Applaus*" genannt und das erleichternde Aufstöhnen und Klatschen, wenn nach den ersten Tönen eines neuen Stückes ein Wiedererkennen die Zuhörer ergriff, hatte etwas Befreiendes.

Zu Beginn des Jahres 1987 packte mich wieder eine innere Unruhe und produzierte diesmal die Idee, es mit dem Theater zu versuchen. Aus der Technik kommend schien mir der Beruf eines Bühneninspizienten am besten geeignet. Ich erkundigte mich nach dem Berufsbild und den Perspektiven. Die Idee trug ich wochenlang in mir herum. Dann sah ich an der lokalen Volkshochschule ein Plakat zu einem vierwöchigen Theaterworkshop an der Universität Konstanz. Von Sprechtraining, Schauspiel, Bewegung, Regie und Bühnenbild war alles in dem Konzept enthalten, was mich reizte, so dass ich mich sofort anmeldete. Mit Rucksack und Fahrrad fand ich mich dann im August in Konstanz wieder. Übernachten konnte ich in einem entvölkerten Studentenwohnheim auf dem Campus und gearbeitet wurde 5-6 Tage die Woche Vollzeit. Eine spannende Welt, witzige Mitschüler und viel Input und Erfahrung.

Die meisten wollten sich im Schauspiel probieren, so dass ich zu dem kam, was mir vorschwebte: Regie führen. Das Stück war vorgegeben: „*Warten auf Godot*" von Samuel Beckett. „*Die menschliche Existenz als Grenz-situation zwischen Leben und Tod, Gestalten, die auf der ewig enttäuschten Illusion des Wartens beharren oder in tragikomischer Hilflosigkeit die Gewissheit ihres Verfalls überspielen – darum geht es in allen Stücken Becketts.*" schreibt Wikipedia dazu. Skript schreiben, Regie führen und auch noch Bühnenbild entwerfen kostete eine Menge Zeit, meist nachts. In zwei

Wochen schafften wir neben der Ausbildung die ersten 15 Minuten des Stückes umzusetzen und dann vorzuführen.

Bei der Unterstützung der Bühnenarbeit durch Musik konnte ich das nutzen, was ich zu der Zeit mit mir in Konstanz führte. Seltsamerweise waren es eher moderne Stücke auf CD. Zur Einleitung des Stückes von Beckett kam der Anfang aus der 3. Sinfonie von Witold Lutoslawski (1913-1994). Zu meiner Überraschung kam ich im Rahmen der Recherchen zu diesem Buch im Internet zu einem Artikel von Fritz Emonts über *„Lutoslawski und der Dirigent Berthold Lehmann"*, aus dem zu entnehmen war, dass mein Musik-Initiator Berthold Lehmann just im gleichen Jahr die Sinfonie als 79-jähriger im 3. Sinfoniekonzert in Hagen aufgeführt hatte. Welch ein Zufall?! Im weiteren Verlauf des Stückes ließ ich noch Passagen aus den *„Pini di Roma"* von Ottorino Respighi (1879-1936) erklingen. Ob es meiner Regieinterpretation des Stückes geholfen hat, weiß ich nicht. Im raschen Aufführen der einzelnen Arbeiten am Aufführungstag blieb nicht viel Zeit für Einzelanalyse oder Feedback. Ich war froh, diese Arbeit für mich erfolgreich abgeschlossen zu haben und neben aller handwerklichen Organisation und Anleitung war mir schnell klar, dass dies nicht meine Hauptaufgabe im Leben sein würde.

Mit der Auswahl der Musik wollte ich sinnlich die angenommene bzw. zu erzeugende Stimmung in der jeweiligen Szene unterstreichen. Allerdings wurde der Übergang von der Musik zum schauspielerischen Tonausdruck recht ruppig, trotz sanften Ausklingens der Musik über die Tonanlage. Da ich zugleich auch noch für die Lichtregie zuständig war, kam kein rechter Fluss auf. Es blieb ein Regieversuch, an den ich aber sehr gerne zurückdenke.

Sehr lehrreich war auch die Stimmbildung. Das bewusste Arbeiten mit der Stimme, sein Ausdruck und seine Wirkung im Raum machte mir zum ersten Mal deutlich, wie schwer eine perfekte Äußerung und wie unterschiedlich die Wirkung der Stimme sein kann. Bei immer gleichen Textpassagen zeigte das Proben sehr deutlich die jeweilige Person des Sprechers oder der Sprecherin. Ein *„Stirb Du Schurke!"* oder ein *„Empfange die zarte Rose meiner Unschuld!"* kam mal lächerlich rüber, mal furchteinflößend. Ich merkte mir, dass Stimme und Stück und Situation zusammenpassen müssen, damit sich etwas Rundes ergibt.

Ein weiteres Ereignis in Konstanz bildete eine wesentliche Erfahrung in meinem Leben. Im Rahmen des Kurses gab es sportliche Stunden, die in der großen Turnhalle der Universität stattfanden. Alle Teilnehmer hatten teilzunehmen und es ging um Körpererfahrung und Gemeinschaftserleben. Der glatzköpfige Kursleiter war irgendwie mit dem parallel in Konstanz stattfindenden „*Erfahrungsfeld der Sinne*" nach Hugo Kükelhaus (1900-1984) verbandelt und eine echte Erfahrung. Wir waren fast alle unsportlich, zwischen 20 und 40 Jahre alt und hatten eigentlich keine Lust auf Sport. Doch dann erreichte dieser Mann, der wirklich etwas von Körper und Geist verstand, dass wir alle innerhalb einer Stunde in der Lage waren über eine beliebige andere Person mit nur einem normalen Sprungbrett zu springen. Wow! Ich wollte gleich vom Staat die Ausbildungsgelder für alle Sportlehrer dieser Welt zurückverlangen.

Als Abschluss des Trainings sollten wir alle etwas Besonderes leisten: Jeder bekam ein bis drei Kieselsteine in die Hand. Aufgabe war es, ohne Sprache, mit Gesten, Ausdruck, Bewegung und den Kieseln als Musikinstrumente eine sich ständig wechselnde Kommunikation im gesamten Raum statt-finden zu lassen. Von Einzelaktionen bis größerer Gruppenbildung war alles vorhanden, alles im ständigen Wechsel. Die Kiesel der ca. 70 Teilnehmer erzeugten einen großen Schallraum, durch Aneinanderschlagen, durch Klopfen auf den Holzboden oder aneinander reiben, teilweise eine Kakophonie, dann wieder sehr harmonisch. Ziel der Übung war es, dass ohne Signal zu einem von den Teilnehmern zu erspürenden Zeitpunkt alle Geräusche und Bewegungen plötzlich einfroren und Stille in Ton und Bewegung entstand. Die ganze Performance ging ungefähr eine halbe Stunde – und dann war schlagartig Ruhe im Raum! Unglaublich und vor allem wahnsinnig sinnlich und bewegend. Zum ersten Mal erlebte ich pure Synchronizität, die in keiner Weise durch Beobachten der anderen möglich gewesen war. Etwas anderes musste diese Verbindung und das Wissen über den Zeitpunkt ermöglicht haben.

Den Flirt mit dem Theater als nächsten Beruf habe ich dann aufgegeben, mich meinem alten Beruf wieder zugewandt und das Erlebte versucht in die Welt zu bringen.

An einem dieser vielen Wochenenden, an denen nichts los zu sein scheint, entschließe ich mich, das Zentrum vieler musikalischer Träume zu besuchen: Wien. Eine Mitfahrgelegenheit mit einem jungen Pärchen in einem älteren BMW ist schnell organisiert. In Wien verabrede ich mich mit einer Bekannten, die dort seit einiger Zeit eine Ausbildung bei den Anthroposophen zur Bildhauerin macht. Ich kann dort schlafen, in Ruhe Wien durchstreifen und meinen Impulsen folgen. In den Sofiensälen hörte ich – zusammen mit vielen älteren Touristen – beschwingte Wiener Musik, die eher an einen Heurigen als an ernsthafte Musik erinnerte. Als Zusatzgeschenk gab es einen Porzellanbecher mit dem Emblem der Sofiensäle, der mich über 30 Jahre begleitete.

Im Zentrum Wiens erlaubte ich mir an der Wiener Staatsoper zu schauen, ob ich für diesen Samstagabend eine Eintrittskarte bekommen würde. Meine Bekannte hatte mich an die Kasse für Stehplätze verwiesen. Und tatsächlich konnte ich für umgerechnet ca. zwei DM einen Stehplatz ergattern. Nervös, ohne besondere Kleidung erschien ich frühzeitig an dem Hintereingang für Stehplätze, das feine Innere der Staatsoper blieb mir ebenso verwehrt wie in der Pause der Sekt oder etwas zu knabbern. Die Stehplätze waren im obersten Rang. Und es gab Wächter, die auch während der Aufführung darauf achteten, dass man sich nicht anlehnte. Das habe ich damals schon nicht verstanden, denn mit einem Anlehnen an die Mauer oder an die metallene Absperrung hätte man die Bühne überhaupt nicht mehr gesehen.

Da ich an diesem Tag auf einen Opernbesuch fixiert war, konnte ich mir keine Aufführung aussuchen. Sonst wäre ich auch nicht in Alban Bergs „*Wozzeck*" gegangen und hätte ein großes Erlebnis verpasst. Raum und Atmosphäre der Staatsoper allein waren schon interessant und fesselnd. Dann aber zogen mich die Musik, die Inszenierung und die Leistungen von Orchester und Sängern in den Bann. Zum ersten Mal hörte ich die Wiener Philharmoniker live unter der Leitung von Claudio Abbado (1933-2014). Die knappen 90 Minuten vergingen wie im Flug. Im Gepäck hatte ich vorsorglich einen tragbaren Kassettenrecorder von Sony mitgenommen, mit dem man auch aufnehmen konnte, eine Seltenheit damals. Das Stereomikrofon wurde in die Ohrmuscheln gesteckt. Dadurch versuchte ich zum Erhalten eines guten Klanges mich sehr starr und still zu verhalten. Die Aufnahme habe ich danach allerdings nicht mehr angehört, obwohl ein Test sogar gar nicht schlecht klang. Ähnlich wie Janáček damals im Stadttheater Hagen blieb mir auch hier die Musik Bergs verschlossen. Interessant und fesselnd, aber nicht berührend.

An einem anderen jener Samstagabende, wenn Einsamkeit und Langeweile drohten Einzug zu halten, fand ich mich auf dem Weg in die Darmstädter Innenstadt wieder. Eines der zentralen Versammlungspunkte der Jugend- und Studentenkultur war und ist auch heute noch „*Die Krone*". Gegenüber dem Schloss der Großherzöge von Hessen gelegen, ist dieses Etablissement eine Mischung aus Aufführungsstätte, Disco und Kneipe. Stempel auf den Handrücken ersetzen Eintrittskarten. In dunklen Fluren muss man seinen Weg bahnen, meist in Richtung eines großen Saales, der flexibel für die jeweilige Veranstaltung auf der Bühne genutzt werden kann. Als ich neulich nach über 30 Jahren mal wieder dort zu einem Poetry-Slam war, hatte sich am Ambiente nichts Wesentliches verändert – nur gibt es heute im Gegensatz zu damals keinen Zigarettenrauch mehr.

Dem Zufall ist es geschuldet, dass ich in jenem Jahr 1986 in der Krone landete. Zu Konzertbeginn waren gerade einmal eine Handvoll Zuschauer eingetroffen, es blieb dabei. Wir bekamen so hautnah und fast intim ein Konzert des berühmten „*Tango Nuevo* " Begründers Astor Piazzolla (1921-1992). Mit einer kleinen Combo war es ein sehr intensives Konzert, dass der agile 65-Jährige auch trotz mangelnder Zuhörer professionell absolvierte. Nur die Zugaben hielten sich in Grenzen, verständlicherweise. Seine Musik, wie insgesamt die Musik der Tänze, war mir fremd, aber die differenzierten Rhythmen und die packende Kommunikation der Künstler untereinander, ließen mich diesen Abend nicht vergessen. Meine damalige, intuitive Wahrnehmung, die den Musikstücken „Tangos" genannt oft die Tanzbarkeit absprach, kann ich heute gut nachvollziehen. Seine Klangräume assoziiere ich immer noch mit den 60iger Jahren und französischen Filmen.

Meine Musiksammlung wuchs. Aus Rezensionen im Musikmagazin „*fonoforum*" und anderen erlaubte ich mir den Versuch, durch den Kauf von

Schallplatten und CDs meine Hörerfahrung zu erweitern. Eines dieser durch meine Käufe zugeflogenen Schätze sind Lieder von Richard Strauss. Ich konnte mir nie vorstellen, dass mich die Kombination von Stimme und Klavier je begeistern könnte. Aber die Interpretationen von Jessy Norman mit Geoffrey Parsons als Klavierpartner waren anders. Neben der markanten Stimme der Sängerin waren es vor allem die Texte, die mich berührten. In *„Allerseelen"*, *„Zeitlose"*, *„Die Nacht"* oder *„Befreit"* traf und trifft noch immer etwas den Kern meiner eigenen Seele. Zwischen traurig und selig freudig pendeln meine Gefühle, wenn ich die Stücke wieder und wieder höre. Faszinierend, mit wie wenig Noten ganze Gefühlswelten und Geschichten in den Raum projiziert werden können.

Du wirst nicht weinen. Leise
Wirst du lächeln und wie zur Reise
Geb' ich dir Blick und Kuss zurück.
Unsere lieben vier Wände, du hast sie bereitet,
Ich habe sie dir zur Welt geweitet;
O Glück!
...
Richard Dehmel: Befreit, 1. Strophe

Das Gefühl von Zugehörigkeit und Geborgenheit, welches mir die Lieder vermitteln, waren und sind der Gegenpol zu der Öffnung und dem Verweilen in der Welt. Wo ich mit europaweiten Konzertbesuchen irgendeinem Kern von mir nachjagte, hier wurde es auf den Punkt gebracht. Von Zärtlichkeit und zugleich praller Weiblichkeit umgeben breitet sich in der Fantasie für kurze Zeit eine heile Welt in mir aus, die in der Realität sich so nie einstellte. Dann kam alles noch ganz anders als geplant; besser gesagt, er kam dann: mein Sohn Emmanuel.

Fragen

Haben Sie schon einmal Musik bewusst im Rahmen anderer Aufgaben eingesetzt? Welchen Zweck wollten Sie erreichen und ist es Ihnen gelungen?

Welche Erinnerungen haben Sie an die Ausbildung Ihrer eigenen Stimme? Haben Sie im Chor gesungen oder an einem Schauspielunterricht teilgenommen?

Wie erlebten Sie die „Abstimmung" mit den anderen Stimmen? Fiel Ihnen das einfach oder war es für Sie aufwendig?

Zu welchen Gelegenheiten mussten Sie in Ihrem Leben bisher *„Ihre Stimme erheben"*? (Schule, Chor, Vortrag, ...)

Wie erleben Sie die Gleichzeitigkeit von Sprache und Musik? Sind Sie „hellhörig" für feine (zeitliche) Unterschiede? Hören Sie heraus, wenn jemand *„falsch"* singt?

Sitzen Sie lieber still im Sessel, um ein Konzert zu genießen, oder freuen Sie sich, wenn Sie selbst sich ausdrücken können durch Bewegungen, Stimme usw.?

Welches vertonte Gedicht fällt Ihnen ein, geht Ihnen zu Herzen?

Musikbeispiele [15]

Witold Lutoslawski
Symphony No. 3, Les espaces du sommeil
Witold Lutoslawsk (Berliner Philharmoniker)
Dietrich Fischer-Dieskau (Bariton)
Philips (416 387-2) 1986.

Ottorino Respighi
Pini di Roma
Charles Dutoit (Montreal Symphony Orchestra)
Decca (410145-2) 1983.

Barbara Thompson
Heavenly Bodies
veraBra records (vBr No. 15) 1986.

Alban Berg
Wozzeck
Claudio Abbado (Wiener Philharmoniker, Wiener
Staatsopernchor) Franz Grundheber, Hildegard Behrens,
Aage Haugland, Philip Langridge, Walter Raffeiner,
Heinz Zednik
DGG (423 587) 1988.

Richard Strauss
Lieder
Jessy Norman, Geoffrey Parsons (Klavier)
Philips (416 298-2) 1985.

---

[15] https://www.kraftraum-musik.de/buch/musik-mosaik/kapitel-12/

13

Neue Schule mit einfachen Geräuschen

Jede Krankheit ist ein musikalisches Problem
– die Heilung eine musikalische Auflösung.

Novalis
(Georg Philipp Friedrich Freiherr von Hardenberg, 1772-1801)

Unvermittelt wurde das „Ich bin schwanger!" ausgesprochen und schlagartig änderte sich meine ganze Welt. Von heute auf morgen wurden Schwerpunkte neu gefunden und verlagert, es war der Mann und Vater gefragt. In diesem Zuge gab ich dann auch sehr schnell mein Spiel auf der Oboe auf, es war einfach dazu keine Zeit mehr vorhanden. Das Geld vom Verkauf des Instruments floss in die Anschaffung eines familiengerechten Autos ein. Noten und Musik verschwanden für lange Zeit in Schubladen. Die neuen Geräusche in meinem Leben waren neben den Renovierungs- und Umzugsgeräuschen vor allem das Schreien des Neugeboren um Nahrung und Zuwendung, sowie das Laufgeräusch der Waschmaschine, das Aufprallen von allen Arten von Spielzeug auf Fußböden und

Tischen und der Versuch, Lautäußerungen des kleinen Menschen in handelbare Inhalte zu deuten.

Faszinierend fand ich die Erfahrung, dass ich nachts oftmals nicht wusste, ob ich meinen Sohn in seinem Bettchen gehört hatte und deshalb wach wurde, oder ob ich vorher schon wach geworden war und dann ihn hörte. Diese Offenheit des Ohres und der Gewahrsam für seine Bedürfnisse gehörten für mich eindeutig zu den Geschenken des Elternseins, auch wenn die Müdigkeit am nächsten Morgen mich auf der Autobahn Richtung Arbeit in erhebliche Probleme führte. Ähnlich wie bei einer Übernachtung unter freien Himmel nachts im Wald führen solche Geräusche offensichtlich ohne Umweg über verstandesmäßige Filterung und Einschätzung zu direkten, instinktiven Reaktionen. Das Kümmern um das Kind oder die Flucht vor dem Raubtier sind nur äußerlich in der Handlung verschieden.

Als der Sohn dann mit ca. 18 Monaten wiedererkennbare Lautketten bildete und sich der Beginn einer Kommunikation über Sprache anbahnte, kann ich mich an die anstrengenden Versuche erinnern, diese Laute zu dechiffrieren. Sie waren nichts Bekanntes, waren keine Wiederholung von zuvor Gehörtem, sondern originär neues „Sound"-Material. Die Eltern lernen solche Geräusche aus dem Kontext zu deuten und das Kind seinerseits formt aus den Lauten die Geräusche nach, die die Eltern endlos als Begriffe wieder-holen. Manchmal musste ich über mich selbst lachen, wenn ich in die Babysprache verfiel und mir mit zu vielen „*Tuutuut*", „*Brrrmmmm*" und ähnlichem ziemlich blöd vorkam. Allerdings nur anderen gegenüber; in der Kommunikation mit dem eigenen Kind war das vollkommen natürlich. Die Worte „*Mama*" und „*Papa*" scheinen in der Ursuppe der Kultur bei allen Kindern einfach; mein Sohn formte sein erstes bewusstes Wort mit genauer Bedeutungszuordnung anders: „*Auu-tooo*". Folgende Versuche hatten dann ab und zu auch lustige Zwischenformen. So bedeutet zwischenzeitlich die Lautkette „*A-na-nang-dippel*" einfach und schlicht „*Anhängerkupplung*".

Aus der Menge der Geräusche von Spielsachen fallen mir besonders zwei ein: Zum einen entstand beim Aufräumen am Ende des Tages ein typisches, metallisches Geräusch, wenn eine Unzahl von Autos in zwei große Kisten wanderten. Meist wurden sie geworfen, es sei denn, sie waren nagelneu. Das zweite Geräusch, das viel mehr Jahre im Kinderzimmer überlebte, war das Ausgießen einer Ansammlung von LEGO-Bausteinen.

Die Fähigkeit unseres Ohres selbst feinste Unterschiede wahrzunehmen, kennen Eltern auch. Neben den vielen Befindlichkeiten des kleinen Menschen ist vor allem die Fähigkeit zu erwähnen, im Kindergarten, auf dem Spielplatz oder beim lauten Kindergeburtstag die Stimme „seines" Kindes immer über-

Abb. 28: Aus dem LEGO-Baukasten meines Sohnes

deutlich herauszuhören. Ob dies durch das Abhören *„wie man spricht"* vom Kind bei den Eltern gelernt wird (in diesem Fall die Summe zweier verschiedener Soundsysteme!) oder ob dies genetisch oder sonst wie begründet ist, muss offenbleiben. Neben dem Geruch bleibt aber dieser Sprachausdruck ein Leben lang wie eine eindeutige Kennzeichnung erhalten.

Moderne Eltern bemühen sich vor allem beim ersten Kind darum, alles *„richtig"* zu machen. Manche übertreiben da auch gerne, wenn Einjährige bereits zum Studium angemeldet werden. Ganz so schlimm waren wir als Eltern nicht, aber eine musikalische Grundausbildung war angesagt. Insbesondere deshalb, weil der Sohn mit seinen Augen nicht besonders gesegnet war und die Förderung der anderen Sinne eine gute Ausgleichsmaßnahme schien. In der musikalischen Früherziehung, wo ich ihn im Alter von ca. vier Jahren ein Jahr lang einmal die Woche absetzte, wurde sicher behutsam und altersgerecht ein schönes Angebot gemacht. Allerdings kam das bei den Eltern besser an als bei den Kindern. Eher mit Widerwillen ließ der Sohn diesen Unterricht über sich ergehen, zu Hause gab es keine Fortsetzung des Gelernten. Glockenspiel und andere einfachen Musikinstrumente blieben ebenso wie pädagogisch wertvolles Holzspielzeug in der Ecke liegen, bunte und laute Autos waren die Favoriten. Aber auch die Beschäftigung damit bildete das Gehör aus: Durch Nachahmen der verschiedenen Motor- und Ablaufgeräusche, das lautmalerische Nachahmen

126

von Unfällen und Abstürzen sowie Erkennen der Automarken am Vorbeifahrgeräusch. Die Eltern waren dann stolz, als der pubertierende Jugendliche Jahre später sich selbst eine E-Gitarre zulegte, Unterricht nahm, in der Jugendgang spielte und sogar während der Abiturfeier mit Rock- und Popmusik auf der Bühne stand.

Betrachte ich diese Erziehungszeiten heute rückblickend, so bin ich traurig darüber, dass ich „*meine*" Musik aus den Augen verloren habe (komische Formulierung!). In der Tat war das offensichtliche (!) wichtiger als die feinen Unterschiede (die ein Ohr wahrnehmen kann). Kinder sind immer im Vordergrund, man kann dabei sich selbst sehr und seine eigenen Bedürfnisse aus dem Auge (!) verlieren. So wie das Auge stets im Außen sucht und das Ohr sich öffnet, um etwas in den Menschen aufzunehmen, so waren diese Jahre ohne die Fürsorge, Trost und Inspiration durch die Musik für mich. Das musste ich erst wieder neu entdecken und lernen.

Auf der Lohnarbeit bestand der Alltag im Wesentlichen nicht aus musikalischen Reizen. In der Dichtheit der beruflichen Anforderungen, mit ungeduldigen Kunden, drängenden Terminen und ständigem Kostendruck bestand ein Ritual des Alltags zum Überwinden von Stress in dem Genießen eines Espressos oder Cappuccinos. Eine gemeinschaftlich als Espresso-Club angeschaffte Espresso-Maschine aus Italien machte dann das Geräusch, welches wie ein Feierabendsignal fast ständig genutzt wurde: „*Krrrrrrrrr – klack – klack – klack – brrrrr – dong*". Die Geräusche von Mahlen, Pressen, Wasserdurchlauf und Auswurf der Kaffeepads formten im Gedächtnis eine liebevolle Auszeit. Da das Geräusch herstellertypisch war, kann ich seitdem die Maschinen dieses Herstellers am „Sound" erkennen.

Sie kennen sicher auch diese typischen Geräusche im Alltag, die Teil unserer Historie werden und uns zu guten oder schlechten Erinnerungen führen. Das „Bing" des Aufzuges, das Schließgeräusch unserer Haustür, das „Klack" des Autotürschlosses, sobald man – natürlich elektrisch und drahtlos – den Befehl zum Öffnen gegeben hat oder den geräuschvollen Luftzug, wenn die Kühlschranktür sich schließt. Unser Alltag ist geprägt von solchen Geräuschen, die dann besonders auffallen, wenn sie wegfallen oder sich plötzlich anders anhören. Ein unerwartetes Geräusch an Ihrem Auto während der Fahrt lässt gleich Ihren Puls steigen und in Gedanken zählen Sie bereits die Euros für die vielleicht anstehende Reparatur.

Auch der Fortfall von Geräuschen kann erinnert werden. Das Klacken des Wählscheibentelefons, das Drehen des Tonkopfes im Kassettendeck beim automatischen Richtungswechsel, das Zuschlagen der metallischen Klappe des Kohlebeistellofens, das Türgeräusch von Papas Wagen, usw. Wenn selbst so an sich unbedeutende Geräusche im Gedächtnis bleiben, um wie viel sicherer wurden und werden Geräusche in uns abgespeichert, die uns im Lebensvollzug begegnen? Und was hören wir nicht bewusst, obwohl es im Geräusch und letztendlich auch in der Musik enthalten ist? Mir fiel das zuerst auf, als ich Musik aus meiner Jugend neu hörte. Entgegen der Erwartung, dass die Fähigkeit zum differenzierten Hören im Alter abnimmt, hörte ich besser und mehr wie zuvor.

In einem Krimi im Fernsehen analysiert ein blinder Mann ein Handyvideo in einem Kriminalfall. Wo die Kommissare nur den Inhalt hören und auf das Bild starren, er-„hört" der blinde Mann anhand der Hintergrundgeräusche die Wohngegend der Stadt, das Haus und die Etage. Faszinierend – weil das „Herausgehörte" auch zu Gehör gebracht wurde, wie z.B. das Klappern einer Lüftungsanlage eines Restaurants, die vorbeifahrende U-Bahn usw. Die Bildung eines Fokus hilft mir, nicht nur in der Musik, „näher" heranzukommen: An den Fokusinhalt und an mich.

In der Betriebsamkeit des Alltags halten wir alle unsere Reaktionen, Handlungen und Sichtweisen für „richtig", sie sind unsere eigene und einzige Wahrheit. Manchmal kommen wir aber vom Weg ab und befinden uns dann in Tälern, die so nicht gewollt waren. Ich fand mich eines Tages in genauso einem Tal wieder. Im Wald mit der Freundin spazierend konnte ich nicht mehr entscheiden, ob ich im beginnenden Regen weiter oder zurück laufen wollte. Mir war mein Kontakt zu mir und meinen Gefühlen auf dem Weg abhandengekommen. Ein Vierteljahr später fand ich mich in einer psychosomatischen Klinik wieder. Die innere Sinfonie wurde dort neu interpretiert.

Die neuronalen Verbindungen in unserem Gehirn, die wir fälschlicherweise für unsere Erinnerungen halten, wurden durch manches therapeutische Angebot neu „verdrahtet". Frei nach dem Muster „Es ist nie zu spät eine *schöne Kindheit gehabt zu haben*" wurde alles umgedreht, was zu diesem Zeitpunkt nicht mehr passend war. Dabei wurden alle Sinne genutzt. So wurde in mir zum ersten Mal ein bewusster Kontext geschaffen für das *„Hören"* und meine Gefühle. Jenseits von reinem Benennen (Kategorisieren) wuchs langsam die Fähigkeit, die Wirkung von Geräuschen und Musik in mir mit Gefühlen, Körperreaktionen und Wirkungen in Beziehung zu setzen. So war z.B. die Hintergrundbegleitmusik zu einer Meditation nicht mehr nur Begleitung, sondern ich erlebte sie auf neue Art und Weise als wesentlichen Teil der Wirkung in und an mir. Musik ging mir nun nicht mehr nur unter die Haut, sondern berührte mich auf weiteren Schichten. Und zum ersten Mal war die heilsame Wirkung von Musik nicht nur über den Verstand geschehen, sondern über alle Sinne.

Meine Lebenskräfte erwachten wieder. Eine Mitpatientin hatte zu dem Aufenthalt ihr Altsaxophon mitgebracht. Das hatte ich irgendwie mitbekommen. Auf Nachfragen bekam ich den Koffer in die Hand gedrückt. Zum Ausprobieren wählte ich den naheliegenden Wald. In angemessenen Abstand setze ich mich auf einen Baumstumpf und packte das Gerät aus. Glücklicherweise war das Blatt noch vom letzten Spielen auf dem Mundstück geschraubt, so dass ich nur den S-Bogen und das Mundstück auf den Korpus befestigen musste. Es gelang mir sofort Töne zu erzeugen – die Oboenschule zeigte noch Früchte. Aber ich brachte nur unzusammenhängendes Gekrächze hervor – Sinnbild für meinen damaligen Zustand. Es zeigt aber auch, dass selbst im tiefsten Tal immer noch der Wille und der Wunsch nach Musik vorhanden waren. Ja, ich bedauerte es sehr, dass in der Klinik keine Musiktherapie angeboten wurde.

Im Umschreiben der Lebenskonzepte wurde da aber der Samen gelegt, später zum einen das Thema Musik wieder in mein Leben zu lassen, zum anderen vielleicht dann doch noch Saxophon spielen zu lernen sowie einen Motorradführerschein zu machen. Interessanterweise hörte ich in dieser Zeit kaum Musik, die Umwelt- und Naturgeräusche hingegen sind mir sehr in meinem Hör-Bewusstsein geblieben.

Kurze Zeit später fiel mir (ja, wieder ein Zu-Fall) das Buch *„Der einarmige Pianist"* von Oliver Sacks in die Hände. Er ist Neurologe und Schriftsteller und berichtet dort von Patienten, die aufgrund unterschiedlichster Krankheiten wie Parkinson-Krankheit, Tourette-Syndrom, Autismus, Agnosie und Gehörlosigkeit in einer eigenen Welt leben, letztendlich aber mit Musik erreichbar sind. Mir machte es vor allem deutlich, dass zum einen Musik in ganz anderen Arealen in unserem Gehirn gespeichert wird wie Sprache und Bilder, zum anderen, dass wir heute um die Wirkung von Musik (oder allgemeiner von Schwingung) auf den Menschen recht wenig wissen. Zwar kann man beobachten, dass Tiere sich nicht im Rhythmus zu einer Musik bewegen können (auch die besten Affen nicht), es aber keine Erklärung oder Idee dazu gibt, warum das so ist.

Vielleicht ist es doch so wie Bettina von Arnim sagte: „*Musik ist ... die Vermittlung des geistigen Lebens zum sinnlichen ...*", dass, „*wo die Sprache aufhört, fängt Musik an*" (Ernst Amadeus Hoffmann). Berichte aus dem Buch, wo Menschen, die ihre Sprachfähigkeit verloren, zum Teil immer noch singen können. Oder von dem Alzheimer-Patienten, den fast nichts mehr an die Welt hier bindet, er aber spontan auf den Chor zugeht und wie früher einwandfrei ein komplexes Konzert dirigiert. All dies pflanzte in mir den Wunsch, mehr mit Musik in meinem Leben zu machen – und die Überzeugung, dass ich das Potential dazu habe.

Fragen

Wobei hat Ihnen Ihr Gehör einmal geholfen, etwas Besonderes zu tun?

An welche lautmalerischen Geräusche erinnern Sie sich bei sich oder bei Ihren Kindern?

Welche technischen Geräusche können Sie besonders gut unterscheiden? Wobei hat Ihnen das bisher geholfen?

Welches Geräusch hat Sie einmal nachts aufschrecken lassen? Welches Gefühl war dann vorherrschend?

Welche Stimmen von Angehörigen (Eltern, Kinder, Onkel, Tanten, Cousinen, usw.) können Sie immer gut aus einem Stimmgewirr heraushören?

An welchen Eigenarten erkennen Sie die Stimmen Ihrer Umgebung?

Welche typischen Alltagsgeräusche erinnern Sie? Sind diese angenehm oder unangenehm?

Welche der „ausgestorbenen" Geräusche vermissen Sie?

Haben Sie einmal in Ihrem Leben „Ihre" oder die Musik allgemein verloren? Was war der Grund? Wann und wodurch kam sie wieder hervor?

Haben Sie schon einmal im Wald gesungen oder ein Instrument gespielt? Wie war das? Oder gibt es andere Orte und Gelegenheiten, die Sie zu außergewöhnlichen Taten schreiten ließen?

14

Jenseits von Worten

Die Natur ist wirklich weise:
Der Mensch hat zwei Ohren und nur eine Zunge.
Er sollte eben doppelt soviel hören wie reden.

William Somerset Maugham (1874-1965)

Nun erzeugt das Besuchen von Konzerten alleine nicht immer das beste Gefühl. Zu zweit oder zu mehreren macht es mehr Spaß und bietet andere Möglichkeiten. Spannend wird es dann, wenn jemand zur Seite ist, für den Musik auch ein Stoff der besonderen Art ist. Nach Jahren der musikalischen Enthaltsamkeit keimte in mir der Wunsch auf, Musik wieder zur Füllung der leeren Batterien zu benutzen. Eine alte Freundin war der erste Anlaufpunkt, wieder einmal Musik zu genießen. Zu zweit besuchten wir Konzerte, meist mit Musik aus Barock und Renaissance. Wir tauschten uns über unsere Erfahrungen und Empfindungen aus. Sehr bald gingen die Gespräche über das reine Musikereignis hinaus.

Die Bekannte hatte Erfahrungen im professionellen Spiel der Blockflöte sowie umfangreiche Chorerfahrungen. Die biografischen und motivischen Hintergründe der Komponisten wurden ausgeleuchtet, die Einordnung in die Entstehungsbedingungen enthüllt und die Wirkung auf das Leben im Allgemeinen und unsere im Speziellen diskutiert. Politisch, soziologisch und psychologisch wurde nicht nur das Erlebte seziert, sondern zugleich mit den eigenen, inneren Empfindungen assoziiert. Ausflüge in Philosophie und Spiritualität waren integriert, oft waren wir total vertieft und vergaßen die Umgebung. Musik und Musikerleben wurde so ein anderer Bestandteil von uns.

Sehr präsent ist für mich aus dieser Zeit die unmittelbare Erfahrung, dass Wirkung und Wahrnehmung von Musik zu 100% individuell sind. Unsere gemeinsamen Erlebnisse und Wahrnehmungen waren von Konkurrenzlosigkeit geprägt und konnten so prima nebeneinander bestehen. So waren z.B. unsere Wahrnehmungsmuster und Interpretationsbewertungen von Barockmusik auf total verschiedener Basis gegründet. Meine Erfahrungen kamen aus der Ecke von Johann Sebastian Bach und Georg Friedrich Händel mit Musikern aus Deutschland und England, ihre fußten auf Marc-Antoine Charpentier (1643-1704) und Jean-Philippe Rameau (1683-1764) und französischen Interpreten der Barockmusik. Mit einem Male wurde uns beiden bewusst, dass Ausbildungsschulen und nationale Gepflogenheiten sehr viel zum Wahrnehmungsmodell beitragen. Diskussionen waren so bis ins Detail spannend und bereichernd.

Mitunter ist es hilfreich, in Musikstücken, die mit Sprache unter- und belegt sind, diese nicht zu verstehen. Des Italienischen nicht mächtig reichen zwar einzelne Wörter aus, das grobe Thema zu erfassen, aber meist geht die Konzentration auf die Musik. Im folgenden Beispiel klingt die Arie der *Rodelinda* in Italienisch kraftvoll, eingedeutscht fühlt sie sich wie geschliffen, wie kastriert an. Arie der Rodelinda (HWV 19, 1. Akt) von Georg Friedrich Händel:

Italienisch:	*Deutsch:*
L'empio rigor del fato	Die herbe Grausamkeit des Schicksals
vile non potrà farmi,	kann mich nicht ehrlos machen,
se misera mi fè;	auch wenn sie mich unglücklich machte,
E tu, crudo tiranno,	Und du, grausamer Tyrann,
in van tenti placarmi,	versuchst umsonst, mich zu besänftigen,
se m'hai legato il piè.	während du mich in Fesseln hältst.

Praktischerweise wird heute meist in der Oper, in Oratorien und anderen Stücken mit Sprache in der Originalsprache gesunden. Zu meiner Jugendzeit, in der es im Theater noch keine Obertitel und damit Übersetzungen gab, erlebte ich oft Opern in deutscher Sprache, die im Original auf italienischen, französischen oder tschechischen Texten komponiert waren. Versmaß und Ausdruck muteten so recht komisch an.

Was ist ein guter Konzertbesuch? Für mich war und ist das stets keine Frage der anwesenden Stars, berühmter Dirigenten oder Regisseure oder die positive Erwähnung in Kritiken aller möglichen Medien gewesen. Zu oft bin ich darauf hereingefallen, was andere als *„gut"*, *„bestens"* oder *„historisch"* bezeichnet haben. Dann war ich am Ende des Konzertes oder Theaterabends leer und enttäuscht. Ebenso hatte ich selten das Gefühl, das gesamte Erlebte als *„gut"* oder *„besonders"* einstufen zu können. Es waren immer nur Momente im gesamten Fluss, die mich so berührten, dass sie unvergesslich oder zumindest lange anhaltend wirksam waren. Ich denke heute, dass dies in der Rezeption von Musik ähnlich wie mit anderen Flow-Erfahrungen ist: Es ist eine Gnade, wenn es eintritt, nicht von uns machbar und ein flüchtiges Ding. Oder vergleichbar mit den Momenten größter Intimität, in denen ich mich plötzlich befinde, sie aber nicht durch Willenskraft beliebig verlängern kann. Sobald der innere Fokus aus dem unmittelbaren Erleben herausfällt, indem er auf Meta-Ebene das gerade Erlebte betrachtet, bewertet oder sonst wie analysiert, zerbricht das Konstrukt, der Erlebende verändert das Erlebnis.

Aber wie kann ich das verhindern, dass mein Bewusstsein, das Ego oder welcher Anteil in mir auch immer mich so aus dem Augenblick herausträgt? Die Konzentration auf den Verlust, der (Selbst-) Vorwurf des „Du-bist-mal-wieder-rausgefallen" tragen mit Sicherheit nicht zur Lösung bei. Was sich im Laufe der Zeit und in unzähligen Versuchen bewährt hat, ist, die Energie sofort auf einen inneren Zustand der Dankbarkeit zu lenken. Der Dank kann sich dabei auf die verschiedensten Objekte richten: Den Komponisten, die Ausführenden, das Schicksal, Gott oder das Universum. Wichtig scheint die Energie der inneren Haltung zu sein, ein absichtsloses Danken. Im Katholizismus aufgewachsen und erzogen zu sein, war dabei eher hinderlich als nützlich. Auch die Phase des Buddhismus brachte hierzu keine neuen Konzepte. Mein Unvermögen, an Geburtstagen oder Feiertagen mich für meine Geschenke bedanken zu können, war nur ein äußeres Zeichen. Mir fehlte einfach ein Gefühl dazu. Ich zähle es zu den großen Geschenken in meinem Leben, dass dann doch per „Zufall" oder Gnade diese innere Haltung sich entwickelte. Über die Geburt des Sohnes, Unfälle und bedrohliche Situationen ergaben sich Situationen, die nichts anderes mehr zuließen, als dem Dank in mir Raum zu geben.

Als Vorbild für eine solche Haltung erinnere ich an meine alte Nachhilfelehrerin Katharina Heppe, Tante Heppe genannt. Mit 98 Jahren im Altenheim stenografierte sie morgendlich noch den evangelischen Gottesdienst mit – und ertrug das Drangsalieren der Helfer mit einem überbordenden Maß an Dankbarkeit, innerlich ebenso, wie in Haltung und Worten. Damals habe ich das nicht so recht verstanden und war nur irritiert. Heute spüre ich die Kraft dahinter. Wie ein Gleitfilm aus Öl prallten so die Missstände im Äußeren an ihr ab und der tiefe Frieden, den sie ausströmte, war echt und spürbar.

Müssen alle Erfahrungen, die mit Musik zu tun haben, über Worte und Musik vermittelt werden? Ja und nein. Das Lesen eines Buches über Musik ersetzt nicht die Erfahrung mit Musik, ja sie kann nicht einmal einen Höreindruck vermitteln. Jedoch brauchen Musikmachen und Musikhören ab und zu zusätzliche Informationen, um rund zu werden. Zumindest für mich. So erweitern zum Beispiel Erzählungen aus dem Barock, die Besichtigung von alten Aufführungsorten oder das genüssliche Lesen von Biografien der Komponisten für mich die Wahrnehmungsfähigkeit darüber, wie Musik damals gewirkt haben darf und was das für uns/mich heute bedeutet.

Die zusätzlichen Eindrücke über Worte hängen aber von noch etwas Entscheidendem ab: Von demjenigen, der sie vermittelt. In besonderer Maße deutlich wurde mir dies, als ich die Vorlesungen von Leonard Bernstein (1918-1990) in Harvard (USA) anschauen konnte, die er dort 1973 vor Studenten im Rahmen der „Norton Lectures" gehalten hat. Obwohl für heutige Zeiten das Rauchen während der Vorlesung unmöglich erscheint, für Leonhard war es Markenzeichen. Seine Vorlesungen über „The Unanswered Question" fächerten für mich ein neues Verständnis für Musik und seine Wahrnehmung auf. Menschen in ihrem vollen Potential und absoluter Präsenz zu erleben, ist immer ein schönes, bereicherndes Erlebnis. Trifft es auch noch das eigene Lieblingsthema, dann ist das ein Fest. Sicher gibt es Menschen, die den Inhalt seiner Vorlesungen ablehnen werden, dem Gesamteindruck kann sich jedoch kaum jemand entziehen. Bernstein als Musikinterpreter und Komponist in einer Person trifft die Möglichkeiten seines (akademischen) Publikums gut. Am Ende der über 12 Stunden Vorlesungen war meine Lust auf die Entdeckungstour für Neue Musik geweckt. Bislang eher zur Seite gelegte Musik von Arnold Schönberg, Bela Bartok, Alban Berg, usw. erlaubte einen erneuten Zugang. Das gewonnene, neue Verständnis über die Idee hinter der Zwölftonmusik und neuer Ästhetik öffnete im inneren Ohr den Filter für Neustrukturierung – und in kurzer Zeit waren plötzlich Musiken hörbar, die vorher schmerzten. Aber bis zum Lieben dieser Musik ist es nach wie vor ein weiter Weg.

Christopher Alexander, ein britisch/amerikanischer Architekt, hat auf der Suche nach Kriterien für gute, menschengerechte und gesunde Architektur dem Trend der 70/80er Jahre gemäß eine Beschreibungssprache erfunden, mit deren Hilfe das Erstellen solch guter Gebäude und Städte möglich sein sollte. Sein umfangreiches Werk beschreibt 253 Patterns (das sind spezifische Muster), angefangen von der Verteilung einer Stadt in ihrem Umfeld bis hin zu Türen oder die Dicke von Wänden.

Diese analytische und synthetisierende Vorgehensweise hätte ich damals auch gerne selbst auf Musik angewendet. Es tat weh zu merken, dass zwar unendlich viel (gute) Musik vorhanden ist und auch neue geschaffen wird, dass ich selbst aber dazu nicht in der Lage bin. Mit Grundkenntnissen in der Sprache lassen sich Texte wie dieser recht schnell in die Welt bringen, aber Musik zu komponieren ist eine ganz andere Nummer. Dazu reicht Klimpern auf einem Instrument nicht aus, die Grundausbildung der Schule ist nicht annähernd ausreichend. Auf der Suche nach dem Spezifischen für gute Musik oder Komposition verirrte ich mich in zu viel Analyse, Zerlegen und Hinterfragen. Das war ähnlich der chemischen Analyse einer guten Mahlzeit: Am Ende ist die Liste der Zutaten lang, aber der Geschmack und das Einzigartige wurden nicht erfasst. Der kopflastige Mensch war aufgefordert, Musik zu fühlen. Eine achtstimmige Fuge von Johann Sebastian Bach im Hören analysieren zu können ist keine Garantie dafür, die Musik auch in ihrer schönen Gesamtheit genießen zu können.

Zu jener Zeit machte das Wort Globalisierung eine große Runde. Die Europäische Gemeinschaft erweiterte sich nach Osten, Europa rückte zusammen. Die Musiksammlung wuchs wieder. So wie viele Menschen Pasta mit Italien und Paella mit Spanien assoziieren, so schälte sich bei mir bei bestimmten Musikstücken ein nationaler Tonus heraus. Zuvor hatte ich schon die Sinfonien von William Boyce (1711-1779) als Ur-Englisch empfunden. Es gibt darin Elemente, die mich an die durchfahrenen Landschaften in England erinnern. Auch bei Georg Friedrich Händel (1685-1759) finde ich diese englischen Elemente davon wieder, allerdings eher im Spätwerk, vor allem in den Oratorien und den späten Instrumentalwerken. Das *Concerto grosso a-moll Op. 6 Nr. 4 HWV 322* ist ein Beispiel wie leichtfüßig in inneren Welten ein Ausflug über englische Landschaften möglich ist.

Die programmatische Musik mit dem Titel „*Bilder einer Ausstellung*" faszinierte mich. Die Idee, Bilder musikalisch zu beschreiben, entbehrt erst einmal einer Logik, bis man es hört: Das eigene Gehirn beginnt zu dieser Musik Bilder zu entwerfen, und zwar sehr russische. Allerdings brauche ich dazu nicht die Originalfassung für Klavier von Modest Petrowitsch Mussorgski (1839-1881), sondern die von Nikolai Rimski-Korsakow (1844-1908) umgearbeitete Version für Orchester.

Wien und Haydn: Wie ein Nachmittag in einem Wiener Kaffeehaus mit einem Braunen, einem Stück Sachertorte und einfach sehr viel Zeit und Muße. Ebenso steht Padre Antonio Soler (1729-1783) für Spanien und Georg Philipp Telemann (1681-1767) mit seiner Ouvertüre C-Dur, *Wassermusik "Hamburger Ebb' und Flut"* TWV 55:C3 für Hamburg und das Wasser. Und so geht es immer weiter. Manche Sound-Pattern stehen für eine Landschaftserfahrung oder auch nur das Wissen davon, andere für Eigenschaften von Fauna und Flora. Manches Greifen nach einer Musikkonserve beschwört zugleich Erinnerungen an Urlaube oder Sehnsüchte hervor.

Nach vielen mentalen Anläufen wagte ich dann doch den Kauf eines Saxophons. Als Internetspezialist durchstöberte ich Webseiten und Foren danach durch, wie das am besten und am preisgünstigsten möglich wäre. Jeder riet von billigen Saxophonen aus China ab. Aber ich wollte im Selbststudium erst einmal versuchen, ob ich überhaupt noch in der Lage und in der Disziplin wäre oder alles nur eine spleenige Idee war. Für 200 Euro erstand ich ein Alt-Saxophon bei einem großen deutschen Händler. Hinzu kamen Reinigungsset, Blätter, Korkfett, Selbststudienbücher, usw. und es konnte losgehen. Aufgrund der Erfahrung mit der Oboe waren schnell die ersten Töne erzeugt. Mit der guten Selbstlern-Broschüre und der beiliegenden CD kam ich gut voran, die Noten schlüsselten sich auch wieder auf und bereits nach einer Woche hatte ich viel Spaß. 4–5-mal die Woche übte ich zwei Mal 15–20 Minuten, meist vormittags, wenn das Haus leer war.

Die Mischung von einfachen, bekannten Popsongs, Volksliedern und leichten klassischen Stücken erleichterte mir den Einstieg enorm. Für die meisten Stücke hatte ich bereits eine abgespeicherte Hörerfahrung, die anderen waren auf der CD erlernbar. Nach einiger Zeit versuchte ich mir unbekannte Stücke ohne Hörvorerfahrung durch reines Spielen der Noten zu erschließen. Das war sehr viel schwieriger. Bei Stücken aus dem Barock von bekannten Komponisten war zumindest eine Zielvorstellung vorhanden. Ein sehr spannendes Experiment, an dem ich mich regelrecht festgebissen habe. Nach und nach versuchte ich auch, das Saxophon für freies Spielen zu nutzen. So kam ich meinem Ziel näher, nämlich das Instrument als Ausdrucksmittel meines unmittelbaren inneren Zustandes zu benutzen. Zaghaft kamen Tonfolgen, neue Tongeräusche und Klanggebilde aus dem Instrument – mich stets erschöpft und freudig zurücklassend.

Und dann ist da auch einmal die Zeit, in der einem alle Reize zu viel sind. Wie kann man dem begegnen? Rückzug, keine Musik hören, Kontakte abbrechen? Ich hörte in dieser Zeit vom Floating und suchte im Internet eine Möglichkeit möglichst in der Nähe das einmal zu probieren. In einer geschlossenen Kapsel, die mit Wasser und viel Salz gefüllt ist, kann man sich in dieser treiben lassen, ähnlich einem Bad im Toten Meer. Der Körper schwebt auf der Wasser-Salz-Lösung und kann nicht untergehen, ja nicht einmal vollständig eintauchen. Nach einer gründlichen Dusche und Einweisung fand ich mich dann nackt in dieser „Kapsel" – auch „Samadhi-Tank" genannt – wieder. Ziel ist es alle, Reize, visuelle, auditive und taktile, abzustellen. Nichts dringt mehr an und in den Körper von außen. Die Lösung im Tank hatte nahezu Körpertemperatur, so dass auch die Sensoren für Temperatur nichts „zu melden" haben. Das fand ich sehr spannend. Kein

Licht, kein Ton – nur ich. Gefühlte zehn Minuten brauchte ich, um mich wirklich dem Medium anzuvertrauen und mein Körper die ersehnte Entspannung bekam.

Nach einer Eingewöhnungsphase kam das erste Außergewöhnliche: Ich hörte meinen eigenen Puls als Pochen in den Ohren, meinen eigenen Atem als Rasseln in der Atemröhre, das rhythmische Pulsieren des Blutes aus mehreren Richtungen und eine Reihe unbekannter Geräusche. Die anfängliche Stille, die sehr angenehm war, wich durch einen automatisch erhöhten Fokus den subtileren Geräuschen, die das Ohr im Außen und – jetzt vor allem – im Inneren wahrnehmen konnte und wollte. Aus Meditationen kannte ich schon Zustände, in denen Außen wenig mehr wahrgenommen wird und das eigene Innere an Bedeutung gewinnt. Waren dort aber Strukturen und Bedeutungsinhalte vorgegeben, so hatte mein Bewusstsein hier in diesem Tank jetzt freie Bahn. Obwohl diese neuen Geräusche und Hörsensationen einen großen Teil des Bewusstseins beschäftigten, besorgte sich ein anderer Teil darüber, den eigenen Körper nicht mehr zu spüren. So wurde mir hautnah bewusst, wie die zum Überleben notwendigen Reize im Alltag als selbstverständlich wahrgenommen werden und im Rauschen der Außenreize untergehen. Wo bin ich? Wo „höre" ich auf, wo fängt das andere an? Durch Klopfen an der Tankinnenwand konnte ich zwar Geräusche zur Orientierung herstellen, aber die dadurch erfahrbare Struktur der Umgebung war nicht wirklich beruhigend.

Nach einer ganzen Weile, als es keine neuen Sensationen mehr gab und das Vorhandene „normal" wurde, legte sich die innere Unruhe, die Gedanken wurden langsamer und unbedeutender. Es stellten sich die Zustände der totalen Entspannung ein (Theta-Wellen), in denen ich auch die Zeit vergaß. An das Ende der Sitzung von ca. 45 Minuten wurde ich durch kleine, langsam stärker werdende Lichtsignale im Tank langsam meinem Bewusstsein zugeführt. Dieses hatte nicht geschlafen, war aber in ganz anderen Dimensionen unterwegs gewesen, hochgradig präsent.

Der Aufenthalt im Tank war definitiv eine völlig neue Hörerfahrung, sowohl als subtile Qualität des Wahrnehmungsorgans Ohr, als auch bezüglich der Inhalte: Meinem eigenen Pulsieren und Leben. Ich fand das interessanter als den Gesang der Wale. Der „*Sound of Silence*" war angekommen:

And in the naked light I saw
Ten thousand people, maybe more
People talking without speaking
People hearing without listening
People writing songs that voices never shared
No one dared
Disturb the sound of silence

Simon & Garfunkel: The Sound of Silence

Fragen

Haben Sie schon einmal mit jemanden über Musik diskutiert?
Was waren die Inhalte und wie erinnern Sie den Prozess?

Haben Sie die Hintergründe einer Komposition, des
Werkschaffenden und seiner Zeit einmal näher betrachtet
(über das Programmbegleitheft hinaus)?

Welche Parallelen einer Komposition, der Aufführung
oder dem Gesamterlebnis konnten Sie ziehen?
Wie hat es Ihr Leben berührt?

An welche musikalischen Ereignisse erinnern Sie sich
besonders gerne?

Mit welchen Mitteln gelingt es Ihnen, einen besonderen
Moment einer musikalischen Veranstaltung zu „halten"?
Wie lange können Sie in und mit Musik „*glücklich*" sein?

🎼 Kann Musik Sie in einen solchen Zustand bringen oder erleben Sie Musik anders, wenn Sie bereits in einem solchem Zustand sind?

🎼 Würden Sie gern einmal Ihren eigenen, inneren „Sound" hören? Was spricht dagegen?

Musikbeispiele [16]

Leonard Bernstein
The Unanswered Question: Six Talks at Harvard
(Charles Eliot Norton Lectures)
Harvard Univ. Press (Harvard) 1981.

William Boyce
8 Symphonies
Trevor Pinnock (The English Concert)
DGG Archiv (419 631-2) 1987.

Georg Friedrich Händel
G.F. Händel Orchesterwerke
Trevor Pinnock (The English Concert)
DGG (423 149-2) 1985.

---

[16] https://www.kraftraum-musik.de/buch/musik-mosaik/kapitel-14/

Modest Petrowitsch Mussorgski
Bilder einer Ausstellung
Giuseppe Sinopoli (New York Philharmonic Orchestra)
DGG (429 785-2) 1991.

Georg Philipp Telemann
Ouvertüre C-dur Wassermusik "Hamburger Ebb' und Flut"
TWV 55:C3
Reinhard Goebel (Musica Antiqua Köln)
DGG Archiv (413 788-2) 1984.

Simon & Garfunkel
Bridge over Troubled Water
CBS (63669) 1969.

15

Unglaubliche Wirkungen

Musik kann eine der ganz großen Brücken werden,
um den Menschen aus der Raumes-Anschauung
in das Zeit-Erleben hineinzuführen.

Rudolf Steiner (1861-1925)

Für mich war Georg Friedrich Händel der Held der Barockmusik in meinem Repertoire. Das verlangte natürlich, „seine" Festspiele in seiner Geburtsstadt Halle an der Saale einmal zu besuchen. Irgendwann kamen die Bedingungen zusammen und ich sah mich im Jahre 2011 zusammen mit der Sopranistin Catherine Jolles vor Ort nach den musikalischen Erlebnissen um. Wir hatten uns zuvor aus dem Programm diejenigen Veranstaltungen rausgesucht, die uns beide interessierten und an dem geplanten Wochenende angeboten wurden. Obwohl ich den Sonntag zuvor einen schweren Motorradunfall hatte, fuhren wir dort hin, ich mit blauen Flecken und einem gebrochenen Daumen.

Unsere Erwartungen wurden stark enttäuscht. Zu hoch waren diese an die Aufführung des Messiah im Halleschen Dom. Das Dargebotene war kaum auszuhalten, von Textverständlichkeit über Interpretation bis zum Gesamteindruck: In der Provinz mag das ja noch irgendwie durchgehen, aber dies war einem Festival im Namen von Händel nicht würdig. Wir verließen enttäuscht die Veranstaltung in der ersten Pause. Irritiert versuchten wir in einer nahen Kneipe das Erlebte zu verdauen. Am nächsten Tag stand ein Konzert im Dom auf dem Programm, während dessen mein geliebter Jan Dismas Zelenka mit einem seiner Oboenkonzerte dargeboten werden sollte. Stolz hatte ich Catherine davon vorgeschwärmt und einen Genuss der besonderen Art versprochen. Dann wurde die zweite Oboe durch eine Geige ersetzt, weil die zweite Oboistin schwanger war und die Partie für sie wohl zu anstrengend war. Das Publikum wurde über diese Tatsache nicht aufgeklärt. Ich traute meinen Ohren nicht: Ich kannte das Stück nicht wieder! Nicht nur, dass es nichts mit dem zu tun hatte, was ich in Erinnerung hatte und wovon ich so geschwärmt hatte, sondern es hörte sich einfach nur an wie eine schlechte Barockmusik eines drittklassigen Komponisten.

Wieder verließen wir das Konzert unabhängig von einer Pause, zutiefst enttäuscht. Auf dem Weg zur Unterkunft spielte ich von meinem MP3-Spieler die Version von Burkhard Glaetzner und Ingo Goritzki vor. Catherine fiel fast aus allen Wolken, weil auch sie die Musik zu dem zuvor Gehörten kaum wiedererkannte. Sie war begeistert von dem, was aus dem kleinen Lautsprecher kam, enttäuscht von dem, was Halle uns geboten hatte. Uns war vollkommen unverständlich, wie ein Ensemble so agieren konnte. Vergleichbare Aufnahmen lagen vor, eine Änderung im Programm hätte man unbedingt benennen müssen. Das war Publikumsverarsche.

Aber was machten wir mit unserer Enttäuschung? Zuerst suchten wir den Fehler bei uns selbst. Zu anspruchsvoll, zu gierig, zu intolerant, zu ... Dann nach einiger Zeit drehte sich das Gefühl. Nein, es galt etwas Schlechtes zu benennen, alle Beteiligten von dem Heiligen Stuhl des unantastbaren Musikausführenden zu heben und Konsequenzen zu ziehen. Musik ist ein zu großer Schatz, als dass sie der Beliebigkeit der Aufführung und Interpretation ausgesetzt werden darf. So wie ein „schlechtes" Essen bei der (oft rhetorischen) Frage „Hat es Ihnen geschmeckt?" verneint und begründet werden darf, so darf und muss eine „schlechte" Musikaufführung ebenso zurückgewiesen werden. Seitdem habe ich meine Zurückhaltung in Aufführungen und Konzerten aufgegeben und töne laut ein „Bravo", „Brava" oder „Bravi" ebenso wie ein „Buuuuhh", einen Pfiff oder eine andere Unmutsäußerung.

Wir haben danach in Bad Lauchstädt bei Halle im Goethe-Theater noch eine Aufführung von Händels Oper „*Rinaldo*" in der Version von 1711 gesehen und gehört, in der die Akteure große Stabpuppen waren und die Sänger und Sängerinnen unbekannte Namen hatten. In der alten, zu Goethes Zeiten errichteten, hölzernen Konzerthalle war es stickig heiß, doch die Musik unter der Ausführung der Musikalischen Compagney Berlin ein wahrer Genuss. Ein Teil der Sänger stand zu unserer Linken auf der Empore im Rang und wir konnten ihr Engagement ebenso wie die Mimik hautnah miterleben. So ein Rinaldo war drei Sterne wert und ein Geschenk nach so viel Halle-Enttäuschung.

Tim Blanning berichtet in seinem Buch „*The Triumph of Music*" von Franz Liszt (1811-1886), der das Programm eines Recitals in Paris vertauschte, so dass ein Stück von Ludwig van Beethoven (1770-1827) als eines von dem vergessenen Komponisten Johann Peter Pixis (1788-1874) erklang und vice versa. Das Publikum klatschte frenetisch bei dem „falschen" Beethoven und indifferent bei dem Stück von Beethoven. Diesen Effekt gilt es im Auge zu behalten; wie viele der Zuhörer verstehen wirklich etwas von Musik und welche sitzen den „Event" ab wie ein Stück im Kino oder eine Familienfeier. Dies mag überheblich oder zynisch klingen, erinnert mich selbst immer nur daran, der eigenen „Wahr"-Nehmung zu trauen und vor allem Kritiken misstrauisch zu beäugen.

Einen ähnlichen Effekt erlebten wir im Jahr danach mit Händels Oper „*Alcina*" in einer Aufführung des Stuttgarter Theaters. Mit zwei Stunden Anreise lag Stuttgart nicht gerade mal eben „um die Ecke". Wir hatten uns gefreut, zudem die Aufführung, da schon lange im Programm, eine gewisse Qualität versprach. In der ersten Pause sind wir geflohen: Musik, Gesang, Inszenierung und Bühnenbild waren nicht zum Aushalten. Der Kommentar der Garderobenfrau, ob sie das Stück kenne, das immerhin seit über 10 Jahren im Repertoire sei, war: „*Ich verstehe auch nicht, warum die Leute immer noch in dieses langweilige Stück gehen*".

Bisher habe ich immer von Wirkungen der Musik auf mich geschrieben, wie sie in mein Leben kam, mir half und mich veränderte und so ein wichtiges Thema auf dem roten Faden „Leben" wurde. Das, was mir selbst widerfuhr, wünschte ich oft auch anderen, wohl wissend, dass dies nicht herstellbar ist.

In seltenen Fällen begleiteten mich Freunde und fremde Menschen zu Ereignissen, in denen wir Ähnliches oder gar Gleiches spürten und benennen konnten. Es gibt aber Wirkungen von Musik, die über das hier gemeinte hinausgehen. Catherine hat eine Liebe zu Henry Purcell (1659-1695), insbesondere zu dem Stück „*When I'm laid in earth*", das Lamento der Dido aus seiner Oper „*Dido and Aeneas*".

Aria
When I am laid, am laid in earth, May my wrongs create
No trouble, no trouble in thy breast;
Remember me, remember me, but ah! forget my fate.
Remember me, but ah! forget my fate.

Das erste Mal hörte ich Catherine ohne Begleitung bei einem unserer ersten Gespräche. Gänsehaut stellte sich ein. Ich kannte das Stück aus der oben zitierten Aufnahme mit Nikolaus Harnoncourt. Aber das hier war anders: Hautnah, emotional und die Energie im Raum verändernd! Wir haben das Stück ein paar Mal unter besonderen Umständen erlebt, sie singend, ich hörend und aufnehmend: Vor der Stadtkirche in Halle, sonntagsmorgens um 8 Uhr, im Seitengang des Mainzer Doms, in der Krypta von St. Wiperti in Quedlinburg, ... Die Menschen kamen herbei und waren fasziniert und staunten und hörten und ... Es entstanden interessante Situationen daraus. Mal wollten die Menschen spontan mitsingen, mal liefen sie erbost weg, während andere dankbar weinten. Eine Frau sagte, sie sähe ein Lichtsäule sich bilden. Was genau diese Wirkung ermöglichte, kann ich nicht sagen, spielt für mich auch keine Rolle. Ich bin dankbar für dieses Erleben und vor allem für die Erfahrung, dass Musik – einfach und schlicht – tiefe Veränderungen im Hier und Jetzt bewirken kann. In manchen Kulturen wird Musik auch zur direkten Heilung eingesetzt, etwas, was wir hier in unserer Kultur vergessen haben und uns wieder aneignen können dürfen.

Im „*A House Full of Music*" auf der Darmstädter Mathildenhöhe bewirkt im Spätsommer 2012 eine geführte Strecke die Konfrontation mit einer anderen Art von Musik. In der Kombination von visuellen Objekten und Installationen zusammen mit Musik und auditiven Erläuterungen wird der Umgang mit neuen Formen der Musik seit Beginn des 20. Jahrhunderts aufgezeigt. Betonung auf „gezeigt"; die auditiven Eindrücke sind zwiespältig. Nicht nur wegen der fast durchweg „Neuen Musik". Einschübe mit Jimi Hendrix, der am Ende von einem Konzert seine E-Gitarre anzündet und anschließend bewusst zerstört oder Filmausschnitte von Konzerten mit John Cage können mich nicht innerlich davon überzeugen, etwas mitgenommen zu haben. Der Eindruck von Zerstörung, Verwirrung und Dekonstruktivismus überwiegt alle angenehmen Eindrücke.

Bilder von modernen Kompositionen sind für das Auge ein Reiz, eine Vorstellung der gemeinten Musik oder der Geräusche gibt das nicht. Frühere Kompositionen waren zumindest mit kleinem Aufwand nachzuvollziehen, hatten eine Chance im Kopf oder sonst wo als Musik innerlich zu erklingen. Den Versuch, Musik mit neuen Mitteln zu erfassen und zu produzieren, kann ich nachvollziehen, die Wege allerdings nicht. In der Natur existieren viele Geräusche, Töne und Laute der Tiere und Pflanzen bestimmt nicht, um uns Menschen zu erfreuen: Sie haben fast immer konkrete Anwendungen in Kommunikation und Selbstausdruck. Trotzdem bin ich immer wieder darüber verblüfft, dass die Wellenwelt für uns in den meisten Fällen sich harmonisch und schön anhört. Manchmal langweilt uns das, weil es zu kurze, sich immer wiederholende Phrasen sind. Andere Tonteppiche, z.B. der einer Amsel am späten Sommerabend, bilden minuten- bis stundenlange Klangteppiche. Neue Kompositionen erreichen mich nicht oder nur schwer. Oft wird der Einsatz vieler bis aller Sinne verlangt – und das sind wir nicht gewohnt. Oder die Absicht des Künstlers weicht von gewohnten und erwarteten Motivationen ab: Aufrütteln, Abschrecken und Irritieren sehen (! und nicht hören) wir nicht als Sinn und Zweck von Musik.

Interessanterweise stellte sich in dem Museumsbesuch aber für mich eine andere Art der Kommunikation ein, die nicht auf die Wirkung einer Komposition oder einer Installation zurückzuführen ist. In der Ballung der Eindrücke entstand unter den Besuchern eine Solidarität, angefangen von dem smarten Lächeln bei Beobachten des Hendrix-Konzertes (erinnern Sie sich auch an diese (Drogen-) Zeit?) bis hin zum gemeinsamen Fliehen vor gewissen Eindrücken. Aber nicht nur Ablehnung ist die Ursache, auch das sich Einlassen, der Mut dazu und der Aufwand bindet, bringt auf ähnliche Schwingungsebenen.

Gestern Abend in der Sauna wieder eine von diesen kleinen Erkenntnissen bezüglich Musik und Wahrnehmung, wie sie immer wieder mir auf den Weg gestreut oder besser zu Gehör gebracht werden. Das Tropisol, in das ich seit fast zwei Jahrzehnten mehr oder minder regelmäßig gehe, hat im Außenbereich eine Sauna mit mittleren Temperaturen. Das Schöne an dieser Sauna ist, dass man aus einem großen Fenster ins Freie schauen kann, auf das Schwimmbecken, die Liegewiese, die Menschen, das Gebäude mit den weiteren Saunen, den Himmel, ... und in dieser Sauna ertönt immer eine Hintergrundmusik. Die Sammlung erstreckt sich von reinen Vogelstimmen über esoterische Meditationsmusik bis hin zu den Klängen eines Synthesizers. Ich sitze gerne auf der obersten Sprosse, blicke oft gedankenverloren ins Weite.

In diesen Zuständen, die aus dem absichtslosen Beobachten und der Einwirkung der Wärme besteht, entsteht sehr gut eine Entspannung in mir. Ich höre mal zu der Musik, gehe dann meinen Gedanken nach oder schaue einfach so aus dem Fenster. Gestern bemerkte ich dann, dass die Musik im Hintergrund nicht zu den visuellen Eindrücken im Außen passte. Der Rhythmus der Musik war nicht das Wiegen der Blätter im Wind, die Stimmung innen eine andere wie draußen und in der Gleichzeitigkeit von visueller und auditiver Wahrnehmung lag ein leiser Widerspruch. Der Verstand wollte da etwas in „Ein"-Klang bringen, was definitiv nicht zusammenpasste. Erst dadurch wurde mir bewusst, wie oft diese Kombination von visuellen und auditiven Eindrücken uns heute angeboten wird. Musik als suggestiver Verstärker unserer Konsumgesellschaft, als Emotionstransporteur in Filmen und Situationen. Es war herrlich eine Zeitlang beide Reize parallel zuzulassen, ohne Bewertung und Priorisierung. Und das war gar nicht so einfach für mich.

In der Zeit zwischen den Saunagängen lese ich in dem Buch von Joachim-Ernst Berendt den Ausspruch von Karl Berger in Woodstock: *„Es ist alles in dir. Listen into yourself. Hör in dich selbst hinein. Da findest du die ganze Musik"*. Und ja: Schließe ich die Augen und höre in mich hinein, dann sind da sowohl das Rauschen der Ohren, die Umgebungsgeräusche und die zum Klang erwachenden Erinnerungen an Musik gleichzeitig vorhanden. Es entsteht mein eigenes Konzert in meinem Kopf – und nur ich finde das schön.

Auch auf Reisen kann man der Lust nach Musik frönen, sei es als Erinnerung an zuhause oder mit dem Interesse wie etwas Musikalisches unter fremden Bedingungen wirkt. Während eines Aufenthaltes auf Madeira sah ich eine Ankündigung eines klassischen Konzertes mit einem Mandolinenorchester, angepriesen als das älteste Mandolinenorchester Europas, gegründet 1913.

Die Veranstaltung fand abends in der „English Church", einem in Funchal in einem Hinterhof versteckten kleinen, runden Gebäude mit schöner Ausstattung der *Associação Recreio Musical União da Mocidade* statt. Empfang, Konversation und Ambiente natürlich in Englisch. Auf dem Programm „*Classics Light*" stehen Werke von Antonio Vivaldi, Albert Ketèlbey, Vittorio Monti, Emil Waldteufel, Johann Strauss und Amilcare Ponchielli. Im Altarraum sind Stühle und Notenständer platziert, der Anzahl nach um die 30 Plätze. Der Abstand zu den Musikern ist für mich, da ich früh zugegen bin und in der zweiten Reihe am Mittelgang Platz nehme, weniger als fünf Meter.

Und dann kommen sie geordnet herein: Es waren überwiegend Frauen, wenige

Abb. 29: Mandolinenmusik in Funchal/Madeira

Männer; die Jüngste erst 6 Jahre alt. Von kleinen Mandolinen über Gitarren bis hin zu zwei Kontrabässen ist alles vertreten, was gezupft werden kann. Die Arrangements der Stücke bieten für mich einen neuen Klangraum. Die sonst verschiedenen Instrumentengruppen zugeordneten Stimmen werden auf die Saiteninstrumente übertragen, Spielweisen imitiert. Da ich die Stücke fast alle kenne, ist die erste Wahrnehmung der Verteilung der Stimmen gewidmet. Sehr interessant und zugleich irritierend, da das jetzt Erklingende mit abgespeicherten musikalischen Erlebnissen verglichen wird. Damit ist das Einschwingen auf die Musik erst einmal außer Kraft gesetzt. Die für das Mandolinenorchester arrangierten Stücke von dem Dirigenten entbehren leider einer eigenen Qualität; so, als hätten die Musizierenden die „Originale" teilweise noch nie gehört. So klingt „*An der schönen blauen Donau"* kaum wie ein Walzer, geschweige denn nach Wiener Schmäh.

Das Herausstellen einzelner Instrumentenlisten je nach Stück ist süß und würdigend zugleich. Was mich vom weiteren musikalischen Genuss aber fernhält, ist die junge Frau an der Gitarre vorne rechts. Nicht nur ist sie von jugendlicher Schönheit, nein, bei ihr allein nehme ich ein Gefühl für die Musik wahr. Ihr ganzer Körper „swingt" mit, während die anderen eher starr vom Blatt spielen. Ihr Lächeln ist bezaubernd, zwischen den Stücken kommuniziert sie nach rechts und links. Ich ergebe mich der Faszination, sinniere darüber nach, was ich nach dem Konzert täte, wenn ich erst 25 Jahre alt wäre ...

Die Freude an Musik und auch die Erinnerung daran wird vorrangig geprägt von dem Anblick dieser jungen Frau. Obwohl ich in Konzerten meist die Augen schließe, um ausschließlich zu hören, hier gelang es mir nicht. Es macht mir deutlich, wie vielfältig die Sinneseindrücke in uns das Erleben mitbestimmen. Manchmal kann es das Parfüm der Sitznachbarin sein, dann wieder die Unruhe vor oder hinter mir. Oder auch, dass die gewählte Kleidung nicht so bequem ist, der Sitz zu eng und der Körper immer wieder sein Unwohlsein meldet. Und in ganz seltenen Momenten kommen eben auch positive Eindrücke zustande, die dann den Abend oder das Ereignis ganz besonders werden lassen. Perlen des Erlebens, von denen man lange zehren und erzählen kann – sofern man sich traut. Und ich gestehe mir zu, von dieser Frau an dem Abend einfach gefangen worden zu sein; die Komponisten, die Ausführenden und alles andere hatten keine Chance.

Zuhause bietet der Rhein-Main-Raum viele Möglichkeiten, Musik zu finden und zu genießen. In Wiesbaden gibt es die Veranstaltung „*Pop meets Klassik*". Das Ambiente könnte exquisiter nicht sein: Im schönen Friedrich-von-Thiersch-Saal des Kurhauses war allein dem Auge schon Reiz und Ruhe zugleich zuteil. Komplett ausverkauft waren alle Altersgruppen schön gekleideter Menschen vertreten. Der Abend versprach ein Experiment zu werden. Ungefähr 80 Musiker eines Amateur-Sinfonie-Orchesters mit schwerem Blech, Harfen und allem drum und dran paarten sich mit einer Rockband, Pop-Sängerinnen und -Sängern sowie mehreren Schüler-Chören.

Ein Moderator, der vor Einbildung strotzend durch den Abend führte, versuchte zum einen die Verbindung der unterschiedlichen Darbietung zu verkaufen, zum anderen aber den „Lokalkolorit" warm zu halten. Alle Mitwirkenden waren aus Wiesbaden oder naher Umgebung. Für mich als Nicht-Wiesbadener waren dann viele Anspielungen und Witze nur mit Hilfe meiner lieben Begleitung verständlich, die sich bestens in der Wiesbadener Kulturszene auskannte.

Zuerst wurde durch die Welt der Filme anhand bekannter Filmmusiken wie „*Krieg der Sterne*" über „*Batman*" zu „*Harry Potter*" der sphärische Einstieg geliefert. Hilfreich war eine bildliche Darstellung von Bildern aus den Filmen und Texten auf einer riesigen Projektionsleinwand über den Musizierenden. Es folgten Musikstücke unterschiedlicher Herkunft (Schlager, Musical, Jazz usw.) aus dem letzten Jahrhundert, Popmusik der Wiesbadener Gruppen usw. Klingt gewöhnlich, war es aber nicht, da eine einmalige Stimmung entstand, die durch Mitmachen, Mitsingen, Klatschen und Bewegung immer neues Feuer erhielt. Steifheit wurde durch Auf- forderungen zum Bewegen überwunden, bekannte Rocklieder von *Sting*, *Freddy Mercury* u.a. wurden textlich sogleich vom Publikum mitgesungen und mitgesummt. Jede Altersgruppe bekam ihr „Bonbon".

Als ein Frontmann einer lokalen Rockgruppe sich sichtlich unwohl mit dem „*Nessun Dorma*" aus Giacomo Puccinis Oper „*Turandot*" versuchte, war ihm tosender Applaus nicht wegen der Schönheit der Darbietung sicher, sondern wegen seines Mutes und des Eingeständnisses, dass er sehr viel Angst davor gehabt hätte. Menschliches verbindet. Am Ende erklang in Anlehnung an die „*Last Night of the Proms*" der „*Pomp and Circumstance, March No. 1*" von Edgar Elgar. Alle konnten mitsingen, der Text wurde ja projiziert. Mit dem Gemeinschaftsgefühl, dass ich bei den Fernseh- übertragungen aus England immer schon gefühlt habe, war ein neues Erlebnisgefühl für Musik geboren, dass auf neue Formate hinweist. Die Gesichter im Ausgang sprachen Bände.

Fragen

🎼 Woran ermessen Sie für sich selbst, wie die Qualität einer dargebotenen Aufführung ist?

🎼 Auf welche Aussagen bezüglich einer geplanten Veranstaltung verlassen Sie sich?

🎼 Lesen Sie Kritiken und wie bewerten Sie diese?

🎼 Haben Sie schon einmal erlebt (bei sich oder anderen), dass Musik etwas stark verändert hat? Dass jemand gesundet ist? Dass eine Stimmung sich radikal änderte?

🎼 Wohin geht Ihre Aufmerksamkeit bei einem Konzert? Ist das immer gleich oder wovon ist es abhängig?

🎼 Wenn Sie frei wählen können: Welchen Platz bevorzugen Sie in einem Konzert oder im Theater? Haben Sie andere Platzkategorien auch schon einmal probiert?

🎼 Haben Sie auch schon einmal ein Konzert im Freien besucht?

🎼 Mögen Sie mehr Freiheit bei Konzerten z.B. durch legere Kleidung, Mitsingen usw.?

Musikbeispiele [17]

 **Carl Philipp Emanuel Bach**
Konzert für Oboe, Streicher und Basso Continuo Es-Dur
Wq 165
Max Pommer (Neues Bachsches Collegium Leipzig)
Burkhard Glaetzner (Oboe)
Cappricio (10074, 10075) 1986.

 **Henry Purcell**
Dido and Aeneas
Nikolaus Harnoncourt (Concentus Musicus Wien,
Arnold Schönberg Chor) Ann Murray, Rachel Yakar,
Trudeliese Schmidt, Paul Esswood, u.a.
Teldec (6.42919 AZ) 1983.

 **Madeira Mandolin Orchestra**
Classics Light
1913-2008 – 95th Anniversy
Vertrieb über iTunes.

 **Edward Elgar**
Enigma Variations, Pomp and Circumstance Marches,
Salut d´amour, Serende for Strings
Adrian Leaper (Czecho-Slovak Radio Symphony Orchestra,
Capella Istropolitana)
Naxos (8.554161) 1997.

---

[17] https://www.kraftraum-musik.de/buch/musik-mosaik/kapitel-15/

16

Von der Sucht

*Solange es Menschen mit Gefühlen und romantischer
Sensibilität gibt, wird die Oper weiterleben.
Wenn die Menschen diese Musik nicht mehr verstehen,
dann ist es an der Zeit, die menschliche Rasse aufzugeben.*

Placido Domingo (*1941)

Trennung von einem Partner: Dann entsteht auch der Freiraum, in dem Neues wachsen kann. In meiner Zeit als Unternehmensberater gab es oft in Kunden-Projekten den Konflikt, dass für zu viele Aufgaben zu wenig Zeit übrigblieb. Die Lösung hieß dann: Verkaufen Sie dem Kunden, dass wir zur Optimierung die Eindringtiefe geringfügig anpassen (übersetzt: einfach oberflächlicher arbeiten). Die Kunden schluckten das meist, bei mir blieb regelmäßig ein fader Beigeschmack zurück. Im Bereich der Musik war es jetzt einmal an der Zeit, genau das Gegenteil zu versuchen. „Digging deep" – in die Tiefe gehen und schauen, was es da zu erleben und zu erreichen gibt.

Grundsätzlich erhebt sich die Frage, warum ich mich mit derart alter Musik beschäftigen muss? Bis vor gut 150 Jahren wurde eigentlich immer nur eine Musik der Gegenwart = etwas Neues aufgeführt. Der Griff nach „Alter

Musik" begann erst Mitte des 19. Jahrhunderts. Unter anderem damit, dass Felix Mendelssohn Bartholdy Händels „Messias" wieder aufführte. Man war sich damals sehr schnell bewusst, dass es Probleme des Aufführens gab: Die Noten, ob nun gedruckt oder als Autografen, waren mit den bekannten Mitteln der Zeit nicht spielbar oder langweilig. Hierzu Camille Saint-Saëns (ca. 1880)[18]: „... *Die jungen Musiker in unseren Orchestern sind samt und sonders Virtuosen, und was früher als unspielbar galt, betrachten sie als Leichtigkeit. Sie sind einfach gelangweilt von dieser in Pfundnoten geschriebenen Musik, der es aller Feinheiten der modernen Instrumentation ermangelt und die jenseits jeglicher Expressivität steht."*

Ohne die in den 70er und 80er Jahren einsetzende Historisierungspraxis würden wir heute noch dort stehen. Insbesondere das Buch von Nikolaus Harnoncourt „*Musik als Klangrede*"[19] beeinflusste eine ganze Musikergeneration. Heute wissen wir so viel über die Zeit z.B. des Barock und die Aufführungs- und Interpretationspraxis, dass neuere Aufnahmen. von Opern und Konzerten aus jener Zeit alles andere als langweilig sind. Einen krassen Gegensatz kann man an zwei grundsätzlich verschiedenen Interpretationen des Händel-Oratoriums „*Jephtha*" erkennen. Auf der einen Seite die Realisierung in deutscher Sprache mit normalen Instrumenten unter Helmut Koch und dem Kammerorchester Berlin[20] aus dem Jahre 1970 und der Interpretation von John Eliot Gardiner und The English Baroque Solists[21] aus dem Jahre 1988 in Englisch auf Originalinstrumenten. Man muss schon ganz genau hinhören, um zu hören, dass es sich um das gleiche Stück handelt.

Nach Jahren des mageren Umganges und Genusses von Musik suchte meine Seele nach Nahrung in Form von Gefühlen und guten Erinnerungen. Nicht Geistigkeit war angesagt, sondern der Griff in die Gefühlskiste. Was eignet

---

[18] Aus: Charles-Camille Saint-Saëns: *Musikalische Reminiszenzen*. Heinrichshofen, Wilhelmshafen, 1979. S. 141f.

[19] Nikolaus Harnoncourt: *Musik als Klangrede*. Bärenreiter, Kassel, 1982.

[20] Helmut Koch (Kammerorchester Berlin, Solistenvereinigung und Chor des Berliner Rundfunks) Adele Stolte, Annelies Burmeister, Gertraud Prenzlow, Peter Schreier, Theo Adam. Eurodisc (80 541 XK) 1970.

[21] John Eliot Gardiner (The English Baroque Solists, Monteverdi Choir) Nigel Ribson, Lynne Dawson, Anne Sofie von Otter, Michael Chance, Stephen Varcoe, Ruth Holton. Philips (4223512) 1988.

sich da besser als eine satte Barockoper. Ich erinnerte mich an meine Erlebnisse zu „*Tamerlano*" in Edinburgh und „*Alcina*" in Darmstadt in früheren Jahren. Abwechslungsreiche Musik, Gefühle zwischen Liebe und Tod, „Action" auf der Bühne, danach stand mir der Sinn. Daraus wurde ein Plan in Form einer Liste, die im nächsten Jahr (Saison 2009/2010) die Händel-Opern in Europa beschrieb, die mich interessierten. Parallel dazu suchte ich nach vorhandenen bzw. zugänglichen Opernaufnahmen in der Darmstädter Stadtbibliothek, bei Freunden und bei mir selbst. Stückweise landete alles auf der Festplatte und die Sammlung wuchs. Allerdings sind Händels 42 Opern und 25 Oratorien eine echte Herausforderung, zumal nicht einmal alle Werke zu diesem Zeitpunkt aufgenommen bzw. verfügbar waren.

Ich wusste mich mit Donna Leon im gleichen Fieber: Die amerikanische Krimiautorin versucht durch großzügige Unterstützung möglichst alle Händel-Opern zur Aufführung zu bringen (szenisch oder konzertant). Das ist die Stelle, an der jeder Teilhaber einer solchen Leidenschaft aufzuklären aufgerufen ist, warum er so etwas macht. Bei mir spielen mehrere Faktoren eine Rolle:

Spaß am Forschen

Ich konnte mich schon immer in eine Sache vertiefen, wenn es genug Quellen und Möglichkeiten gab. Das Zusammenstellen und Ordnen, auch mit akribischem Auflisten per Schreibmaschine oder heute per Computer, empfinde ich als für mich kreativ und entspannend. Dabei steht meist kein unmittelbares Ziel im Raum, ich tue es für mich. Eine äußere Ordnung hilft mir in meinem Inneren eine „Ordnung" in Gang zu bringen, aus der heraus wieder Neues (Erkenntnis, Tat-Impuls oder Befriedigung) entstehen kann.

Nutzung von Technik

Ich verdien(t)e meinen Unterhalt mit Computertechnologie. Ich sorgte immer wieder dafür, die neuen Möglichkeiten sinnbringend in nicht-technischen Kontexten anzuwenden. Diese Arbeit in der weißen Fläche einer neuen Landkarte kommt meinem forschenden, nomadenhaften Naturell sehr entgegen. Ideen zur Nutzung fallen mir leicht, manchmal sogar im Schlaf zu. Mit dem Internet kommt eine weltweite Informationsbasis hinzu, die Recherchen und Zugriff auf alle möglichen Arten Informationen über Händel, seine Werke, seine Zeit und verfügbare Tonträger sehr erleichtert.

Gehörschulung

Durch wiederholtes Anhören eines Stückes (z.b. 5–10-mal die gleiche Oper bzw. Oratorium) in der gleichen Aufnahme erschließen sich neue Dimensionen eines Werkes. Vorlieben und Abneigungen entwickeln sich, Feinheiten treten hinter den Effekten hervor, musikalische und textliche Muster prägen sich ins Langzeitgedächtnis ein, usw. Kurzum, das Werk und seine Interpretation werden mir vertraut, werden zum Teil meines musikalischen Kosmos. Vergleiche zwischen verschiedenen Aufnahmen, am besten auch aus unterschiedlichen Interpretationsepochen, schaffen Differenzierungen hinsichtlich der Möglichkeiten, eine Komposition auszureizen. Es bildete sich (und tut dies immer noch) in mir ein eigenständiges Gefühl und Verständnis dafür, wie *„mein"* Händel für mich am besten zu klingen (und auszusehen) hatte. Interessanterweise wuchs auch die Toleranz gegenüber schwächelnden Aufführungen, vielleicht auch deshalb, weil mein inneres Ohr sich in solcher Situation etwas *„schön hörte"*.

Live-Archiv

Oper lebt neben der Musik auch vom Bild bzw. der Inszenierung. Diese kann förderlich oder hinderlich sein. Im schlimmsten Fall, wenn die Inszenierung mal wieder daneben ging, helfen Augenschließen und Erinnern. Basis für ein Erinnern ist aber, dass man früher die Oper woanders (Live oder als Konserve) gesehen hat. Mein Archiv an Opern von Georg Friedrich Händel begann sich zu füllen im Jahre 1982. Während einer Reise nach England und Schottland besuchte ich in Edinburgh den *„Tamerlano"*[22] während des Edinburgh Festivals. Da es weder Übertitel noch ein großes Handout für die Aufführung gab, folgte ich einfach dem Geschehen auf der Bühne und der

---

[22] Julian Smith (Scottish Opera) Brian Gordon, Anthony Rolfe Johnson, Robin Martin-Olive, Eiddwen Harrhy, Caroline Baker, Peter Savidge.

Musik. Insgesamt muss es beeindruckend und erträglich gewesen sein – nur kann ich mich an nichts mehr erinnern.

Die nächste Händel-Oper in der Spielzeit 1996/7 am Staatstheater in Darmstadt ist mir dagegen sehr lebhaft in Erinnerung. „Alcina"[23] war eine Inszenierung, die von den Kostümen und der Aktion lebte. Das Wunderreich der Alcina auf ihrer Insel war bevölkert von allen möglichen Arten von Tieren. Jeweils ein Mensch mit Tierkostüm agierte für sich. So brauchte z.B. eine Schildkröte im zweiten Akt gefühlte 20 Minuten, um zwischen den anderen Akteuren hindurch von der einen Bühnenseite zur anderen zu gelangen. Ein Traum für jedes Auge. Bunte Vielfalt, auf den jeweiligen Inhalt abgestimmtes Agieren, schönen Stimmen, ... Noch zweimal bin ich in die gleiche Inszenierung gegangen – und habe Freunde mitgenommen. Die waren auch begeistert, obwohl sie keine Kenner und Anhänger der Musik waren.

War Darmstadt mit seinem Staatstheater und dem Großen Haus eine „mächtige" Aufführung gewesen, so brachte im Jahre 2010 die Inszenierung von „Amadigi di Gaula"[24] im Kleinen Haus am Staatstheater Mainz eine andere Art der Inszenierung in mein Leben. Die Oper ist eine der frühen Werke Händels in London und enthält auch wieder eine Zauberin, diesmal mit Namen Melissa. Die kleine Bühne, eigentlich „nur" für Schauspiel gedacht, verlangte mit wenig Technik andere Konzepte. Die Inszenierung fußte auf jungen Sängern und Sängerinnen des Jungen Ensembles in Mainz, einem schlanken Orchester ohne historisierende Spielweise und einer knackigen, spannenden und sehr dichten Regie. Der Einsatz von echtem Feuer überzeugte durch gute Effekte. Total überrascht war ich von dem Enthusiasmus und der Hingabe der jungen Sänger in ihre Rollen, die Feinheit der Darstellung dieser doch inhaltlich spröden Oper. Ein Fest für

---

[23] Ian Watson (Orchester des Staatstheaters Darmstadt) Mary Anne Kruger, Maya Boog, Barbara Meszaros, Arno Raunig, Katrin Gerstenberger, Thomas Stöckens, Francesch Chico-Bonet, Rüdiger Frank

[24] Michael Schneider (Junges Ensemble am Staatstheater Mainz) Johanna Rosskopp, Lilia Weimann, Tatjana Charalgina, Alexandra Samouilidou, Richard Logiewa, Dmitry Egorov, Almerija Delic

die Sinne, kein Stoff für Abonnenten. Auch hier sah ich mir das Stück zweimal an.

An einem heißen Sommertag in einem über 200-Jahre-alten Theater in der Nähe von Halle in Bad Lauchstädt, in der Johann Wolfgang Goethe noch selbst wirkte, dann im Jahr darauf ein erneutes Fest: Die Oper „Rinaldo"[25] in einer Inszenierung mit einem Puppentheater. Ganz aus Holz gebaut war das Theater wie ein fragiles Relikt aus ferner Zeit. Das Orchester musste vor die kleine Bühne gepfercht werden, auf der Bühne dann das Marionetten-theater, das die Agierenden darstellte. Die Sänger und Sängerinnen im oberen Rang rechts und links, auf die Bühne herab singend. Ich saß direkt daneben, konnte so die Sänger beobachten, aber leider kaum die Bühne mit dem Marionettenspiel sehen. Aber der vokale Genuss war unbeschreiblich. Die Lautten Compagney Berlin spielte hervorragend lebendig, präsent und schön. Die Stimmen, von meist jungen Menschen, konnten sich ganz auf das Singen konzentrieren und mussten nicht agieren. Lustig war, sie dabei zu beobachten, wenn sie, aus den Noten singend, trotzdem während ihrer Partie die Gesichter verzogen, obwohl sie eigentlich keiner sehen konnte bzw. sollte. Ich bin selten so beschwingt und glücklich aus dem Theater gegangen, obwohl alle wegen der Hitze und fehlender Klimaanlage klitschnass waren.

Was passiert, wenn man sich auf Kritiken verlässt? Man kann reinfallen. Ich wollte „Alcina"[26] mal wieder sehen und die Wahl fiel auf das Staatstheater Stuttgart. Gute Kritiken, eine Inszenierung basierend auf der Premiere von 1999, alles gut. Alles? Gar nichts! Nach zwei Stunden Anfahrt präsentierte sich mir auf der Bühne etwas, das auf allen Ebenen grausig war. Das Orchester kannte Händel wohl nur vom Namen, schon gar recht nichts von barocker Spielweise. Die Stimmen auf der Bühne blechern und unbeholfen, irgendwie gelangweilt und zu routiniert. Und die Inszenierung mag in 90er Jahren noch gerade akzeptabel gewesen sein, aktuell entbehrte sie jeder Akzeptanz. Bild und Inhalt passten nicht zusammen. Nach der Pause bin ich

---

[25] Wolfgang Katschner (Lautten Compagney Berlin) Valer Barna-Sabadus, Katerina Beranova, Gesche Geier, Florian Götz, Jean-Michel Fumas, Owen Willetts, Fabian Egli (YouTube: https://youtu.be/bYo3QUzsc_s)

[26] Sébastien Rouland (Staatsorchester Stuttgart): Myrtò Papatanasiu, Sophie Marilley, Ana Durlovski, Marina Prudenskaja, Stanley Jackson, Michael Ebbecke, Diana Haller (YouTube: https://youtu.be/KPaXaRl9jww)

geflohen. Auf Nachfrage erklärte die Garderobenfrau, dass sie auch nicht verstünde, warum die Leute immer noch in diese langweilige Oper gingen ...

Live in einer anderen Konstellation bot sich der „*Cesare in Egidio*"[27] in einem Kino in Kaiserslautern 2012. Als Liveübertragung aus der Metropolitan Opera in New York war hautnah Natalie Dessay als Cleopatra zu sehen und zu hören. Die Kamera war stets dicht an den Sängern dran und fing auch die Stimmung sehr gut ein. Solch eine Nähe gibt es im realen Theater nicht. Dichte Musik, sehr gut interpretiert von Emmanuelle Haïm, großartige Sänger und Sängerinnen, eine schlüssige Inszenierung und ein wirklich berührendes Gesamtereignis. Da tat sich ein Format für die Zukunft auf.

Daneben konnte ich manche Opernaufführung über YouTube oder auf DVD anschauen: „*Admeto*", „*Agrippina*", „*Ariodante*", „*Athalia*", „*Il Trifono del Tempo e del Disinganno*", „*La Resurrezione*", „*Semele*", „*Solomon*" und „*Theodora*". Dies ersetzt zwar keinen Live-Eindruck, ermöglicht aber einen Werkeindruck sowie einen Eindruck über künstlerische Leistungen. Innerlich entstanden dadurch eine Leidenschaft und zugleich Zurückhaltung bezüglich der Qualität und Wirkung. Gelitten habe ich dann, wenn – wie in der „*Alcina*" in Stuttgart – gar nichts zusammen ging. Zurückhaltung entstand gegenüber den subjektiven Interpretationsansätzen von Gesang, Orchester oder Bühnenbild und Regie. Irgendwie gab es aber immer etwas interessantes, das das Anschauen zu einem jeweils kleinen Fest machte.

Neben den Besuchen der Opern sammelte und hörte ich die Händelopern zuhause. Stück um Stück trudelte als CD oder Online-MP3 ein, gekauft, geliehen, bestellt. Dabei war das erste Stück der eigenen Sammlung das Oratorium *Deborah HWV 51*, damals als LP und in deutscher Sprache. In der Universitätsbibliothek stöberte ich im dicken Händel-Handbuch zu den Hintergründen, Entstehungsgeschichten, Werkkommentaren und Texten seiner Opern. Zusammen mit Biografien über Händel baute sich ein Hintergrundverständnis aus, das mir auch im Hören eine Hilfe war und ist. Vor allem ist der Respekt vor Händels Leistung enorm gestiegen. Manche

---

[27] Emmanuelle Haïm (Orchestre du Concert d'Astrée) Lawrence Zazzo, Natalie Dessay, Varduhi Abrahamyan, Isabel Leonard, Dominique Visse

Oper ist einschließlich aller Stimmen bei einer Länge von ca. drei Stunden in weniger als vier Wochen entstanden. Und das neben dem allgemeinen Opernbetrieb! Das dabei keine Massenware herauskam, sondern in jedem Werk Schönes und Besonderes zu finden ist, ist mehr als bemerkenswert.

Ich legte mir in iTunes Listen an, die aus jeder Oper, Oratorium und Pasticcio die schönsten Stücke enthält, sowie das für mich jeweils beste Stück. So kann ich bei Bedarf ausführlich in Händel „baden".

Zum vollständigen oder besser vollständigeren Erfassen eines Werkes bildete sich somit eine dreistufige Vorgehensweise heraus, die ich im Falle von Händels Opern einmal vollständig durchwanderte. Bei anderer Musik entscheide ich spontan, wie weit ich mich darauf einlassen will.

Hören und Erleben von Musik

Der erste Schritt umfasst das genießende Hören und Erleben von Musik. Das bedeutet ein bewusstes Hin-Hören, schließt somit das Hören als akustische Beigabe zu anderen Tätigkeiten aus (z.B. beim Arbeiten, Autofahren, usw.). Die Fähigkeit, bewusst in seiner Wahrnehmung allein beim Hören zu bleiben, kann trainiert werden. Jede Art von Meditationstechnik, auch Yoga und andere Techniken, können hierbei hilfreich sein. Der größte Feind im bewussten Zu-Hören ist unsere Fähigkeit, andauernd Gedanken zu erschaffen, meist aus dem Ego heraus. Im Falle von Opern kommt neben dem Hören das Sehen der Handlung auf der Bühne hinzu – und damit die Frage nach der Balance zwischen Hören und Sehen. Ich helfe mir da oft damit, dass ich zwischenzeitlich kurz die Augen schließe, um dem Hören einen größeren Raum zu geben. Bei wiederholtem Einlassen auf das Werk wechselt dann jedes Mal der Fokus und sucht sich den spontan besseren Input.

Neben der reinen Wahrnehmungsebene durch die Sinne halte ich das parallele Erfassen der inneren Gefühlszustände für enorm wichtig. Und das schaffe ich nur, wenn ich den Fokus kurzzeitig genau auf diese Gefühle in mir konzentriere. Die Frage, ob diese Gefühle durch die Musik ausgelöst werden, schon vorher in mir waren oder eventuell durch den schlecht riechenden Nachbarn oder seine hustende Partnerin ausgelöst werden, muss ich immer wieder erneut prüfen.

Das bewusste Wahrnehmen der Gefühle ist oft der Vorläufer oder auch die Voraussetzung dafür, durch das gesamte Geschehen in ein Flow-Erlebnis zu kommen. Dann „schwimme" ich in der Musik bzw. der Inszenierung. Im Publikum kann man den Flow der anderen daran beobachten, dass fast durchgängig großen Ruhe herrschst, kein Huster oder Räusperer notwendig ist und die Zeit still zu stehen scheint. Für mich ist die Qualität meines Genusses oft daran abzulesen, dass ich, je größer der Genuss war, desto weniger Worte zu seiner Beschreibung finden kann. Der tiefe innere Genuss scheint sich dann in anderen Hirnregionen abzuspielen, ähnlich wie tiefe Mediation.

Dieser Genuss ist mit Sicherheit hochgradig individuell – und zeitlich begrenzt. Für mich ist er wirklich, ich gebe ihm meine Bedeutung, die oft dann so schwer zu diskutieren und vermitteln ist. So wie die Momente der Musik mit dem Verfliegen der Zeit vergehen, so bleiben diese Momente auch nur schwer im Bewusstsein und der Erinnerung hängen. Es bedarf zusätzlicher Informationen, damit die Abspeicherung und damit die Erinnerung an diesen Genuss umfangreicher und tiefer im Unterbewusstsein abgelegt werden. Dafür ist es hilfreich, den Kontext zu erweitern. Je mehr ich über das Werk in Erfahrung bringe, seine Struktur, sein Notenbild, seine Muster und Eigenschaften usw., desto mehr Regionen im Hirn sind an der Bildung eines dauerhaften Eindrucks beteiligt. Wird diese *"Beschreibung"* mit einem entsprechenden *„Fachvokabular"* hergestellt, fällt auch die Reproduktion in Form von Worten einfacher, da sie spezifischer und genauer ausfallen kann.

Erkennen und Verstehen

Dieses erkennende Verstehen und Verdeutlichen, der zweite Schritt, reicht für mich dabei von allgemeinen Kenntnissen der Kompositionstechniken über biografische Hintergründe des Komponisten und der Interpreten bis hin zu vergleichenden Analysen und Parallelarbeiten anderer Gattungen wie Literatur und Kunst. Immer unter dem Motto *„Darf es ein wenig mehr sein?"*. Insbesondere die großen Theaterbetriebe versuchen heute durch umfangreiche Programmhefte und Werkeinführungen vor dem Konzert genau diese Informationseindrücke den Zuhörern (Kunden) zu vermitteln, in der Hoffnung eines länger bleibenden Musikgenusses. Um nicht missverstanden zu werden: Es geht dabei nicht um einen Overkill an Informationen per se oder unnützes Wissen wie in TV-Shows, sondern um den Spagat zu den Informationseinheiten, die das Erfassen, Bewerten, Abspeichern und Zurückholen von musikalischen Eindrücken und den damit verbundenen Gefühlen unterstützten.

Nehmen wir als Beispiel die Arie *„Scherza, infida, in grembo al drudo"* aus dem 2. Akt von Händels Oper *Ariodante HWV 33* von 1735. In der herrlichen Interpretation von *Anne Sofie von Otter* unter *Marc Minkowski* und den *Les Musiciens du Louvre* erzeugt allein das Anhören – ohne Verständnis für den italienischen Text – Gänsehaut. Das Erfassen des Textes dieser Arie auf Deutsch erläutert den Hintergrund des bereits gefühlten und verdeutlicht die Tragweite dieser tragischen Arie:

> *Scherze nur, Ungetreue, im Schoße des Buhlers!*
> *Ich, der ich verraten wurde, begebe mich*
> *Durch deine Schuld in die Hände des Todes.*
> *Doch um die unwürdige Fessel zu sprengen,*
> *Werde ich als trauriger Schatten und als bloßer Geist*
> *Dir zur Qual zurückkehren.*

Aufkommende Gefühlsbruchstücke von Verzweiflung, Rachegelüsten und Wut können so genauer wahr(!)genommen werden. Als weiteres Beispiel greife ich auf die griechische Mythologie zurück. Admetos ist der König von Pherai in Thessalien. Alkestis, seine Frau, gibt ihr Leben für das des gestorbenen Mannes. Herakles rettet sie aus dem Hades und alles hat ein Happy End. Georg Friedrich Händel hat diesen Stoff zuerst mit der Oper *Admeto HWV 22* in 1727 bearbeitet, ein zweites Mal im Jahre 1750 (in englischer Sprache) als Bühnenmusik zu einem Schauspiel und dem Titel *Alceste HWV 45* – es kam aber nie zu einer Aufführung zu seinen Lebzeiten.

In diesem Kontext ist es hilfreich zu wissen, dass dieser Stoff zu *Alceste*[28] viele Komponisten animiert hat. Von Jean-Baptiste Lully (1674), Christoph Willibald Gluck (1767) über Anton Schweitzer (1772, als erstes deutschsprachiges Singspiel) bis Rutland Boughton (1922) hat es viele Umsetzungen als Oper erfahren. Offenbar berührt der Inhalt tief das Unterbewusstsein der Menschen. Die Metaphern der Aufopferung, der Rettung durch göttliche Kräfte und der Hingabe an das menschliche Schicksal haben archetypische Dimensionen. Im hörenden Vergleich der verschiedenen Werke erschließen sich auf diesem Hintergrund nicht nur eine epochenabhängige Tonsprache, sondern auch Alternativen der Betonung der Handelnden, der kulturellen Werte, usw. Der gleiche Stoff wurde bearbeitet, aber es sind dennoch sehr verschiedene Ergebnisse.

Biografie, Kulturhistorie und Gesellschaft

Der historisch-biografische, kulturhistorische und gesellschaftliche Hintergrund eines Werkes bildet dann oftmals die Möglichkeit der Brückenbildung zu unserer heutigen Situation. Geliebt, gemordet und gearbeitet wird und wurde immer. Aber viel wichtiger scheint mir, dass auch immer gestrebt wurde und dass die Menschen auch immer auf der spirituellen Suche waren. Vor diesem Hintergrund lässt sich der Wechsel Händels von Italienisch zu Englisch als Sprache in seinen Werken verstehen. Auch heute haben wir den Wechsel von Deutsch zu Englisch in vielen Bereichen zu verarbeiten. Der englische Musik-Markt der Hörer um 1730 bis 1750 haben ihn dazu gezwungen, da er auch wirtschaftlich als Theaterunternehmer von Ihnen als Besucher seiner Angebote abhängig war. In die gleiche Zeit fällt auch der Wechsel von antiken Themen der weltlichen Sphäre zu antiken Themen der spirituellen Sphäre. Händel als Unternehmer, der sich dem Markt anzupassen weiß.

---

[28] Wikipedia nennt zu diesem Stoff 13 Kompositionen. Der Text „*Adriano in Siria*" von Pietro Metastasio wurde z.B. von 1732 bis 1828 ca. 67-mal als Oper vertont.

Fragen

Gibt es für Sie einen musikalischen Bereich, einen Komponisten, ein Genre oder eine Epoche, für den Sie eine besondere Vorliebe haben? Wie äußert sich das?

Wie stehen Sie zum Sammeln? Brauchen Sie äußere Objekte oder sammeln Sie mehr „*innerlich*"?

Haben Sie auch schon einmal eine große Enttäuschung in einem Konzert oder im Theater erlebt? Worauf bezog sich die Enttäuschung?

Haben Sie eine Lieblingsoper oder einen Lieblings-komponisten? Wie oft gönnen Sie sich den Genuss?

Haben schon einmal eine ungewöhnliche Opernaufführung (im Kino, mit Puppen, in einer Fabrikhalle, zu Hause, ...) erlebt? Was war daran anders und spannend?

Gibt es einen Komponisten oder ein Werk, zu dem Sie sich schon einmal Hintergrundinformationen bewusst besorgt haben (als CD, Video, usw.)? Wie hat Ihnen das im Verständnis und im Erleben geholfen?

Gibt es bei Ihnen musikalische Wünsche, die Sie sich schon immer einmal erfüllen wollten? Wenn ja, welche?

Musikbeispiele [29]

Georg Friedrich Händel
Admeto, Re di Tessaglia HWV 22
Alan Curtis (Il Complesso Barocco) René Jacobs,
Rachel Yankar, Ulrik Cold, Rita Dams, James Bowman,
Jill Gomez, Max von Egmond
Virgin Classics (7243 56136922) 1998.

Georg Friedrich Händel
Alcina HWV 34
William Christie (Les Arts Florissants) Renée Fleming,
Susan Graham, Natalie Dessay, Kathleen Kuhlmann,
Timothy Robinson, Laurent Naouri, Juanita Lascarro
Erato (8573-80233-2) 1999.

Georg Friedrich Händel
Amadigi di Gaula HWV 1
Marc Minkowski (Les Musiciens du Louvre)
Natalie Stutzmann, Jennifer Smith, Eiddwen Harrhy,
Bernada Fink, Pascal Bertin
Erato (2564 67701-6) 1991.

Georg Friedrich Händel
Ariodante HWV 33
Marc Minkowski (Les Musiciens du Louvre) Anne Sofie von
Otter, Lynne Dawson, Veronica Cangemi, Luc Coadou,
Richard Croft, Ewa Podles, Denis Sedov
DGG Archiv (457 271) 1999.

Georg Friedrich Händel
Athalia HWV 52
Christopher Hogwood (The Academy of Ancent Music)
Joan Sutherland, Emma Kirkby, James Bowman,
Aled Jones, Anthony Rolfe Johnson, David Thomas,

---

[29] https://www.kraftraum-musik.de/buch/musik-mosaik/kapitel-16/

Choir of new College, Oxford
Decca (475 6731 DC8) 1985.

Georg Friedrich Händel
Agrippina HWV 6
John Eliot Gardiner (The English Baroque Solists)
Della Jones, Miles, Derek Lee Ragin, Michael Chance,
Donna Brown, Anne Sophie von Otter
Philips (438 009-2) 1997.

Georg Friedrich Händel
Giulio Cesare HWV 17
Emmanuelle Haïm (Le Concert D'Astrée) Natalie Dessay
Virgin Classics (50999 907872 2 5) 2011.

Georg Friedrich Händel
Deborah HWV 51
Joachim Carlos Martini (Frankfurt Baroque Orchestra,
Junge Kantorei) Elisabeth Scholl, Natacha Ducret,
Lawrence Zazzo, Ewa Wolak, Knut Schob, Jelle S. Draijer
Naxos (8.554785-87) 1999.

Georg Friedrich Händel
Il Trionfo del tempo e del Disinganno HWV 46a
Emmanuelle Haïm (Le Concert D'Astrée) Natalie Dessay,
Ann Hallenberg, Sonja Prina, Pavol Breslik
Virgin Classics (0946363428) 2007.

Georg Friedrich Händel
La Resurrezione HWV 47
Ton Koopman (Amsterdam Baroque Orchestra)
Nancy Argenta, Barbara Schlick, Guillemette Laurens,
Guy de Mey, Klaus Mertens
Warner Classics (2564 67594-6) 2011.

167

Georg Friedrich Händel
Rinaldo HWV 7a
René Jacobs (Freiburg Baroque Orchestra) Vivica Genaux,
Lawrence Zazzo, Dominique Visse, James Rutherford,
Christophe Dumaux, Miah Persson, Inga Kalna
harmonia mundi (2908241.49) 2003.

Georg Friedrich Händel
Semele HWV 58
Joachim Carlos Martini (Frankfurt Baroque Orchestra,
Junge Kantorei) Elisabeth Scholl, Julla Schmidt
Junge Kantorei Frankfurt (MD 07006) 2007.

Georg Friedrich Händel
Solomon HWV 67
John Eliot Gardiner (English Baroque Soloists,
Monteverdi Choir) Carolyn Watkinson, Nancy Argenta
Philips (000667002) 1985.

Georg Friedrich Händel
Tamerlano HWV 18
Jean-Claude Malgoire (La Grande Ecurie et la Chambre du
Roy) Henri Ledroit, John Elwes, Mieke van der Sluis,
René Kacobs, Isabelle Poulenard, Gregory Reinhart
Sony Music (8869752252) 1985.

Georg Friedrich Händel
Theodora HWV 68
Johannes Somary (English Chamber Orchestra, Amor Artis
Chorale) Heather Harper, Maureen Lehane, John Lawrenson,
Maureen Forrester, Alexander Young, Edgar Fleet
Brilliant Classics (99271) 1968.

Diese Auswahl von Händels Opern und Oratorium soll die Vielzahl der
Experten, Ensembles, Dirigenten und Sänger zeigen. Sie befinden sich in
meiner Sammlung, stellen aber nicht unbedingt die jeweils besten Interpretation dar.

17

Technik und die Versuchung

*Wenn wir die Möglichkeit schaffen könnten,
dass jeder Mensch zuhause qualitativ perfekte,
quantitativ unbegrenzte und für jede Stimmung
geeignete Musik zur Verfügung hätte, die er
nach Belieben einsetzen lassen oder beenden könnte,
dann hätten wir bereits den Gipfel
menschlichen Glücks erreicht.*

Edward Bellamy (1850-1898)

Schmerzlicherweise war in meiner Jugendzeit der Zugang zur Musik beschränkt auf den Schallplattenschrank des Vaters und das Radio mit seinen (aus heutiger Sicht) wenigen Programmen. Mit dem ersten verdienten Geld kamen dann Schallplatten, Tonbänder sowie Kassetten hinzu. Das erste Radio wurde ausgetauscht durch eine Stereoanlage, der Mono-Plattenspieler ersetzt durch einen DUAL-Stereo-Plattenspieler. Die empfindlichen Schallplatten wurden auf keinen Fall ausgeliehen oder nie zu Veranstaltungen (Partys) mitgenommen. Das Kopieren auf Kassetten war da ein großer Fortschritt. In über 50 Jahre Musikhörens beobachte ich folgende Tendenzen:

Quantität: Mehr von allem

Durch den Zugang zu immer neueren und mehr Musikquellen wie weiterreichende Radiostationen (UKW, Internet), durch immer einfachere und schnellere Kopiermöglichkeiten (Tonband > Kassette > CD > DVD > MP3 > ...) sowie allgemein verfügbaren Zugang zu Informationsquellen (Bielefelder Katalog für klassische Musik, Bibliotheken, Internet) wird die ganze Bandbreite an Musik und ihren Interpretationen fast jedermann zugänglich. Und das allein erzeugt für sich neue Bedürfnisse und Wünsche.

Waren früher eine Handvoll (im Wortsinn) Schallplatten ausreichend für lange Musikgenüsse, so bestehen heute private Musiksammlungen oft aus Tausenden von CDs und Zehntausenden von Musiktiteln. Früher war die Kunst darin zu sehen, nicht zu oft aus einer kleinen Sammlung immer die gleichen Stücke zu spielen, heute ist das Finden von erinnerten Musiktiteln in der eigenen Sammlung eine große Herausforderung.

Durch immer mehr Informationskanäle (Radio, Fernsehen, Internet, gedruckte Prospekte ...) werden wir mit mehr und mehr interessanten und möglichen Musikstücken konfrontiert. Moderatoren besprechen Neues, Werbung erkürt den „Neuesten Hit", Charts geben vor was „in" ist und Votings/Likes in Social-Media-Kanälen suggerieren Wichtigkeit und Aktualität. Dabei ist vielen nicht klar, dass hier keine objektive Bekanntmachung von Informationen stattfindet, sondern bewusst – ein auf Verkaufen ausgerichtetes – subversives Marketing den Weg zu potenziellen Kunden findet.

Qualität: Hören bis in alle Einzelheiten

Ich kenne noch 78er-Schelllack-Schallplatten, die von grammophon-artigen Geräten in der Qualität der Wiedergabe von Mal zu Mal schlechter wurden. Die schwere Nadel am aufgesetzten Tonarm grub sich förmlich in das spröde Material ein und nahm vor allem die feinen Rillenflanken der hohen Töne als Angriffsziel. Zudem waren diese Aufnahmen ausnahmslos in Mono. Erst die 33-er-Vinyl-Schallplatte ermöglichte sowohl Stereo-Klänge als auch längeres Vergnügen. Dieser Tonträger schaffte es sogar bis hin zur Quadrophonie und der Kunstkopfstereophonie. Lange Zeit konnten frei verfügbare und bestückbare Tonträger wie Tonband und Kassette zur Aufnahme von Musik mit dieser Qualität nicht mithalten. Erst CD und Digitaltechnik brachten auf der technischen Seite einen Qualitätsschub, der heute nur noch von sehr guten Wiedergabegeräten hörbar unterschieden werden kann.

Auf der Gegenseite der Wiedergabe hat die Aufnahmetechnik erheblich dazu beigetragen, dass heute kleinste Nuancen und dynamische Spannbreiten mit vergleichsweise geringem Aufwand eingefangen werden können. Nachträgliche Verarbeitung durch entsprechende Computerprogramme geht mitunter so weit, dass Aufnahmen so mit dem Ziel bearbeitet und auch verfälscht werden, dass dies den Künstlern nicht mehr recht sein dürfte. Fehler werden korrigiert, Geschmack und Mode als Filter geben zunehmend einheitliche, aber auf sehr hohem Niveau wahrnehmbare Produkte. Auf Schallplatten der 60er und 70er Jahre konnte man noch bei genauem Hinhören Schnitte zwischen verschiedenen Aufnahmestücken heraushören. Selbst solche „*Fehler*" können heute mit Computertechnologie entfernt werden und so eine „*höhere*" Qualität suggeriert werden.

War in den 70 er Jahren echte Hi-Fi-Qualität für Normalbürger kaum bezahlbar, so haben sich heute die Kosten für die gleiche Qualität auf 5-10% dieses Niveaus verringert. Für 1.000 Euro bekommt man heute schon eine sehr gute Komplettausstattung. Fortgesetzt hat sich diese Tendenz insbesondere bei den tragbaren Geräten. Dies ist nicht nur auf die Miniaturisierung der Computerindustrie zurückzuführen, sondern auch auf immer bessere Software und den Fokus auf das Verhalten der Endbenutzer, den Firmen in diesem Bereich legen. Durch Vereinheitlichung der Beschriftungen und den dahinterliegenden Funktionen braucht heute kaum jemand noch Gebrauchsanleitungen für die einfache Bedienung. Auch hierdurch wird „*music at your fingertips*" Realität. Kopfhörer, die durch Analyse der Umgebungsgeräusche diese im Umkehrverfahren herausfiltern, erlauben selbst unter sehr lauten Umweltbedingungen wie in Bus, Bahn und Flugzeug einen hervorragenden Musikgenuss.

In der klassischen Musik hat die Musikwissenschaft und -forschung viel davon aufgedeckt, was und wie früher an Musik komponiert und aufgeführt wurde. Die Anforderungen an Musiker an die jeweiligen Interpretationen sind dadurch zwangsläufig gestiegen, auf der anderen Seite erklingt heute dafür die Musik „authentischer", differenzierter und lebendiger. Nikolaus Harnoncourt z.B. war einer dieser Förderer einer neuen, ausgefeilteren Spielweise von Alter Musik. Selbst bei den Instrumenten hat die Qualität zugenommen. Ausgefeilte Analysemethoden mit modernster Technologie zeigen bis ins kleinste Detail auf, wie Klang entsteht, was in behindert oder verfärbt und wie man das verbessern kann. Chemisch können heute Lacke einer Stradivari-Geige untersucht werden, Holzarten und Haltekräfte an alten Pianos aus Beethovens Zeit einem Hersteller zugeordnet werden und selbst der Nachbau verschollener Instrumente lässt alte Klangspektren neu entstehen. Neben der reinen Vielfalt ermöglicht ein Vergleich von Instrumenten und der daraus resultierenden Musik eine differenzierte Bewertung des Musikgenusses.

Auch genauere und weiterreichende Informationen über Kompositionen, Komponisten, Produktion und Ausführende tragen zu einer Qualitätssteigerung bei. Da wir alle immer noch nicht eine Musik „rein", d.h. ohne zusätzliche Informationen, hören und verarbeiten können, helfen solche Informationen zusammen mit visuellen Eindrücken, das Erlebte („Erhörte") besser, schneller und dauerhafter im Bewusstsein zu verankern. Auf diese Weise sind beide Gehirnhälften an dem Prozess des Hörens beteiligt.

Globalisierung: Aus der großen Welt in meine Welt

Vom ersten Schallplattenkauf im sieben Kilometer entfernten Zentrum der Großstadt bis zum Bestellen von CDs in England und Amerika über das Internet war es ein weiter Weg. Heute ist es nicht mehr die Frage, ob es eine bestimmte Musik irgendwo auf der Welt gibt, sondern wie viel diese einschließlich weltweitem Versand oder Nutzung kostet. Durch Antiquariate, kleinste Läden mit Internet-Shop irgendwo im Nirgendwo oder Online-Auktionen wie eBay gelangen auch veraltete und nicht mehr im Handel befindliche Musikträger plötzlich wieder in Reichweite – und das meint den eigenen Briefkasten. Wir können uns fast alles in unsere Nähe bringen lassen, ohne weit vor die Tür gehen zu müssen.

Gleichzeitig rückt die Welt mit Angeboten aus fernen Ländern näher zu uns. Anfang der 60er Jahre, als erste Ansätze einer Weltmusik entstanden, war die Musik ferner Kulturen und Länder nur exotisch und fremd. Heute suchen eine Menge Menschen, fortgetrieben vom sogenannten „Main-Stream", gerade solche Nischen für die Deckung ihrer Musikbedürfnisse. Und dies gilt nicht nur für „alte" Musik, sondern insbesondere für „neue" Musik. Es ist heute bei den Jugendlichen überhaupt nicht exotisch Lieder einer Gruppe aus Norwegen, Brasilien oder Japan parallel zu hören und zu besitzen. Ländergrenzen spielen da keine Rolle mehr, eher Sprachgrenzen. Aber auch dafür wächst die Akzeptanz. Wenn die Musik „grooved", ist die Sprache nebensächlich.

Mit der Globalisierung kommen aber auch alternative Interpretationen zu uns. Die Einspielung sämtlicher Bach-Kantaten im Klassik-Bereich unter dem Dirigenten Masaaki Suzuki mit dem Ensemble Bach Collegium Japan ist dafür kein guter Beweis, obwohl man aufgrund des Landes dafür votieren könnte. Aber wenn z.B. der Dirigent Gustavo Dudamel mit dem Simón Bolívar Symphony Orchestra of Venezuela Beethovens 5. Sinfonie einspielt, vermittelt sich ein komplett anderer Klang als mit den Wiener Philharmonikern.

Verfügbarkeit: Alles hier und jetzt

Bei der Qualität habe ich schon angesprochen, dass uns immer mehr Musik zur Verfügung steht. Wichtigster Punkt heute hierbei ist, dass dies mittlerweile zu allen Zeiten und an (fast) allen Stellen erfolgen kann. War früher der Gang zum Radio, zum Plattenspieler oder ins Konzert notwendig, um Musik auszusuchen und erklingen zu lassen, so haben wir heute mit Smartphone und Internetverbindung fast unbegrenzten Zugriff auf alle Arten von Musik. Streaming-Dienste wie Spotify & Co. bieten über 25 Millionen Songs an – und ich habe bisher auch die ältesten CDs und Schallplatten irgendwo gefunden, sofern sie digital vorlagen oder digitalisiert wurden.

Musik lässt sich auch leicht mitnehmen. Der Walkman und der Discman (Sony) der 70er Jahre musste dem MP3-Spieler und dieser den Smartphones weichen. War früher das Mitnehmen und damit Benutzen auf wenige Platteninhalte und kurze Zeitdauer von bis zu zwei Stunden begrenzt, so können heute die Inhalte von bis zu 1.200 CDs in der Hosentasche mitgenommen und bis zu 12 Stunden darüber gehört werden. Selbst ohne eigenes Gerät (Hardware) bieten heute Internetdienste die Möglichkeit, die eigene

Musik auf fremden oder geliehenen Geräten zu hören. Grenzlose musikalische Freiheit.

Früher wurde Musik über eine übersichtliche Anzahl von Firmen (und Konzernen) vertrieben mit übersichtlichen Vertriebskanälen. Heute kann fast jeder ohne großen Aufwand und Kosten sein eigener Vertriebskanal werden, weltweit. Der Hörer kann so weltweit „einkaufen" und dann meistens sofort die Musik nutzen, die er gekauft hat. Kein Warten auf die Post oder den Zoll mehr. Nebeneffekt des Direktvertriebs neben der 24-Stunden-Verfügbarkeit ist, dass Kosten des Zwischenhandels fortfallen, sprich Musik im Allgemeinen günstiger wird.

Im eigenen Heim wird bei so viel Musik auch eine Organisation notwendig. Sie hören Ihre Musik nur im Wohnzimmer? Was ist mit dem Schlafzimmer, dem Bad oder bei Arbeiten in der Küche? Datenpakete lassen sich relativ einfach versenden, wenn entsprechende Technik vorhanden ist. Sobald aus Sicherheitsgründen der digitale Musikinhalt auf externe Festplatten kopiert wurde, kann mit Technologien wie Network Attached Storage (NAS) oder Multimedia-Servern auch im privaten Haushalt mit geringem Aufwand ein Netzwerk angelegt werden, von dem aus über ein Kabelnetzwerk oder kabellos über Wireless LAN (WLAN/WiFi) die Musik an fast jeden Platz im Heim gesendet werden kann. Es ist schon spannend, wie ich über ein Smartphone vom Bett aus meine Musik zum Aufwachen optisch aussuchen kann und dann via Airplay an die Hi-Fi-Musikanlage im Wohnzimmer senden kann: Der Weg zum Bad und in die Küche ist dann bereits von einem Orchester oder einer Stimme bereitet.

Vergänglichkeit: Gegen das Verschwinden & Vergessen

Schallplatten in den 60-er und 70-er Jahren waren „Schätze". Sie wurden gehegt und gepflegt. Pflege war deshalb direkt notwendig, weil diese Schallplatten empfindlich gegen den Einfluss von Staub und Wärme waren. Einmal in die feinen Rillen gelangt, verursachte Staub hässliche Knackgeräusche. Reinigungsprozeduren wie Nassabspielverfahren mit anschließendem Trocknungsprozess waren notwendig. Ausleihen der Schätze war ein Tabu. Es gab keine Möglichkeit qualitativ gleichwertige Kopien zur

Sicherheit herzustellen. Kopierverfahren auf Magnetband verschlechterten den Klang.

Die nachfolgenden CDs (und DVDs) waren zwar weit weniger empfindlich gegen Staub, dafür aber umso mehr empfindlich gegenüber Fett aus Fingerabdrücken sowie Materialalterung durch Licht, Wärme und mechanische Kratzer. Aber der Transport war einfacher, so manche CD wurde zu einer Party mitgenommen, gespielt – und dann vergessen. Mit Computereinsatz konnten aber 1:1-Kopien angefertigt werden.

Mit dem Einzug der digitalen Medien, insbesondere dem MP3-Format, schienen diese mechanischen und physikalischen Probleme ein für alle Mal bereinigt. Mit jedem Anhören stellte sich die gleiche Qualität der Aufnahme wie zuvor ein. Vergänglichkeit wurde aber trotzdem zu einem Problem. Auch digitale Aufnahmen konnten durch kippende Bits auf dem Trägermedium Veränderungen erfahren. Das größte Problem aber entstand dadurch, dass einzelne Stücke in der Menge der Stücke auf der Festplatte einfach untergingen und nicht mehr gefunden wurden. Es ist die Nadel im Heuhaufen: Viele wünschten sich in solchen Situationen den physischen Zugriff auf seine Sammlung zurück. Im Regal sortierte Schallplatten und CDs waren visuell schnell durchsucht. Auch der Ausfall von Hardware (Festplatte) hat ganze Sammlung von Musik von gleich auf jetzt in den (Musik-) Himmel geschickt. Die wenigsten normalen Benutzer waren und sind in der Lage, geeignete Absicherungsmaßnahmen auf den jeweiligen Geräten zu treffen.

Eine andere Art der Vergänglichkeit stellt sich ein, wenn zwar das Medium wie die Schallplatte noch vorhanden ist, das Abspielgerät aber defekt ist und nicht ersetzt werden kann. Bezüglich Schallplatten hege ich da keine so großen Vorbehalte, weil eine wachsende Gemeinde von Vinyl-Liebhabern die kleine Produktion von Schallplattenspielern aufrechterhält. Aber die Art der Anschlüsse an Verstärkern wird zum Problem werden, sobald diese komplett auf digitale oder optische Eingänge umgestellt werden. Bereits heute lassen sich Geräte mit „*Bananensteckern*" oder „*DIN-Steckern*" an neueren Anlagen nicht mehr betreiben. Ähnliches wird mit den digitalen Speicherformaten geschehen, sofern ihr altes Format nicht rechtzeitig in das neue Format umgewandelt wird.

Identifikation oder was ist das Original?

In dem schier endlosen Angebot ist das Original (von lat. *Origo*: Ursprung) schwer zu identifizieren. Ist es wichtig, sein Original zu haben? Im Laufe der Zeit, durch Zuhören und Vergleichen, wurde mir bewusst, wie sehr ich an den jeweils ersten Hörerfahrungen eines Stückes haftete. Eine neuere Version oder Interpretation musste schon um Klassen besser sein, um dieses innere Programm zu überschreiben. Selbst dann blieb eine wehmütige Erinnerung „an das erste Mal". Das an sich ist nicht schlimm. Aber in Verbindung mit der Qualität des ersten Eindruckes entscheidend. Für mich war es schon ein Unterschied, ob ein neues Stück aus dem Lautsprecher eines Röhrenradios oder einer Hi-Fi-Anlage kam, ob ein erstklassiges Orchester das Stück spielte oder das lokale Kammerorchester aus Freiwilligen des Altenheimes. Es gab immer wieder Ausnahmen und positive Überraschungen, diese waren aber nicht zu planen.

Suchen und Finden

Im Zuge der Recherchen zu diesem Buch wurde mir erneut bewusst, wie sehr ich bereits im Internet einen Verbündeten für meine Musik gefunden hatte. Zu Zeiten meines Sohnes und danach habe ich einen großen Umfang „meiner Musik" verloren. Zuerst wurde das Tonband abgeschafft, die Inhalte an Musik wandelte ich nicht in ein anderes Format um. Damals wäre es nur auf Kassette möglich gewesen und das wäre eine zusätzliche Qualitätseinbuße gewesen trotz Dolby und höherwertigen Tonbändern.

Im Rahmen eines Umzuges verkaufte ich viele Langspielplatten, da ich kaum noch Musik darüber hörte und Schallplatten beim Umzug einfach sehr schwer sind. Ein

Abb. 30: Aus meinen CD-Regalen

176

Geschäftsmann aus Prag kaufte auf meine Anzeige hin über 600 Platten. Irgendwann war dann der Hi-Fi-Plattenspieler defekt, wahrscheinlich auch durch Nichtbenutzung. Mit einem gebrauchten DUAL-Plattenspieler überspielte ich dann vor dem nächsten Umzug die Reste, die mir wichtig erschienen. Ohne Schnitt- oder Verbesserungssoftware kamen dann einige Platten über den Audio-Eingang eines Notebooks auf die Festplatte und dann nach iTunes. Die Ergebnisse waren nur mäßig: Mal hörte man Knistergeräusche durch Staub in den Rillen, mal ein Brummen aus dem Netzteil, usw. Vorrangige Quelle für Musikgenuss und Kopieren war längst die CD geworden.

Die letzten Schallplatten verschwanden als Spende bei Oxfam[30], einem gemeinnützigen Geschäft, das als einziges noch LPs annehmen wollte. Dies war vor der Zeit der Renaissance von Vinyl. Und dann waren diese Recherchen im Rahmen dieses Buches. Die Cover und Inhalte der Schallplatten hatte ich noch gut vor Augen. Aber wo Originale finden? Neben Suchen auf Google & Co. haben sich dann vor allem die Webseiten[31] von Amazon, eBay, ZVAB, Discogs und Allmusic bewährt. Hier fand ich insbesondere die alten Schutzhüllen und Vertriebsbezeichnungen sowie Produktionsdaten. Auf Wikipedia ließen sich Ergänzungen zu den Lebensdaten der Komponisten und Einzelheiten zu den Kompositionen finden. Manchmal waren eingestellte Suchaufträge bei Google und eBay hilfreich, wenn ich nicht sofort die Informationen fand, die ich so sehr suchte. Besonders schwierig waren die Einzelheiten für jene Schallplatten zu finden, die nicht frei im Handel zu erhalten waren. So war es mehr oder minder Zufall die Informationen zu den Schallplatten zu finden, die mein Vater als Präsente der Pharmareferenten bekommen hatte. Aber auch diese Platten werden hier und dort bei eBay verkauft. Suchbegriffe wie „*Schallplatte Sandoz*", „*Vinyl Boehringer*" oder „*LP Grünenthal*" haben zu Ergebnissen geführt.

Auch die eigene Sammlung zuhause bedarf der Ordnung: Bei über 25.000 Titeln auf über 1.200 CDs braucht es eine Strategie. Zur Realisierung kom-

---

[30] Einige „meiner" Schallplatten haben sich dort jahrelang gehalten und auf einen Käufer im Keller gewartet.

[31] Webseitenadressen in Kapitel „Quellen im Internet".

plexer Suchen bietet sich eine Datenbank an. Dankenswerterweise war es nicht nötig, die selbst zu programmieren.

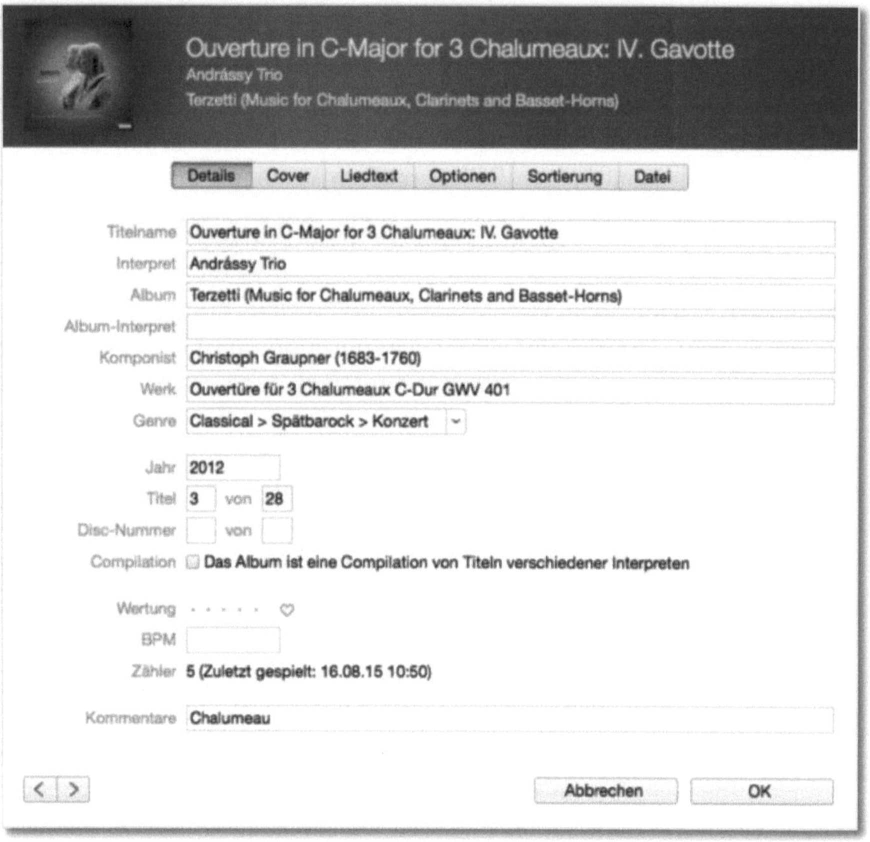

Abb. 31: Detailinformationen für ein Musikstück in Apple iTunes

iTunes von der Firma Apple bietet hier eine sehr gute und zudem eine kostenfreie Lösung[32] an. Allerdings muss man die verdeckten Eigenschaften der Software kennenlernen und Stück für Stück nutzen. Kern hierbei ist, dass jeder Titel mit vielfältigen Informationen versehen wird. Erst dadurch sind

---

[32] Es gibt sicher auch andere Software, die das in ähnlicher Weise realisiert. Ich verwende iTunes deshalb, weil es bereits 2004 benutzt habe und es am besten in meine Hardwareumgebung passt.

geschickte Abfragen an die Datenbank, die iTunes zugrunde liegt, möglich. Aufgaben wie:

- Zeige mir alle meine Stücke zum Komponisten Christoph Graupner!
- Zeige mir alle Stücke in Es-Dur!
- Welche Stücke habe ich, auf denen Natalie Dessay singt, die aber nicht vom Komponisten Georg Friedrich Händel sind?
- Welche Sinfonien aus der Vorklassik besitze ich?
- Welche Aufnahmen wurden zwischen 1990 und 1995 produziert?
- Habe ich mehr Stücke mit der Tempobezeichnung „Adagio" wie „Allegro"?
- Welche Musikstücke beinhalten Texte mit „Tod"?

usw. lassen sich mit ein paar Klicks erledigen – vorausgesetzt, die entsprechenden Angaben wurden per Hand oder automatisch zu den jeweiligen Stücken hinzugefügt. Das ist nicht anders als ein sorgfältig geführter Katalog einer großen Buchbibliothek.

Das Ergebnis ist aber derart atemberaubend, wie es eine nicht-virtuelle Sammlung nie leisten könnte. Allerdings gibt es immer wieder Nachbesserungen, neue Ideen und Aspekte kommen hinzu, die dann auf den Bestand angewendet werden müssen.

Abb. 32: Klassik-Sammlung in Apple iTunes mit Kachelbildern

Fragen

  In welchem Umfang und in welchen Phasen hat sich Ihre Musiksammlung entwickelt? Welche Phasen und Ereignisse in Ihrem Leben lassen sich dem zuordnen?

  Welcher ist heute Ihr bevorzugter Kanal zum Hören von Musik? Wie haben sich Ihre Vorlieben im Laufe der Zeit verändert?

  Wie viel Geld geben oder gaben Sie für Ihre Musikanlage(n) aus? Wie hat sich die Qualität der Wiedergabe im Laufe der Zeit verändert?

  Wie hat sich in Ihrer Wahrnehmung für Sie persönlich die Musikrezeption verbessert? Was waren die ausschlaggebenden Technologien oder Ereignisse?

  Wo haben Sie schon Musik (CDs, Vinyl, Downloads, usw.) bezogen? War Ihnen bewusst, aus welchem Land das jeweils kam?

  Welchen Wert legen Sie auf ein globales Musikverständnis? Welche Musik aus anderen Ländern und Kulturen hören Sie?

♪ Nehmen Sie Musik mit, wenn Sie unterwegs sind? Welche
Geräte oder Technik benutzen Sie dafür? Wie fühlt es sich
an, Ihre eigene Musik ständig „zur Hand" zu haben?

♪ Hat sich Ihr Einkaufverhalten für Musik in den letzten Jahren
verändert? Oder kopieren Sie immer noch illegal?

♪ Haben Sie auch schon einmal Ihre ganze Musiksammlung
verloren oder Teile davon? Was war der Grund und wie
sind Sie damit emotional umgegangen?

♪ Haben Sie auch schon einmal Musik „von damals" gesucht?
Wo haben Sie sie gefunden?

Musikbeispiele [33]

Johann Sebastian Bach
Cantatas BWV 71, 106, 131
Masaaki Suzuki (Bach Collegium Japan) Midori Suzuki,
Yoshikazu Mera, Gerd Türk, Peter Kooy
BIS (CD-781) 1996.

Ludwig van Beethoven
Sinfonie Nr. 5 c-moll op. 67, Sinfonie Nr. 7 A-Dur op. 92
Gustavo Dudamel (Simón Bolívar Symphony Orchestra
of Venezuela)
DGG (00289 477 6228) 2006.

Christoph Graupner
Ouverture C-Dur für 3 Chalumeaux
aus: TERZETTI. Music for chalumeaux, clarinets and
bassethorns
Andrássy Trio
Passacaille (959) 2009.

---

[33] https://www.kraftraum-musik.de/buch/musik-mosaik/kapitel-17/

18

Aus der Werkstatt eines Dilettanten

*Musik besitzt den Zauber eine wilde Brust zu besänftigen,
einen Fels zu erweichen und eine knorrige Eiche zu beugen.*

William Congreve (1670-1729)

Mittlerweile fast am Ende dieses Buches angelangt, frage ich mich: Warum das Ganze? Sind diese vielen Sätze und Gedanken ein Beitrag für eine bessere Welt oder nur das Murren eines älter werdenden Mannes? Ich wäre unaufrichtig, würde ich nicht auch darüberschreiben, was Musik – und das hier darüber Geschriebene – mit meiner Entwicklung, Spiritualität und Lebensqualität zu tun hat. Gibt es etwas, an das ich glaube?

Es wäre einfach zu sagen: Ja, die Musik ist ewig! Aber ich weiß es nicht. Oder: Gott schuf mit einem Wort (= Schwingung) die Welt. Es gibt so viele Erklärungen über die Entstehung und Wirkung von Musik, dass meine Sichtweise auch nur eine weitere Facette entstehen lässt. Joachim-Ernst Berendt hat in seiner Autobiografie *„Das Leben – Ein Klang"* durch die Art seiner Aufrichtigkeit zu sich selbst eine Steilvorlage dafür gegeben, was Ehrlichkeit zum einen und das Bemühen um Wirkung zum anderen sein kann. Die Worte „*Vorbild*" und „*Leitbild*" werden heute immer seltener gebraucht, kaum jemand bezieht sich mehr darauf – vielleicht, weil es auch wieder visuelle Worte sind? Trotzdem schreien unsere Seelen und Bewusstseins nach solchen Ankern. Nicht, um sie zu kopieren, sondern sich daran zu reiben und zu entwickeln. So wie es Partner in einer guten, fruchtbaren Beziehung tun.

Das ewige Ei-Henne-Problem: Ist die Wahrnehmung und das Hören der Musik das Ergebnis eines inneren Wandels oder bewirkt sie denselben? Die Bedeutung der Worte einer Musik, z.B. der Kantate „*Gottes Zeit ist allerbeste Zeit*" (BWV 106) von Johann Sebastian Bach, war und ist für mich an meine eigene Lebenserfahrung geknüpft. Mit Mitte 20 ist die Bedeutung der Worte „*Ach, Herr, lehre uns bedenken, dass wir sterben müssen, auf dass wir klug werden*" andere als mit Mitte 50. Ebenso war und ist für mich das Hören von Musik nach dem Erlernen eines Instrumentes eine andere als zuvor. Wichtiger als dies jedoch sind die Gefühle, Bilder und Konzepte, die sich im Laufe meines Lebens in Zyklen stetig gewandelt haben.

In diesem Buch habe ich bisher meine Entwicklung und den Anteil der Musik daran geschildert. Am Ende des Buches gibt es einen Ausblick in die Zukunft. Beides fiel mir unterschiedlich schwer, allerdings sind Gedanken an das Hier und Jetzt noch schwieriger. Was bedeutet mir Musik hier und heute? Klar für mich ist, dass es dabei nicht um die Schilderung geht, welche Musik ich gerade jetzt höre, während meine Finger über die Tastatur gleiten. Ich zögere, als wenn eine Schwelle überschritten werden müsste. Wovor scheue ich zurück?

Letzte Nacht hatte ich im Traum und in der Aufwachphase danach einen Impuls darüber, wie ich das beschreiben könnte, worum es mir geht. Diese Tatsache hätte ich auch verschweigen und gleich zum Inhalt kommen können. Aber dann kann ich nicht deutlich machen, dass ich zum einen Unterstützung von „*Außen*" habe und zum anderen nicht alles Geäußerte auf meinem „*Mist*" gewachsen ist. Meine Kreativität besteht nicht so sehr in der

184

vollständigen Generierung von Neuem, sondern darin, Vorhandenes und Zugängliches neu zu verweben (siehe Nachname) und zu kommunizieren.

Eines der wesentlichen Dinge in meinem Leben war die Erfahrung im Danken. Mit einem einfachen, verbalen „Danke" glauben viele den Prozess vollendet zu haben, z.B. beim Erhalten eines Geschenkes. Meine Erfahrung sagt mir etwas anderes. Ohne bewusst reflektierte innere Haltung, dem Schwingen auf einer bestimmten Art von Energie sind Worte allein nicht ausreichend und hilfreich. Sie kennen doch auch Gelegenheiten, in denen ein einziger, intensiver Blick mehr Dank ausdrücken kann als tausend Worte. Wie kommen wir zu solch einer Haltung? Sie allein von dem Geschenk, dem Geber oder der Situation abhängig zu machen, genügt mir nicht. Zudem will Dank auch ausgedrückt werden für immaterielle Dinge, innere Geschenke, usw. An diesem Punkt hat mich Musik gelehrt, in diese Haltung zu kommen.

Da das Danken bei mir oft ein tiefes Bauchgefühl ist, lag es nahe, Musik dafür zu benutzen, in diese tiefe, untere Schwingung zu kommen. Dazu ist die Musik geeignet, die Naturschilderungen bietet, große, eher dunkle Bögen aufspannt oder inhaltlich, z.B. in dem Text einer Kantate oder Oper, die Themen wie Trauer, Geburt, Erdung, Tod usw. anspricht. Genau fassen kann ich das immer noch nicht. Hier ein paar Beispiele:

- **Johann Sebastian Bach**:
  Kantate „Ich habe genug" BWV 82: Schlummert ein, ihr matten Augen.
  Die Erde nimmt alle ihre Kinder wieder in sich auf. Sie umfängt die sich Auflösenden mit tröstenden Gesten und Worten: „*Fallet sanft und selig zu*" richtet sich an die Augen. Die Aussicht auf „*Süßen Frieden, stille Ruh*" impliziert den Dank an die ganze Unterstützung, die wir meist unbewusst von Mutter Erde erhalten – von Luft, Wasser, Nahrung über Zeit und Möglichkeit hin zur letzten „Entsorgung".
  Interpretation: Rainer Kussmaul (Berliner Barock Solisten) Thomas Quasthoff, 2004.

- **Kirtana**:
  Only this Love.

Okay, eines der schönsten Liebeslieder, die ich kenne. Es gibt den Rahmen für alles, ohne schmalzig zu sein. Irisch dunkel, einfach wie einnehmend; ich fühle mich dann erdgebunden (und gar nicht rosarot abgehoben).
Interpretation: Kirtana, 2000.

- **Heinrich Bach**:
  Kantate "Ich danke dir, Gott".
  Musikalisch greife ich nochmals weit zurück zum Großvater von Bachs erster Frau Maria Barbara. Die einfache Kantate im Stile des Frühbarocks nutzt als Textgrundlage den Psalm 139,14. Dankbarkeit quillt aus dem ganzen Stück auf wundersame Weise, ohne viel drum herum, die echt zu Herzen geht: *„Ich danke dir Gott, daß ich wunderbarlich gemacht bin. Herr, mein Gott, wunderbarlich sind deine Werk, und das erkennt meine Seele wohl."*
  Interpretation: Reinhard Goebel (Musica Antiqua Köln, Rheinische Kantorei) Maria Zedelius, Ulla Groenewold, David Cordier, Paul Elliot, Micheal Schopper, 1986.

Den größten und für mich wichtigsten Dank versuche ich gegenüber Mutter Erde (Gaia) auszudrücken. Sie trägt uns und nährt uns ohne Murren, trotz ihrer vielen schlimmen Kinder. Die Schwingung der Erde ist uns aber im Allgemeinen nicht so vertraut und zugänglich. Den Dank an eine solche, für die meisten von uns abstrakte Einheit zu richten, nicht so einfach. Wir haben mehr gelernt „Gott" oder etwas dergleichen zu danken, aber nicht dem Lebensraum, der uns trägt und nährt. Es gibt Musik, die hilft, diesen Kontakt aufzubauen, zu erfahren und zu genießen. Farblich würde ich dieser Schwingung die Farbe hellgrün zuordnen.

Neben den Grundbedingungen für das Leben gilt es auch des Bewusstseins und der Seele zu gedenken. Meine ersten musikalischen Kontakte haben besonders diesen Aspekt in mir angesprochen. Dieses Größere als uns für möglich und notwendig zu halten, bildet die Basis, auf der ein Kontakt möglich sein kann. Doch was nährt das in mir? Ganz oft war ich in Situationen, in denen ich Klarheit brauchte und Wahrheit suchte. Sei es im Studium, im Beruf oder in Beziehungen. Diesen Kontakt nach „oben" – ich nenne ihn der Einfachheit halber „*Himmel*" – war und ist für mich ein innerer

Impuls, der von unten nach oben in mir hochsteigt. Er hat die Qualität einer Anbindung an das nicht Benennbare. Musik, die dies fördert, fand ich früh in geistlicher Musik, besonders der Renaissance und des Barock, aber später dann auch in anderen Genres. Grundlage war stets die besondere Qualität des Komponisten, der diesen Zugang in sich selbst erfahren haben musste, um ihn musikalisch durch seine Kompositionen ausdrücken zu können. Im Allgemeinen braucht die Interpretation eine ähnliche Haltung, aber nicht immer. Folgende Musikbeispiele mögen als Hinweis in diese Richtung dienen:

- **Henry Purcell**:
  Coronation Anthems: My heart is inditing (Z.30).
  Ich kann mich fast durch die Kathedrale von Oxford schweben sehen. Die Musik gibt eine sehr große Klarheit in meinem Kopf. Allerdings achte ich auch nicht auf den Text, sondern lasse einfach diesen Knabenchor mit seinen glasklaren Stimmen auf Basis von Purcells einfacher wie wirkungsvoller Musik auf mich wirken.
  Interpretation: Simon Preston (The English Concert, Choir of Christ Church Cathedral Oxford) 1981.

- **Tomaso Albinoni**:
  Konzert C-Dur für 2 Oboen, Streicher und Continuo op. 7,11.
  Da ich Oboe selbst gespielt habe, ist ihr Ton immer wieder ein Schlüssel für Wohlbefinden und Klarheit in mir. Ich atme die klaren barocken Strukturen mit. Albinoni wirkt wie eine Erlaubnis, die Kraft meines Geistes für die anstehenden Probleme und Aufgaben einsetzen zu dürfen. Gleich geht alles leichter von der Hand.
  Interpretation: Heinz Holliger (Camerata Bern) 1979.

- **Johann Baptist Vanhal**:
  Sinfonie c-moll Bryan Cm2.
  Ähnlich geht es mir sehr oft mit Musik der Vorklassik einschließlich der „*Mannheimer Schule*". Am Übergang vom Barock zur Klassik hat die Musik zwar manchmal etwas Bruchhaftes, gleichzeitig zeigt sie akustisch fortdauernd das Bestreben, Neues in die Welt zu setzen. Lösungen sind vielfältig und nicht beständig. Komponisten wie

Vanhal behalten aber eine grundsolide Bodenhaftung, mit der sie nach „mehr" und nach „oben" streben. Jetzt nicht mehr so sehr auf Gott oder den allgemeinen Geist gerichtet als vielmehr auf das eigene Empfinden. Gedanken können streifen, sind offen für neue Impulse, um gleich danach wieder an Bekanntes erinnert zu werden und das Neue auf die Erde zu bringen.
Interpretation: Matthias Bamert (London Mozart Players) 1998.

Die Bitte an den Himmel um Wahrheit und Klarheit hat Ähnlichkeit zu einem Gebet, unterscheidet sich aber darin, dass es für mich nicht aus einer abhängigen oder unterwürfigen Haltung heraus geschieht, sondern als Bitte auf Augenhöhe. Als Farbe ordne ich das Farbspektrum türkis zu. Die Wirkung geht körperlich mehr in den oberen Körper und ist tendenziell eher mit Gedanken als mit Gefühlen verbunden.

In der Polarität zwischen Erde und Himmel entsteht alle Musik, wirkt alles auf verschiedenen Skalen und mit den unterschiedlichsten Mitteln. Was ich als persönliche Erfahrung mit Musik beschreibe, lässt sich leider nicht verallgemeinern. Die bisher genannten Stücke können bei Ihnen ganz anders wirken. Wirkung geschieht durch das immer offene Ohr allerdings sofort und unmittelbar. Hierin liegt Vielfalt verborgen, derer ich mich so gerne bediene. Deshalb unterstützt mich die meiste Musik auch genau in diesem mittleren Bereich, den ich in mir in Höhe vom Solarplexus lokalisiere. So gerne ich vertraute und geliebte Musik höre, genauso gerne öffne ich mich neuen Stücken und genieße das bisher Ungehörte. Diese Vielfalt empfinde ich als Geschenk und Herausforderung. In meiner Vorstellung vergleiche ich sie mit meiner Vitalität, die ich besonders in der Erfahrung von Neuem und Abenteuerlichem empfinde. Die Kräfte von Erde und Himmel sind vereint, umkreisen einander und spielen das Spiel des Lebens. Musik für diesen Bereich nutze ich besonders bei anspruchsvollen Arbeiten am Computer, auf langen Autofahrten und als Verstärkung von Schaffensimpulsen. Hier ein paar Beispiele:

- **Gustav Holst**:
  Die Planeten; Suite für großes Orchester op. 32.
  Mystisch und kraftvoll, der Wechsel zwischen Tiefe und Ausdruck.
  Das ganze Arsenal der spätromantischen, musikalischen

Ausdrucksmöglichkeiten in Vielfalt.
Interpretation: Roger Norrington (Radio-Sinfonieorchester Stuttgart des SWR) 2002.

- **U2**:
The Unforgettable Fire.
Die Vorbereitung meiner ersten Asienreise fällt zusammen mit dem Hören dieser LP. Den Aufbruch in eine neue Welt, die viel in meinem Leben verändert hat, höre ich immer wieder hier heraus. Die Stücke kommen auch heute noch wie eine Aufforderung daher, fast wie die Nachricht: Es geht noch etwas, versuche es!
Interpretation: U2, 1984.

- **Joseph Haydn**:
Sinfonie Nr. 44 e-moll Hob. I:44 „Trauer-Sinfonie".
Seine Sinfonie aus der mittleren Schaffensperiode hat für mich diese Mischung aus Trauer und Freude, die den Impuls zum Schaffen setzt. Zudem kommt mir Haydn immer „bekannt" vor und zugleich erstaunt er mich durch immer wieder neue musikalische Wendungen. Das regt mich ungeheuer an.
Interpretation: Adám Fischer (Austro-Hungarian Haydn Orchestra).

Als Verbindung von Himmel und Erde setze ich dem keine eigene Farbe zu, sondern erlebe das Zusammenspiel von hellgrün und türkis. Diese umkreisen sich im Solarplexus wie Planeten einander und verströmen sich von innen nach außen. Als kraftvoller Aktionsimpuls verhalten sie sich anders als die Musik, die zu Herzen geht. Der Herzbereich, empfindsam und oft verschlossen, braucht eine andere Energie, *„etwas, das zu Herzen geht"* – wie der Volksmund sagt. Und dafür brauche ich eine andere, bewusstere innere Haltung. Das funktioniert nicht so nebenbei. Neben dem genauen Hinhören und eventuell auch dem Schließen der Augen ist das eine innere Entscheidung, sich der Musik und ihrer Wirkung hier und jetzt zu widmen. Ich muss mich für mich in meiner Mitte fühlen.

Es gibt wenig Musik, die es von sich aus schafft, mich dorthin zu tragen. Aber es gibt Musik, die mich dort bestärkt zu bleiben. Hierzu zählen:

- **Georg Friedrich Händel**:
  Messiah HWV 56 – Hallelujah.
  Unvergleichbar dieses Jubeln und Triumphieren. Ob von dieser Aufnahme oder als Flashmob im Einkaufszentrum, immer lebt mein Herz auf und atmet diese Möglichkeit. Es gibt Größeres als uns und durch Jubeln eine Verbindung zu schaffen ist eine großartige Chance. Als regelmäßige Medizin zu empfehlen.
  Interpretation: Trevor Pinnock (The English Concert & Choir) Arleen Auger, Anne Sofie von Otter, Michael Chance, Howard Crock, John Tomlinson, 1988.

- **Charles Gounod**:
  Oper „Roméo et Juliette": Akt 4 - Va! Je t'ai pardonné, ... Nuit D'Hyménée.
  Die Liebesgeschichte von Romeo und Julia ist ja für sich schon anrührend. In der musikalischen Umsetzung dieser beiden Künstler bekomme ich eine Gänsehaut – so, als würde ich unmittelbar daneben-stehen. Die Sehnsucht nach der großen Liebe und der Erlaubnis, ganz im Herzen, der Liebe und dem Gefühl zu sein, umfängt mich.
  Interpretation: Nicola Luisotti (Staatskapelle Dresden) Anna Netrebko, Rolando Villazón (2007).

- **Jan Dismas Zelenka**:
  Sonata No. 2 g-moll ZWV 181 – 2. Satz: Allegro.
  Innigkeit, Kraft, Zartheit, Verbundenheit, Spiel, Kontraste ... all das verbinde ich mit dem Spiel der beiden Oboen umeinander. Der Tanz des Lebens in der Dualität.
  Interpretation: Burkhard Glaetzner, Ingo Goritzki, Knut Sönstevold, Siegfried Pank, Achim Beyer, Walter Heinz Bernstein, 1986.

Aus dieser Mitte heraus wieder ins Leben zu gehen und zu handeln, geschieht leichter mit einer solchen Musik. Strahlend, wie gold und weiß, strömt die Energie in alle Richtungen und Bereiche. Oft stellt sich auch spontan ein Gefühl von großer Dankbarkeit und vibrierender Lebendigkeit ein. Beispiele hierzu für mich:

- **Antonín Dvořák:**
  Sinfonie Nr. 9 e-moll op. 95 „Aus der Neuen Welt".
  Sie hat mich früh begleitet und fasziniert mich immer wieder. Leise
  verhalten bis lautstark expressiv kommt sie daher. Für mich eröffnet
  sie Hörräume, in denen ich mich expandieren kann. Nach mehreren
  Amerikabesuchen ist dies um so deutlicher. Ein Beispiel dafür, wie
  Integration über Grenzen hinweg thematisch und musikalisch
  gelingen kann.
  Interpretation: Rafael Kubelik (Berliner Philharmoniker), 1973.

- **Dire Straits:**
  Brothers in Arms: Brothers in Arms.
  Symbol und Hymne, Sound und Mix: Es war eine wichtige Durch-
  gangsstation auf meiner musikalischen Entwicklung, dieses
  nebeneinander von *„Klassik"* und *„Pop"*. Dieser Song ist wie eine
  „Re-Ligio" – eine Rückanbindung, der mittlere Weg zwischen
  Himmel und Erde.
  Interpretation: Dire Straits, 1985.

- **Van Halen:**
  1984: Jump.
  Irre, aber die einzige Musik, auf der ich immer sofort mittanzen will
  und muss. Ausgeburt von Lebendigkeit für mich. Musikalisch nichts
  so besonders, aber die Wirkung ist (für mich) galaktisch.
  Interpretation: Van Halen, 1984.

Im nächsten Kapitel werde ich ergründen, wie diese Wirkung in meinem
Leben stattgefunden hat und noch immer geschieht. Die Suche nach den
Urgründen erinnert mich an einen Bericht vom Bodensee: Forscher haben in
den Seeboden tiefe Bohrungen gemacht. Die zutage geförderten Bohrkerne
versuchten sie zu analysieren. Welche Geschichte über den See, das Wetter,
Tiere, Pflanzen und die Nutzung durch die Menschen erzählt der Bohrkern?
Ebenso versuche ich durch Graben in meinen Musikarchiven zu ergründen,
was wie gewirkt hat. Überraschendes kommt zu Tage, Altbekanntes auch.
Auf den Wegen zu mir selbst.

Fragen

♪ Gibt es für Sie eine Musik, die „*Herzensangelegenheit*" ist? Wie kam es dazu?

♪ Welche Musik lässt Sie klarer denken und effektiver arbeiten? Wo im Körper spüren Sie dies?

♪ Wofür steht Musik in Ihrem Leben? Welchen Teil von Ihnen kann Musik am meisten befriedigen und erlösen?

♪ Wie kann Musik Sie in eine „*Dankeshaltung*" bringen? Wem würden Sie am liebsten hier und jetzt (mit Musik) danken wollen?

♪ Wenn ein Engel Ihnen einen Musikwunsch erfüllen könnte, welcher wäre dies?

Musikbeispiele [34]

Johann Sebastian Bach
Kantate „Ich habe genug" BWV 82
Rainer Kussmaul (Berliner Barock Solisten)
Thomas Quasthoff
DGG (00289 477 5326) 2004.

Kirtana
a deeper surrender
BMI (1588201642) 2002.

Heinrich Bach
Kantate „Ich danke dir, Gott"
Reinhard Goebel (Musica Antiqua Köln, Rheinische
Kantorei) Maria Zedelius, Ulla Groenewold, David Cordier,
Paul Elliot, Micheal Schopper
DGG Archiv (419 253-2) 1986.

Henry Purcell
Coronation Anthems. My heart is inditing (Z.30)
Simon Preston (The English Concert, Choir of Christ Church
Cathedral Oxford)
DGG Archiv (2 723 076) 1981.

Tomaso Albinoni
Konzert C-Dur für 2 Oboen, Streicher und Continuo op. 7,11
Heinz Holliger (Camerata Bern)
DGG Archiv (2 534 409) 1979.

---

[34] https://www.kraftraum-musik.de/buch/musik-mosaik/kapitel-18/

Johann Baptist Vanhal
Sinfonie c-moll Bryan Cm2
Matthias Bamert (London Mozart Players)
Chandos (9607) 1998.

Gustav Holst
Die Planeten; Suite für großes Orchester op. 32
Roger Norrington (Radio-Sinfonieorchester Stuttgart des SWR)
hänssler CLASSICS (CD 93.043) 2002.

U2
The Unforgettable Fire
Island Records (206 530-620) 1984.

Joseph Haydn
Sinfonie Nr. 44 e-moll HOB. I:44 „Trauer-Sinfonie"
Adám Fischer (Austro-Hungarian Haydn Orchestra)
Nimbus Records (NI 5530/4) 1997.

Georg Friedrich Händel
Messiah HWV 56
Trevor Pinnock (The English Concert & Choir)
Arleen Auger, Anne Sofie von Otter, Michael Chance, Howard Crock, John Tomlinson
DGG (0289 477 5904) 1988.

Charles Gounod
Oper „Roméo et Juliette“: Akt 4 - Va! Je t'ai pardonné, ...
Nuit D'Hyménée
Nicola Luisotti (Staatskapelle Dresden) Anna Netrebko,
Rolando Villazón
DGG (00289 477 6456) 2007.

Jan Dismas Zelenka
Sonata No. 2 g-moll ZWV 181
Burkhard Glaetzner, Ingo Goritzki, Knut Sönstevold,
Siegfried Pank, Achim Beyer, Walter Heinz Bernstein
Berlin Classics (1354) 1986.

Antonín Dvořák
Sinfonie Nr. 9 e-moll op. 95 „Aus der Neuen Welt“
Rafael Kubelik (Berliner Philharmoniker)
DGG (00289 479 4077 7) 1973.

Dire Straits
Brothers in Arms
phonogram (3752907) 1985.

Van Halen
1984
Warner Bros. Records (1-23985) 1984.

19

Resilienz – Das hat mir geholfen

*Musik verleiht dem Universum eine Seele,
dem Geist Flügel, der Fantasie Flugkraft,
der Traurigkeit einen Zauber
und allen Dingen Freude und Leben.*

Platon (428 v.Chr.-348 v.Chr.)

Eine der Hauptmotivationen zu diesem Buch war und ist es, die Wirkung von Musik auf mein Leben aufzudecken. Und zwar in der Art und Weise, dass es beispielhaft deutlich wird, wie konkret ein Musikstück, ein Künstler oder ein Ereignis so hilfreich ins Leben greift, dass daraus eine großartige Ressource für das gesamte Leben wird.

Diese singulären Punkte aufzudecken, ist nicht ganz einfach. Im Schreiben habe ich feststellen müssen, dass sich viele einzelne Punkte, Ereignisse und Eindrücke meldeten, um ihren Platz in dieser Geschichte zu finden. Nicht jedem ist eine hohe und ebenbürtige Wirkung zuzuschreiben. Es braucht einen roten Faden, den zu entwirren ich jetzt versuchen werde. Den wichtigsten Ankerpunkt liefert mir hierfür die Arbeit von Luise Reddemann mit ihrem Buch *„Überlebenskunst "*. Sie versucht dort am Beispiel des Lebens von Johann Sebastian Bach aufzuzeigen, wie unter selbst lebenswidrigsten Umständen, Katastrophen und Abgründen etwas so Großartiges wie seine Musik in die Welt kommen konnte. Sie greift das Thema Resilienz auf, dass gemäß Wikipedia bedeutet: „**Resilienz**[35] (v. lat. *resilire*: zurückspringen, abprallen) oder **psychische Widerstandsfähigkeit** ist die Fähigkeit, Krisen zu bewältigen und als Anlass für Entwicklungen zu nutzen durch Rückgriff auf persönliche und sozial vermittelte Ressourcen.“

Wie passt das nun auf mich? In erster Instanz hat Musik meine Fähigkeit zur **Selbstwahrnehmung** gestärkt. Und zwar ab dem Zeitpunkt, wo mit beginnender Pubertät die Eigenwahrnehmung am labilsten war. Es kann kein Zufall sein, dass ich gerade zu diesem Zeitpunkt begonnen habe, intensiv den Schallplattenschrank meines Vaters zu erforschen. Neben der Genugtuung, etwas Verbotenes oder besser vermutet Verbotenes probiert zu haben (im Hintergrund wirkte ein Verbot ohne Aufsicht an diesen Schrank zu gehen, da „das alles sehr empfindlich sei“), wirkte da vielleicht eine Ahnung davon, dass da etwas zu holen sei. Zu jener Zeit habe ich intensiv im Haus meiner Eltern „geforscht“. Ich war neugierig und habe in Bücherschränken gestöbert, die Schubladen der Brüder heimlich durchsucht, der Mutter ein paar Stücke Schokolade aus dem Kleiderschrank entwendet, usw. Die Fähigkeit zur beibehaltenen Neu-„Gierigkeit“, der Gier nach Neuem, scheint an sich schon eine gute Ressource zu sein. Mit jedem „erfolgreichen“ Erforschen wuchs in mir ein Stück Selbstsicherheit. Die notwendige jugendliche Abgrenzung von meinen Eltern erfolgte nicht durch Wortattacken und Verweigerungen, sondern durch Informationsgewinne und Kontrollideen. Durch Basteln und Handwerken wurde ich rasch geschickt und konnte Reparaturdienstleistungen für die Familie erbringen, die Autos waschen und in Schuss halten ebenso lernte ich in der Schule den Attacken der anderen aus dem Weg zu gehen.

Ich war nicht mehr ständig das Opfer, sondern entwickelte Eigenes als Gegenstrategie. Und dazu gehöre auch das „Hören“. Im Abspielen der Musik aus der Musiktruhe ebenso wie im andauernden Anhören der ersten eigenen Schallplatten eroberte ich mir ein neues, eigenes Terrain, welches den anderen fremd war. Ich lernte für mich, dass der Wahrnehmungssinn

---

[35] http://de.wikipedia.org/wiki/Resilienz_(Psychologie_und_verwandte_Disziplinen)

Gehör eine große Chance beherbergte. Zudem wurde das innere Feld der Gefühle, das insgesamt in der Herkunftsfamilie unterbelichtet war, durch diese Musik direkt getriggert. Und dieses neue Feld konnte ich unabhängig von den Meinungen und Vorgaben der anderen selbst erforschen und besetzen. Musik stieß damit in ein weißes Feld auf der Landkarte meiner seelischen Befindlichkeiten vor. In den Opern und Kantaten hörte ich zum ersten Mal von Leid, Trauer, Schmerz und Ohnmacht, aber auch von Wut, Rache und Verfluchung. Musik beförderte diese neuen Gefühle reichlich in die Synapsen. Es gab zwar keine direkten äußerlichen Erfahrungen, aber innere Bilder wurden zu einer gefühlten Realität.

Die neuen Eindrücke führten zwangsläufig zu einer neuen Beschäftigung mit mir selbst. Insbesondere die abgrenzenden Eigenschaften wie die Frage *„Bin ich normal, wenn ich im Gegensatz zu meinen Klassenkameraden Klassik höre?"* erzeugten mitunter auch Angstzustände. Selbst das wohlwollende Nicken der Eltern war mir zum Teil suspekt, ein ausgedrückter Widerstand wäre hilfreicher gewesen. So hatte ich es zumindest aus den Schilderungen der Klassenkameraden bei deren Eltern gehört und teilweise miterlebt.

Aber ich merkte auch, dass mir diese Musik guttat und ich sie bewusst einsetzen konnte. Zurückgezogen in meinem Zimmer erwuchs mir eine Quelle des Trostes und der Beruhigung. Als erstes lernte ich, dass die nebenbei laufende Klassik im Radio bei den Hausaufgaben besser *„funktionierte"* als Schlager und Pop-Musik. Meine Konzentrationsfähigkeit weitete sich aus, ich fühlte mich sicherer und erfolgreicher. Und nicht nur deshalb, weil aufgrund der Länge der Klassikstücke die Unterbrechungen durch den Radioredakteur seltener waren.

Inhaltlich wurde schnell deutlich, dass Musik mit Gesang mehr ablenkte, Barockmusik zu mehr Klarheit führte und Neue Musik mich eher unruhig machte. Besonders bei Fugen von Johann Sebastian Bach konnte ich die Mathematikaufgaben im Rekordtempo lösen. Diese **Selbststeuerungsfähigkeit** habe ich später im Informatikstudium intensiv ausgenutzt.

In einem nächsten Schritt kam dann in den ersten Leidensphasen während des Studiums der Einsatz von Klassik zur Unterstützung von aus den Fugen geratenen Zuständen des Gemütes zum Einsatz. Der *„Actus Tragicus"* von

Johann Sebastian Bach (1685-1750) holte mich zuverlässig aus Tälern tiefer Trauer und Selbstmitleids. *„Die Moldau"* von Bedřich Smetana (1824-1884) aus dem sinfonischen Zyklus *„Mein Vaterland (Ma Vlast)"* öffnete mir oft die Tränendrüsen, so als wenn in der Musik eine Erlaubnis enthalten wäre, weinen zu dürfen. Das Lied *„Befreit (Op. 39/4)"* von Richard Strauss (1864-1949) half mir mich auf meine eigenen Gefühle zu konzentrieren und wieder zu mir zu finden, wenn das Gefühlschaos im Außen zu sehr tobte.

Mehr und mehr wurde der Griff zu den Schallplatten und später zu CDs und heute zu MP3s gezielter und bewusster. Intuitiv zugreifend und teilweise auch planend wurden mir meine Musikbestände zu einer großen Hilfe. Ob bei Problemen, bei der Suche nach einer Unterstützung zu mehr Ruhe oder Ausgeglichenheit oder zur Erweckung von Gefühlen: Ich hatte meinen eigenen inneren Doktor „Musik" gefunden.

Was im Inneren so gut funktionierte, war das nicht auch im Außen eine Möglichkeit? Die gewonnene Fähigkeit, mich in die Bereiche der (klassischen) Musik vorzufühlen, benötigte Informationen zu besorgen und für mich) geeignete Auswahlen zu treffen, war doch vielleicht etwas Allgemeineres. Als sich bei der Auswahl von Technik etwas Vergleichbares offenbarte, erwuchs daraus eine Strategie und die Sicherheit, auch im Äußeren erfolgreich sein zu können. Besonders in Erinnerung ist mir die Recherche zum Kauf meines ersten eigenen Plattenspielers. Prospekte der Firma DUAL waren bald besorgt, die Gelüste an die besten Geräte schnell durch deren Preis für einen Schüler in die weite Ferne gerückt. Es blieben die beiden kleinsten Geräte in der Auswahl. Mit einem Preisunterschied von über 90 DM kein kleiner Entscheidungsunterschied. Voller Hoffnung ging ich in das Fachgeschäft in der nahen Großstadt, um von einem Fachverkäufer weitere Kriterien für den Kauf zu erhalten. Als dieser auf die Frage *„Was ist denn genau der Unterschied zwischen den beiden Geräten?"* die Antwort gab: *„Der eine hat einen größeren Motor!"* war schnell klar, dass meine Kompetenz auf Basis der Prospekte besser war als die dieses Herrn. Fortan war ich Self-Made-Man in Bezug auf Technik.

Auch in der Schule und bei Freunden – soweit ich mich traute – war mein Know-how bezüglich Klassik mittlerweile erheblich gewachsen und hielt der Praxis stand. Als ich dann die ersten Schritte mit der Oboe hinter mich gebracht hatte und mich auf einer kleinen Adventsfeier unter Freunden traute, ein paar Weihnachtslieder musikalisch zu begleiten, war die **Selbstwirksamkeitsüberzeugung** erreicht. Mit Musik kann ich in der Welt wirken, ohne dass diese mich abstraft. Vielmehr sogar fühlte sich das sehr gut an und hatte mehr Kraft als auf anderen Gebieten. Jahrzehnte später bewirkte das Erlernen von Saxophon und Chalumeau trotz meines Alters das gleiche. Diese Sicherheit hatte insofern dann noch stärkere Wirkung, weil ich in der Zwischenzeit durch manche Lebensprüfung gelernt hatte, dieses Feedback durch die Welt nicht mehr so sehr von anderen abhängig zu machen. Der Kreis schloss sich.

In meiner Jugend und im frühen Erwachsenenalter war ich ein schüchterner Junge, dem die Konversation mit anderen schwerfiel. Aus Angst vor Verletzung, Blamage und Isolation wagte ich weder Beiträge in Gruppenbildungen noch wäre ich je auf die Idee gekommen, Fremde mit „meinen" Themen anzusprechen.

Dies änderte sich im Laufe der Jahre in erster Stelle bei meinem Thema „*Musik*". In Konzerten sprach ich schon mal neben mir sitzende, fremde Personen an mit: „*Und wie gefällt Ihnen das Konzert?*", nutze die Pausen, um an Gesprächen anderer teilzuhaben und ab und zu mein Wissen einzuflechten. Auch wenn dies banal und kindisch klingt: Musik half mir „sozialer" zu werden. Was Elternhaus und Schule nicht schafften, brach jetzt in mein Leben ein. Auch das Spielen der Oboe zu Advent gehört dazu, ebenso wie das Musizieren in München mit freiem Improvisieren oder der Bau eines eigenen Instrumentes im Gruppenrahmen. Meine **soziale Kompetenz** wuchs. Im Umfeld Musik fiel es mir leichter Neues auszuprobieren. Die Einladung eines Komponisten zur Wohnungsteilung während der Darmstädter Tage für Neue Musik oder des Doktoranden an Graupners 300sten Geburtstag in Darmstadt zu mir, sind Zeichen dieser Öffnung. Später dann veranstaltete ich sogenannte Kaminabende, an denen Menschen aus meinem Bekanntenkreis eingeladen waren, zu bestimmten Themen zu diskutieren und zu erleben, immer eingerahmt von ausgewählter Musik.

Heute ist es mir ein Bedürfnis, ein Konzert nicht nur hörend zu genießen, sondern auch vor, während und nach dem Konzert in Verbindung zu sein mit meinen Begleitungen oder fremden Menschen. Manche dieser Momente helfen dann auch über ein missglücktes Konzert hinweg. In Wuppertal hatte ich einmal bei einer unglücklichen Freischütz-Inszenierung mit einem „*Leidenskollegen*" in der Pause die wunderbare Gelegenheit, so richtig voll über diese üble Inszenierung zu lästern – das machte den Rest des Abends dann einfacher erträglich.

Kennen Sie folgendes auch? Sie sind kurz vor dem Besuch eines Konzertes oder einer Theateraufführung und haben noch 10 km zu fahren, einen Parkplatz zu suchen und die Karten an der Kasse abzuholen. Wegen eines schlechten Wetters, viel zu viel Verkehr oder des nicht endenden Wartens auf die werte Begleitung kommt Stress in Ihnen hoch. Hoffentlich schaffen wir das noch rechtzeitig! Und dann noch immer wieder die Frage nach der richtigen Kleidung, dem geeigneten Ausdruck und Gehabe ... Mancher Stress ist zwar selbstgemacht, trotzdem aber wirksam. Auch der Zwang immer die neuesten oder besten Aufnahmen von bestimmten Werken oder Interpreten zu besitzen, nicht auf dem „Laufenden" zu sein oder etwas nicht zu wissen (um zu glänzen), sorgt(e) bewusst oder unbewusst zu inneren Zuständen, die mir zumindest einige Zeit lang manchen Musikgenuss vermiest haben. An vielen dieser kleinen Episoden habe ich gelernt **angemessen mit dem Stress umzugehen**. Es wurde mir klar, dass ich nie alle Aufnahmen eines Werkes, eines Komponisten oder Interpreten würde besitzen können, mein Wissen immer unvollständig bleiben würde und auch gegen zu viel Verkehr und Zuspätkommen eigentlich kein Kraut gewachsen ist. Insbesondere das Hören von Musik nach solchem „Vor"-Stress relativierte nicht nur die jeweilige Situation meist schnell, sondern im Mittel Musik lag auch oft die Lösung für den Stress bereits in der Luft. Das Autoradio bot im Stau zum Konzert durch Hinhören einen anderen Fokus, ein Blick in den Bielefelder Katalog lies mich lächeln über diese immense Anzahl von Aufnahmen und mein angereichertes Wissen stellte sich bald als eher hinderlich für reine Musikwahrnehmung dar.

Ich lernte so Grenzen kennen und Strategien zu deren Bewältigung – in mir. Man könnte sagen, dass ich den Stress manchmal einfach mit bewusst ausgesuchter Musik wegspülten konnte. Es wurde immer einfacher, mir realistische Ziele zu setzen. Das Zusammenstellen von Hi-Fi-Technik oder Computertechnologie zum Musikhören und –verwalten, die Vorgehensweise beim Erlernen des Saxophons oder der Versuch, alle Händel-Opern einmal kennenzulernen, alle Bereiche profitierten von der erworbenen **Problemlösekompetenz**. So wurden diese Bereiche keine Suchtfallen, sondern kleine Projekte, von denen nicht die Welt abhing. Alternativen in verfahrenen Situationen kamen wie vom Himmel. Es stellte sich ein Gefühl von grenzenloser Unterstützung ein. Ich blieb mit den Beinen auf dem Boden. Das Saxophonspielen war nur Spaß für mich, Technik blieb zweitrangig und im gesetzten Kostenrahmen und für die Händelopern ließ ich die Zeit und Suchmaschinen für mich arbeiten.

Dem Leben bin ich dankbar, von viel Leid durch Tod und Ablehnung – anders als Johann Sebastian Bach –verschont worden zu sein. Zwar ist Leid zum großen Teil subjektiv und kaum vergleichbar. Anderseits haben wir im direkten Austausch mit einem Menschen meist ein sehr gutes Gefühl dafür, wer gerade im Sumpf steckt und wer auf dem Bergkamm steht. Musik als Mittel zur eigenverantwortlichen Methode zur Gesundung kann ich nur empfehlen. Es gilt einen fast unendlichen Schatz zu finden und anzuwenden.

Fragen

Gibt es in Ihrem Leben auch das Geschenk, dass Musik Ihnen als Resilienz-Unterstützung vorkommt? Beschreiben Sie das Gefühl!

Was trug dazu am meisten bei? Waren es eher Menschen, Musikstücke, Aufführungen, ...?

Wenn es gehen würde, wem würden Sie dafür heute am meisten danken wollen?

Gibt es heute in Ihrem Leben einen oder mehrere der oben beschriebenen Faktoren, von dem Sie sich mehr Unterstützung erwarten oder erhoffen würden?

Haben Sie anderen Menschen durch Unterstützung im Bereich der Musik (z.B. durch Musizieren, Konzertbesuche, Musikgeschenke, Unterricht, usw.) zu deren Stärkung der Resilienz-Eigenschaften verhelfen können?
Wie geschah das genau?

In welchen Lebensbereichen kommen bei Ihnen die aus der Musik gewonnenen Fähigkeiten am deutlichsten zum Vorschein?

Musikbeispiele [36]

 **Johann Sebastian Bach**
*Kantate „Gottes Zeit ist die allerbeste Zeit " BWV 106
(Actus tragicus).*
John Eliot Gardiner (The English Baroque Soloists,
The Monteverdi Choir) Nancy Argenta, Michael Chance,
Anthony Rolfe Johnson, Stephen Varcoe.
DGG (429 782-2) 1990.

 **Bedřich Smetana**
Ma Vlast (Mein Vaterland)
Rafael Kubelik (Boston Symphony Orchestra)
DGG (2721156) 1971.

 **Richard Strauss**
Lieder.
Jessy Norman, Geoffrey Parsons (Klavier)
Philips (416 298-2) 1985.

---

[36] https://www.kraftraum-musik.de/buch/musik-mosaik/kapitel-19/

20

Der Ton zum Abtreten

Da war zuerst ein furchtbarer Sturm, der die Berge zerriss und die Felsen brach – aber Gott sprach nicht. Nach dem Sturm aber kam ein Erdbeben, das die Städte und Felder verwüstete – aber Gott sprach nicht. Und nach dem Erdbeben kam ein Feuer, das alles verbrannte – aber Gott sprach nicht. Nach dem Feuer aber kam die Stille. Und im Rauschen der Stille – da sprach Gott.

Buch der Könige

Der größte Teil dieses Buches beschäftigte sich mit der Vergangenheit, die ich oder Sie bezüglich der Wirkung von Musik im Leben erlebt haben. Ich will jetzt den Blick nach vorne wagen – ganz weit nach vorne.

Natürlich habe ich noch Ziele in der nächsten Zeit: Diese Oper besuchen, dieses Musikstück ausführlich hören, jenes Stück selbst mit dem Saxophon spielen, usw. Diese Wunschliste, die oft auf Anregungen von außen sich ergänzt und ändert, ist so etwas wie ein *„living object"*. Sie ändert sich ständig und hat auch nicht das Ziel, etwas Endgültiges zu sein, das ich abarbeiten könnte. Sie wird davongetragen, dass tief im Inneren etwas auf Resonanz wartet. So wie Gemüse und Obst meinen physischen Körper mit

Schwingungen und Farben nährt, so sucht diese innere Liste Seele und Geist mit musikalischer Nahrung zu füttern und zu nähren.

Im Laufe der Zeit hinterlässt das Befolgen dieser Liste musikalische Spuren, die von Wiederholungen, Neuerkundungen und Überraschungen geprägt sind. Irgendwann kommt aber der Zeitpunkt, wo es keinen Sinn mehr macht Neues zu erkunden, das ewig Gleiche zu wiederholen oder auf das Besondere zu hoffen. Am Ende der Reise brauchen wir alle etwas anderes. Es erhebt sich die Frage: Was will ich auf meinem Totenbett hören?

Die Frage geht davon aus, dass selbst in der Nähe der letzten Atemzüge Musik gewollt und irgendwie nützlich ist. Wäre es dann nicht besser, in die Stille, die Meditation oder den Abschied von den Nächsten zu gehen? Ich glaube nicht. Das „Tibetische Totenbuch" (tib.: *bar do thos grol*; deutsch: „Befreiung durch Hören im Zwischenzustand") wird den Sterbenden vor, während und später nach dem Tod vorgelesen, um ihnen Halt und Richtung für den Übergangsprozess zu geben. Dies geht zum einen davon aus, dass das Ohr stets offen ist, egal wie die übrigen Körperprozesse aussehen, Schmerz empfunden wird oder Medikamente wirken. Zum anderen wird mit der Stimme durch Lesen des Textes ein Inhalt vermittelt, der darauf hinweist, wie es im Jenseits aussehen wird. Der Sterbende wird so auf einen neuen Zustand, ein neues Erleben vorbereitet. Die Schwingungen der Texte, Mantras und Gesänge implantieren diese Übergangshilfe über die Verbindung Schwingung-Ohr in ihn hinein. Die Tibeter, von denen ich das bisher am weitesten entwickelte Verständnis des Todesprozesses mitbekommen habe, lassen den Gestorbenen nach dem letzten Atemzug für 25-30 Minuten absolut in Ruhe, d.h. ohne Geräusche. Selbst ein Berühren und Anfassen wird vermieden, damit keine Geräusche in seinem Inneren entstehen, die den Toten von dem wichtigen Prozess der seelischen Entkopplung abhalten würden.

Somit müsste ich zwischen zwei Tendenzen wählen: Ein letztes erklingen lassen jener Musik, die mir im Leben hilfreich und teuer war – oder jener Musik, die Hilfe verspricht in diesem anstehenden Prozess. Als Optimist würde ich annehmen, dass da kein Unterschied ist. Als Realist weiß ich aber um die unterschiedlichen Wirkungen. So wird die Auswahl also eher darauf gerichtet sein, das Erreichen einer Zukunft (in anderen Dimensionen) zu unterstützen. Aber wie kann ich/man das heute entscheiden? Eines ist sicher: Im Angesicht des Todes ist es eher unwahrscheinlich, dass ich dann noch genug Klarheit und Kraft besitzen werde, um mich damit zu beschäftigen und geeignete Musik auszuwählen. Abgesehen davon, dass eine Kommunikation der Wünsche dann schwierig sein wird, ist das Risiko viel zu groß.

Eine Richtschnur für den Prozess und die Abfolge guter Musik könnte sein, dass – gemäß Beschreibung der Tibeter – die uns bedingenden Elemente sich in folgender Reihenfolge auflösen: Erde, Wasser, Feuer, Wind. Ferner gilt zu entscheiden, ob die Musiken von der Grundtendenz her eine eher aufbauende oder eher abbauende Energiewirkung haben sollten. Da die gesamte Dauer des Todesprozesses unklar ist, sollte sich die Sammlung eher kurzfassen. Eine Wiederholung ist sicher kein Schaden. Eine endlos lange Sinfonie kann da schon eher zu einem Hindernis werden. In mir fühle ich auch eher eine Tendenz zu kleinen, leisen Tönen als zu großen, opulenten Werken. Die Qualität der Werke sollte einer rein subjektiven Bewertung unterliegen, kein letztes Ärgern oder Kritisieren mehr!

Zu seinem 85. Geburtstag wurde Nikolaus Harnoncourt in einem Interview gefragt, was er bei seinem Tode als Letztes hören wolle. Nach einigen Sekunden überlegen sagte er: *„Vielleicht der Choral, der am Ende der Kunst der Fuge steht: ‚Vor Deinen Thron trete ich hiermit' (BWV 668)"*. John Diamond hat in seinem Buch *„Das Herz der Musik"* ein ganzes Kapitel mit dem Titel *„Musik auf dem Totenbett"* gewidmet.

Ein sehr schönes, auskomponiertes Beispiel für eine sehr persönliche Abschiedsmusik ist das Lied *„Im Abendrot"* aus *„Vier letzte Lieder TrV 296"* von Richard Strauss:

„Wir sind durch Not und Freude
gegangen Hand in Hand,
vom Wandern ruhen wir,
nun überm stillen Land.

Rings sich die Täler neigen,
es dunkelt schon die Luft,
zwei Lerchen nur noch steigen
nachträumend in den Duft.

Tritt her und laß sie schwirren,
bald ist es Schlafenszeit,
daß wir uns nicht verirren
in dieser Einsamkeit.

O weiter, stiller Friede,
so tief im Abendrot,
Wie sind wir wandermüde -
Ist dies etwa der Tod?"

Joseph Eichendorff

Nach einem letzten Aufbäumen mit dem Triller der Lerchen klingt die Musik nach „*ppp*" aus – der letzte (vorgestellte) Schnaufer ist wahrnehmbar und beruhigend. Ähnlich habe ich den letzten Atemzug meiner Mutter erlebt. Bei ihrem Tode anwesend sein zu können, war ein letztes großes Geschenk und hat mir sehr viel von meiner eigenen Angst vor dem eigenen Tod genommen.

Das musikalische Menü für den Sterbenden: Helft mir im Übergang

Folgender Bericht über den Dichter und Schriftsteller Novalis (Friedrich von Hardenberg, 1772-1801) beschreibt eine für mich schöne, wünschenswerte und würdige Todesszene: „*Am 25. März 1801, seinem Todestag, fühlte er sich wie immer, matt und schwach, aber ohne Schmerz. Er ließ sich von seinem Bruder einige Bücher reichen und sprach mit einer gewissen Munterkeit von allerhand Plänen. Er hoffte auf den erwachenden Frühling. --- Nachdem er dann still und hingebend eine halbe Stunde etwa in dieser Weise zugebracht, lehnte er sich plötzlich zurück, indem er den Bruder ersuchte, ihm ein sinniges und erhebendes Musikstück auf dem Klaviere vorzuspielen. Der Bruder kam gerne diesem Wunsche nach und spielte mehrere Stücke, bis Friedrich Schlegel ins Zimmer trat und leise an das Bett des Kranken ging, ihn zu begrüßen. Er fand ihn mit geschlossenen Augen und einem seligen Lächeln als erstarrte Leiche.*"[37]

Wir wissen nicht, was sein Bruder auf dem Klavier gespielt hat. Wahrscheinlich aber etwas, was seinem sterbenden Bruder vertraut war. Mein Wunsch nach einer letzten Begleitung ist nicht so einfach, da ich Musik bevorzuge, die nach mehr Spielern und Sängern verlangt. Zudem stimme ich mit John Desmond darin überein, dass es wahrscheinlich auch genau eine bestimmte Interpretation sein sollte. Deshalb lege ich auf genau die Interpretationen besonderen Wert, die ich sehr gut kenne. Sie entlasten mich davon, noch einmal Neues hören zu müssen.

Ich tue mich schwer hier und jetzt ein paar solcher Stücke zu benennen. Nicht weil diese falsch wären, sondern weil Zweifel darüber in mir herrscht, ob dies dann die relevanten und richtigen Stücke wären. Aber beginnen wir den Versuch[38]:

- **Johann Sebastian Bach**:
  Kantate „O Ewigkeit, du Donnerwort" BWV 60 – 1. Satz: Choral/Arie.
  „Ich warte Herr auf Dein Heil" singt der Tenor gegen/parallel zum Chor mit seinem Text *„O Ewigkeit, du Donnerwort"*. Gerade diese Vielfalt und Mehrschichtigkeit von Musik, Text und Absicht erscheint mir Futter für die Konzentration auf den finalen Abgang. Textbruch-stücke wie *„Oh Schwert, das durch die Seele bohrt"* erzeugten schon immer eine besondere Wirkung auf mich, jenseits jeglicher religiöser/ kirchlicher Instrumentalisierung.
  Interpretation: Helmuth Rilling (Bach-Collegium Stuttgart, Gächinger Kantorei Stuttgart) Adalbert Kraus (1978[39]).

---

[37] Zitiert aus: Ernst Jünger (herausgegeben von Jörg Magenau): *Letzte Worte*. 2. Aufl., Klett-Cotta, Stuttgart, 2013.

[38] Die ausgewählten Interpretationen sind nicht unbedingt diejenigen, die ich heute bevorzuge, sondern stellen den frühesten und damit nachhaltigsten Eindruck eines Stückes für mich dar.

[39] In Klammern jeweils das Produktionsjahr der Aufnahme.

- **Gustav Mahler:**
Sinfonie Nr. 2 c-moll – 4. Satz „Urlicht".
Als ich das erste Mal diese Sinfonie auf der Schallplatte mit Bruno Walter hörte, musste ich weinen. Ganz tief in mir entstand eine große Sehnsucht nach etwas, was ich so damals noch nicht kannte. Mahler sagte über diesen Sinfoniesatz: *„Das ‚Urlicht' ist das Fragen und Ringen der Seele um Gott und um die eigene göttliche Existenz über dieses Leben hinaus."*[40] Und genau darum geht es ja dann „jetzt":

> *„Der Mensch liegt in größter Not,*
> *Der Mensch liegt in größter Pein,*
> *Je lieber möcht' ich im Himmel sein.*
> *Da kam ich auf einem breiten Weg,*
> *Da kam ein Engelein und wollt' mich abweisen.*
> *Ach nein, ich ließ mich nicht abweisen!*
> *Ich bin von Gott und will wieder zu Gott,*
> *Der liebe Gott wird mir ein Lichtchen geben,*
> *Wird leuchten mir bis in das ewig selig' Leben."*[41]

Der Satz ist feierlich, getragen und ruhig. Die Oboe unterstreicht die Wirkung des Textes. Die Innigkeit des Ausdrucks in dem Streben zur Quelle allen Seins zurückzukehren, das ist es.
Interpretation: Bruno Walter (New York Philharmonic Orchestra) Maria Stader, Maureen Forrester (1957).

- **Jan Dismas Zelenka:**
Sonate für zwei Oboen, Fagott und B.C. Nr. 2 g-moll, ZWV 181 – 2. Satz Allegro.
Ein letztes Mal die intime Kommunikation zwischen Mann und Frau hören(!). Die beiden Oboen wechseln zwischen Gleichklang und Dialog hin und her. Für mich war das immer ein sehr orgastischer Ausdruck von hoher Dichte und Wärme. Zusammen mit der Zirkular-

---

[40] Zitiert nach: http://de.wikipedia.org/wiki/2._Sinfonie_(Mahler)
[41] Text aus: „Des Knaben Wunderhorn" veröffentlicht von Clemens Brentano und Achim von Arnim von 1805 bis 1808, angepasst von Gustav Mahler

atmung entstehen dort lange, kaum auszuhaltende Bögen, die an Drängendem weit ins Jenseitige weisen.

Interpretation: Burkhard Glaetzner, Ingo Goritzki, Knut Sönstevold, Siegfried Pank, Achim Beyer, Walter Heinz Bernstein (1986).

- **Georg Friedrich Händel**:
Ariodante HWV 33 – Arie „*Scherza infida in grembo al drudo*".
Verrat ist in meinem Leben ab und zu ein Gast gewesen; schwer dort zu vergeben. Wohl wissend, dass immer zwei beteiligt sind, ist doch diese Energie eine der intensivsten Erfahrungen für mich gewesen. In dieser Arie wird eine Reaktion darauf aufgezeigt, wieder getragen von innerer Stimmigkeit und Entschlossenheit: „*Scherze, Ungetreue, im Schoß des Buhlen. Ich, verraten, gehe in die Arme des Todes durch deine Schuld nun fort.*" Anne Sofie von Otter singt dies so bedrückend, dass mir das Zurücklassen von Wut und Schmerz vielleicht dadurch leichter gelingt.
Interpretation: Marc Minkowski (Les Musiciens du Louvre) Anne Sofie von Otter, Lynne Dawson, Ewa Podles, Veronica Cangemi, Richard Croft, Dennis Sedov, Luc Coadou (1998).

- **Georg Friedrich Händel**:
Il Trionfo del tempo e del Disinganno HWV 46a – Arie „*Il Bel Pianto Dell'Aurora*".
Diese verkappte Oper, die Händel im Alter von 22 Jahren schrieb, schildert den Kampf zwischen der Schönheit und dem Vergnügen gegen Zeit und Erkenntnis; das Stück durfte nur in Form eines Oratoriums aufgeführt werden, da damals in Italien von der katholischen Kirche veranlasst keine Opern (und keine Frauenstimmen) öffentlich aufgeführt werden durften. Das Gebot der Kirche so genial zu brechen, allein das reizt mich.
In der Arie „*Il Bel Pianto Dell'Aurora*" besingen Zeit und Erkenntnis:

> *„Die schöne Trän' des Morgenrots*
> *vergoldet sich in deren Licht,*
> *ist jeder Blume Perle dann.*
> *Willkommener als sie jedoch*

die Träne ist, die aus dem Schmerz
der reu'gen Seele quillt.[42]"

Einfache Begleitung, das Miteinander der Stimmen und das leise
Erinnern an wesentliche Erkenntnisse im Leben mögen sich so in mir
vereinen.
Interpretation: Emmanuelle Haïm (Le Concert D'Astrée) Natalie
Dessay, Ann Hallenberg, Sonia Prina, Pavol Breslik (2007).

- **Henry Purcell**:
Dido und Aeneas – Recitativ, Arie „*When I am laid in earth*" und
Choral.
Dieses großartige Lamento gibt mir nochmals Gelegenheit zum
Selbstmitleid im besten Sinne. Denn auch dieser Teil will gewürdigt
und verabschiedet werden. Die verschwindende Musik mit immer
länger werdenden Rhythmen unterstreicht das letzte Aushauchen.
Sterben auf höchstem Niveau könnte man anführen, aber ach, jeder ist
(innerlich) für sich allein, lasst uns dessen frühzeitig gewahr werden.
Interpretation: Nikolaus Harnoncourt (Concentus Musicus Wien,
Arnold Schoenberg Chor) Ann Murray, Rachel Yakar, Anton
Scharinger, Trudeliese Schmidt (1983).

- **Anton Bruckner**:
Te Deum – 3. Satz: „*Te ergo laudamus*".
Monumental, heiligend, sphärisch, ... Was für eine Komposition! Mir
ist klar, auch hier mich wieder auf dem Urgrund christlicher Mystik
zu befinden. Aber es gibt kaum anderes auf abendländischer Musik.
Zudem abstrahiere ich vom jeweils konkreten Inhalt und verwende
ihn so, wie ich stets mit meiner Begrüßung getan habe: „*Grüß Gott!*".
Gelernt in den Studienjahren im fränkischen Erlangen habe ich es
später umgewidmet zu „*Ich grüße das Göttliche in Dir!*". Und
genauso geht es mir mit Bruckners Vertonung seiner Gottbezogenheit.
Es rührt in der Tiefe etwas in mir an, dass ich auch am Totenbett
gerne bei mir hätte.

---

[42] Übersetzung ins Deutsche von Bernhard Drobig

Interpretation: Daniel Barenboim (New Philharmonia Orchestra & Choir) Wilhelm Pitz (1974).

- **Johann Sebastian Bach:**
Kantate *„Gottes Zeit ist die allerbeste Zeit"* BWV 106 (Actus tragicus) – Aria *„Bestelle Dein Haus"* und Choral *„Es ist der alte Bund"*.
Diese Mahnung hat mich schon in früher Studienjahren aus tiefsten Tiefer wieder hervorgeholt, gleichsam gemahnt: Es kann noch schlimmer kommen! In der Gewissheit, doch so manches rechtzeitig erledigt zu haben, wird mich diese Bassarie daran erinnern, dass wir immer nur die Kunst des Möglichen betreiben konnten, nie die Perfektion erreichen. Darum ist mir auf dem Weg auch das Streben nach Erleuchtung abhandengekommen. Die einfache, jedoch tiefgehende Message dieser Arie: *„Bestelle dein Haus; denn du wirst sterben und nicht lebendig bleiben."* Der nachfolgende Choral bestätigt das noch einmal: *„Es ist der alte Bund: Mensch, du musst sterben!"*. Das ist klar, oder? Möge es mir dann auch so klar sein und alle Schleier des Verdrängens von mir fallen.
Interpretation: Karl Richter (Münchner Bach Chor & Orchester) Dietrich Fischer-Dieskau, Edith Mathis, Peter Schreier, Theo Adam (1979).

- **Carl Philipp Emanuel Bach:**
Konzert für Oboe Streicher und B.C. Es-Dur WQ 165 –
3. Satz: Allegro ma non troppo.
Dieser Satz war immer höchster Genuss und höchstes Streben für mich. Wegen diesem Satz habe ich Oboe gelernt, zwei der drei Vornamen des Komponisten vererbte ich meinem Sohn. Er ist für mich liebvolle Erinnerung an das Leben an sich. Zärtlichkeit, Bestimmtheit und Hoffnung erblüht aus dieser Musik für mich. Geschrieben an der Schwelle von Barock und Klassik stellt er an sich so etwas wie einen musikalischen Übergang dar. Weder das Alte, noch das Neue: Eigenständig und sich selbst genug, so wie ich auch immer mich mit meinen zwei Beinen in verschiedenen Welten zuhause gefühlt habe. Ja, diese Musik muss und darf sein, auch wenn

sie wieder ein wenig aufputscht!
Interpretation: Max Pommer (Neues Bachisches Collegium Musicum Leipzig) Burkhard Glaetzner (1987).

- **Samuel Barber:**
  Adagio for Strings, op. 11.
  Und dann doch noch eine Instrumentalmusik. Geschrieben 1938 vor dem Zweiten Weltkrieg gilt sie als das traurigste klassische Stück. So empfinde ich sie aber nicht. Die Klänge deuten für mich auf eine andere Sphäre und weben wie Wind und Wasser einen Teppich, der einlädt, zu gehen – in weite Ferne, in andere Dimensionen, in das Neue. Mit dem Bruch nach Zweidritteln des Weges taucht auch nochmals der Kampf auf, der dann doch nur das letzte Aufbäumen sein soll. Und dann das Ergeben in das Folgende ...
  Interpretation: Michael Tilson Thomas (London Symphony Orchestra) (1994).

So, das war es. Die Reihenfolge ist nicht so wichtig im Moment, auch die Inhalte können sich im Laufe der Zeit ändern.

Das musikalische Menü für die Trauerfeier: Was bringt uns zusammen

Um es gleich klarzustellen: Ich will mir hier überlegen, wie es EUCH geht; ich werde dann selbst nicht mehr in diesen Tönen schwelgen können. Ich werde eher Engelsmusik hören oder welches Konstrukt zur Beschreibung der dann neuen Realität für mich angemessen erscheint.

Vor einiger Zeit bat mich eine gute, alte Freundin für die Trauerfeier ihrer gerade verstorbenen Mutter eine musikalische Zusammenstellung zu machen. Halt so etwas, was man dann gut anhören kann, wenn die Angehörigen und Freunde in der Leichenhalle versammelt sind. Trotz Vorschlag meinerseits ist es dann daran gescheitert, dass die anderen Verwandten mit der Zusammenstellung nicht einverstanden waren. Ich folgere daraus: Es gibt keine universelle Lösung und allen kann man es nicht recht machen.

Wozu dann also der Versuch einer solchen Betrachtung? Zum einen habe ich damit nochmals die Möglichkeit, nachträglich meine Sichtweise von Musik und deren Wirkung unters Volk zu bringen. Und das meine ich nicht mit heimlicher Häme oder der Intention der Rache ... Vielmehr werde ich dadurch (vielleicht) nochmals er-„hört"! Eine letzte Möglichkeit mit den Schwingungen der Musik auf die Menschen zu wirken, die mir im Leben wichtig waren. Dabei hege ich immer noch die Ansicht, dass manches, das schwer verbal auszudrücken ist, sich mit Musik vermitteln lässt. Ein letztes *„Ti amo"* oder *„Ach, lieber Freund"*.

Zum anderen entsteht in einer solchen Beschreibung oder Anleitung die Möglichkeit, den Trauerprozess zu steuern, zu beeinflussen. So ist es mir wichtig, den Fokus von mir wegzunehmen und auf das jeweilige Gefühl der anwesenden Personen zu lenken. Ich brauche zu diesem Zeitpunkt Eure Energie nicht mehr, aber vielleicht braucht ihr meine. Aus eigener Erfahrung weiß ich, wie schwer es mir an Trauerfeiern fällt, bei mir zu bleiben und mich meiner eigenen, inneren Trauer zu stellen. Der Tod eines anderen, geliebten Menschen rüttelt auch immer an den eigenen festen Überzeugungen, löst undefinierbare Gefühle aus, oft auf der Basis von Verdrängung. Was darf ich fühlen und zeigen? Nicht jetzt!

Mein Geschenk an Euch wäre dann der Versuch, durch meine Musikauswahl Euch diesen Trauerprozess zu ermöglichen und zu erleichtern. Musik, die die Erlaubnis zur Trauer erteilt, die Gefühle insgesamt unterstützt und einen Klangteppich erzeugt, auf dem andere Prozesse Einzug halten können. Was wäre, wenn Musik wirklich die Engel einladen könnte, oder aufgestiegene Meister, die Buddhas oder wie immer auch der Einzelne seine jeweils spirituelle Heimat beschreiben mag? Was wäre, wenn sich eine Sphäre öffnen könnte, in der jeder für sich – in der Menge der Trauernden – seinen ganz persönlichen Weg zu seiner göttlichen Anbindung finden könnte? Was wäre, wenn Trauern dann ganz spontan und individuell ein Fest für das Hier und Jetzt werden würde? – Ich würde mich im übertragenen Sinne unendlich freuen!

Hier ein paar Bausteine, die in meiner heutigen Vorstellung so einen Prozess bereitstellen könnten. Der konkrete Inhalt wird sich sicher im Laufe der Zeit ändern; ich nehme mir vor, dies von Zeit zu Zeit zu überprüfen und anzupassen. Musik wechselt, Freunde wechseln, ich verändere mich. Meine Geschenke wären Augenblicke des „Jetzt!" In einem Konzert 1975 sagte der Sänger André Heller einmal: *„Wir gehen nicht an der Fähigkeit zu Sterben zugrunde, sondern an der Unfähigkeit zu Leben!".*

- **Choying Drolma & Steve Tibbetts**:
Chö – Titel 16: *Dechem Monlam.*
Der einfache Gesang der tibetischen Nonne Choying Drolma mit einem auch heute noch viel genutzten tibetischen Gebet bringt die Schwingung der Buddhas sehr gut rüber. Es wird nicht nur meine buddhistischen Freunde berühren.
Interpretation: Choying Drolma & Steve Tibbetts, Chö (1997).

- **Georg Friedrich Händel**:
Messiah HWV 56 – Chorus „*Hallelujah*".
Ja, das kennt jeder – und alle Herzen gehen auf. Neben dieser Pinnock-Interpretation gibt es – falls visuell etwas gezeigt werden kann – eine sehr schöne YouTube-Version als Flashmop (https://youtu.be/SXh7JR9oKVE). Und alle Mitsingen!
Interpretation: Trevor Pinnock (The English Concert & Choir) Arleen Auger, Anne Sofie von Otter, Michael Chance, Howard Crock, John Tomlinson (1988).

- **Enya**:
Shepherd Moons – Titel 5: Angeles.
Nicht der ganz so landläufige Enya-Sound, aber der Situation angemessen. „Angels, answer me, are you near if rain should fall? Am I to believe you will rise to calm the storm? For so great a treasure words will never do."
Interpretation: Enya, Shepherd Moons (1991).

- **Nena (Kerner)**:
Made in Germany – Titel 9: In meinem Leben.
Ja, ich stehe dazu. Wie eine Lebensbeschreibung von mir. Na klar, wir sind im gleichen Dunstkreis in Hagen (< 500 Meter)

aufgewachsen. Für Euch: Das Ende hören! Habt Mut!
Interpretation: Nena, Made in Germany (2009).

- **Richard Strauss**:
Befreit op. 39/4.
Der Abschied zweier Liebenden. Der gleiche Vorname, auch sonst ist Richard Strauss bei den Komponisten nach 1900 ein mir sehr gängiger Soundsetzer. Jessye Normans Gesang hat mich Mitte der 80er-Jahre tief berührt. Und die Sehnsucht nach einem Herzenspartner geweckt, um mit ihm – wie in dem Lied – voll Glück gehen zu können. Die innige Dankbarkeit für die gelebte Zeit möchte ich Euch damit überreichen.
Interpretation: Jessye Norman (Sopran); Geoffrey Pearson (Piano) (1985).

- Giovanni **Pierluigi da Palestrina**:
Missa Papae Marcelli – Titel 2: *Gloria.*
Fern entrückt, wie zu anderen Zeiten, große Räume wie eine Kathedrale füllend, kratzt irgendwie für mich an dem in den Genen abgespeicherter Erinnerungen vergangener Leben. Am besten in den Sumpf eigener Gedanken fallen lassen und langsam wieder daraus aufsteigen.
Interpretation: Simon Preston (Choir of Westminster Abbey) (1986).

- **Antonio Vivaldi**:
Gloria D-Dur RV 589 – Titel 1: *Gloria In Excelsis Deo.*
Welcher Kontrast zur Version von Palestrina! Jubel, Freude, Ja-Sagen. Lädt fast zum Tanzen ein, warum nicht? Zwei-, dreimal wiederholen und die Bude tanzt!
Interpretation: Michel Corboz (Ensemble Vocal et Instrumental de Lausanne) Phillippe Huttenlocher, Nicole Rossler, Hanna Schaer, Jennifer Smith, Uta Spreckelsen, Wally Staempfli (1975).

Verzeihung, dieser Ausbruch war ja nicht für Sie gedacht! Vielleicht tue ich auch dem zukünftigen Publikum bei meinen Überresten unrecht. Mögen Sie recht viel Spaß haben! Als ich mit knapp sieben Jahren an der Beerdigung meiner Großmutter väterlicherseits teilnehmen musste, bekam ich von allem nicht viel mit. Keiner der Erwachsenen kümmerte sich um mich, jeder war mit sich oder Organisation beschäftigt. Etwas für Kinder hätte ich gebraucht. Deshalb hier noch ein kleiner Beitrag für die Kinder:

- Wolfgang **Amadeus Mozart**:
  Bastien und Bastienne KV 50 – Arie *„Kinder! Seht, nach Sturm und Regen"* bis Ende.
  Vor allem der Trost aus der Zeile *„Euer Glück soll nichts bewegen; Dankt dies meiner Zaubermacht."* lässt mich neben der leichten Musik an Kinder denken, vielleicht an Enkel. Erwachsene: Erklärt den Kindern, was hier geschieht, zeigt Eure Gefühle und haltet Eure Tränen nicht zurück. Nutzt die einmalige Gelegenheit!
  Interpretation: Max Pommer (Rundfunk-Sinfonie-Orchester Leipzig) John Dickie, Venceslava Hruba-Freiberger, Arno Rauntig, Ralf Popken, Axel Köhler, Dagmar Schellenberger, Ralph Schrig, René Pape (1992).

Das musikalische Menü für die Tröstung der Trauernden: Das Vermächtnis

Und damit meine ich nicht meine CD-Sammlung. Oder doch? Aus meiner eigenen Erfahrung mit dem Erbe der Eltern weiß ich, dass mich das musikalische Erbe sowie auch das meiste andere Erbe wenig interessiert hat. So habe ich heute nur wenige kleine Stücke von den Eltern aufbewahrt. Damals habe ich von den musikalischen Hinterlassenschaften nichts angerührt oder mitgenommen. Erst im Rahmen dieses Schreibens bin ich in die Erinnerung eingetaucht, habe aus Fragmenten ein Bild zusammengesetzt und wäre heute froh, Originale zu haben. Nicht aus Besitzgründen, sondern aus dem Wunsch heraus, etwas davon noch einmal sehen und vor allem berühren zu können. Erinnerung ist so fragil. Auch ist es nicht mein Ziel, eine Hinterlassenschaft zu haben oder aufzubauen. Mir war und ist stets wichtig, anderen Menschen unser so wichtiges Kulturgut Musik weiterzugeben.

Und dies habe ich während des Lebens immer wieder versucht. Mit Einladungen zu Konzerten, bei den Musikabenden bei mir zuhause am Kamin oder wo auch immer. Der Grundtenor wurde dabei bestimmt von dem

Prinzip in Resonanz gehen. Wenn ich auch nur einem Menschen damit unsere abendländische Musikkultur ein wenig nähergebracht habe, so ist schon viel erreicht. Und das ist kein Kulturpessimismus, sondern vielmehr die Einsicht, dass wir mit unserem Handeln zu keiner Zeit wirklich wissen, was wie bei wem wirkt. Das Lächeln des anderen, das eigene Gefühl sind nur bedingt Leitfäden für eine Wirkung und einen Erfolg.

Wenn das Postulat gilt, dass Musik die Medizin der Zukunft ist, so fühl(t)e ich dem verpflichtet, was ein Aufzeigen dieser Medizin sein könnte. So wie ein Botaniker einem Kranken im Garten oder im Wald all die Pflanzen zeigen kann, die eventuell zu seiner Heilung beitragen können, so kann das Deuten auf Musikstücke nur der Wegweiser sein, aber nicht das Ziel. Und in einer Zeit, in der die Menschheit mehr dem glaubt, was sie sieht, als dem, was sie hört, ist schon das Erschaffen von Raum und Zeit zum Hören ein wesentlicher Beitrag in Richtung *„Erhörung"*. Nehmen muss jeder die Medizin selbst.

Insofern kann das Weitergeben (Vererben) meiner Musikrepräsentationen nicht wirklich eine Hilfe sein. Ich weiß aus eigener Erfahrung sehr gut, dass sich der Zugang zur Musik entwickeln will und muss. Bei der Vorstellung von einem Musikliebhaber ca. 2.000 CDs geschenkt zu bekommen, kommt bei mir keine so rechte Freude auf. Nicht die Menge oder die Auswahl macht das Ergebnis. Als ich früher für Freunde deren Sammlungen elektronisch umgewandelt und strukturiert habe, wurde ich – bei weit kleineren Mengen – bereits von zu viel Neuem überfordert.

Vielleicht lassen sich zu jenem Zeitpunkt nach meinem Ableben die Menschen Neues und Spannendes einfallen: Gemeinsam auf dem Flohmarkt die physischen Objekte verkaufen, alles einem Altenheim für die Beschallung schenken, eine Tournee veranstalten, ... Es wird mir alles recht sein. Im letzten Hauch des Erinnerns, wenn die letzten Schwingungen im ruhigen, rosigen Abendhimmel verebben, wird alles zurückfließen in die ehemals erzeugende Schwingung. Vielleicht ein *„OM"*, vielleicht ein „a" auf einer Oboe, wer weiß.

Ach ja, und was ist mit dem elektronischen Erbe? In endlosen Bits und Bytes gespeicherte Musik und Informationen. Lohnt es sich darüber nachzudenken, was mit denen geschieht? Sie können im Gegensatz zu ihren physikalischen Brüdern und Schwestern zumindest in fünf Sekunden und mit ein paar Klicks gelöscht werden und sind dann für immer verschwunden.

Zum heutigen Zeitpunkt ist es noch völlig unerforscht, was die Wandlung von lebendiger Livemusik in ihr digitales Abbild für Wirkungen hat – oder aber auch für Wirkungen verhindert. Das Bewusstsein über eine verlustbringende Wandlung, die sich bereits bei der analogen Technik (Schallplatte und Magnetband) zeigte, bedarf einer weiteren Erforschung. Aus der physikalischen Radiästhesie (nach Prof. Eike Hensch) wissen wir zumindest, dass z.B. die Umwandlung einer Schuldverschreibung aus der Papierform in ein elektronisches Dokument seine energetische Wirkung entschärft bis abstellt.

Im Gegensatz zu meiner Sammlung von physikalischen CDs enthält die elektronische Sammlung weitergehende, ordnende und bewertende Informationen wie z.B. Genre, Epoche, gehörte Stücke, Bewertungen der Stücke, Datum der Einstellung, usw. Neben einem rein wissenschaftlichen Interesse bietet dies einen effektiven Zugang zu einer umfangreichen Musiksammlung so wie ein guter (elektronischer) Katalog in einer Bücherei das Finden im Stöbern erleichtert. Ob das jemanden nützen kann, weiß ich nicht zu beantworten. Die wohlgeordnete Briefmarkensammlung meines Vaters hat mich als denjenigen, der dies erbte, wenig interessiert, nur der zu erzielender monetärer Betrag.

So bleibt mir nur zu wünschen, dass ich im Abgang alles dies loslassen kann im Vertrauen darauf, dass die Erben auf eine für sie gute Weise damit umgehen können – als Geschenk und nicht als Problem.

Schließen möchte ich mit einem der wenigen Erinnerungen an meinen Vater, die ich gerne übernommen habe. Sie lenkt die Aufmerksamkeit auf das Hier und Jetzt. Insofern sind meine Ausführungen, was nach meinem Tod mit der ganzen Musik geschehen soll, eigentlich obsolet.

Er sagte oft: „Auf den Gräbern sind die Blumen vergebens!".

Fragen

𝄞 Haben Sie sich schon einmal im Zusammenhang mit Ihrem letzten Willen oder dem Tod Gedanken gemacht, ob und wenn ja, wie Sie mit Musik abtreten wollen?

𝄞 Wenn Sie diese Musik jetzt zusammenstellen, welche Gefühle entstehen dann in Ihnen? Fällt Ihnen das eher leicht oder eher schwer?

𝄞 Gibt es einen Vertrauten/eine Vertraute, der/die Ihnen im Sterben und danach mit der von Ihnen ausgesuchten Musik zur Seite stehen kann?

𝄞 In welcher Form wollen Sie solch eine Musik hören? Können Sie sich heute bereits ein solches Szenario ausmalen?

𝄞 Fällt Ihnen auch Musik für Ihre Freunde und Trauernden ein? Was wollen Sie Ihnen dann noch (über die Musik) vermitteln?

Gibt es Texte (aus Musikstücken, Prosa, Lyrik, usw.), die Ihnen so wichtig sind, dass Sie sie dann gerne noch einmal hören wollen? Auch das ist Sound! Wer soll Ihnen dies vorlesen oder rezitieren?

Musikbeispiele [43]

Johann Sebastian Bach
Kantate „O Ewigkeit, du Donnerwort" BWV 60
Helmuth Rilling (Bach-Collegium Stuttgart, Gächinger Kantorei Stuttgart) Helen Watts, Adalbert Kraus, Philippe Huttenlocher
Hänssler (92.019) 1976.

Gustav Mahler
Sinfonie Nr. 2 c-moll „Auferstehung"
Bruno Walter (New Yorker Philharmoniker, Westminster Chor) Maureen Forrester
CBS (S 77266) 1957/58.

Jan Dismas Zelenka
Sonate für zwei Oboen, Fagott und B.C. Nr. 2 g-moll ZWV 181
Burkhard Glaetzner, Ingo Goritzki, Knut Sönstevold, Siegfried Pank, Achim Beyer, Walter Heinz Bernstein
Capriccio (0013542BC) 1986.

---

[43] https://www.kraftraum-musik.de/buch/musik-mosaik/kapitel-20/

Georg Friedrich Händel
Ariodante HWV 33
Marc Minkowski (Les Musiciens du Louvre) Anne Sofie von
Otter, Lynne Dawson, Veronica Cangemi, Luc Coadou,
Richard Croft, Ewa Podles, Denis Sedov
DGG Archiv (457 271) 1999.

Georg Friedrich Händel
l Trionfo del tempo e del Disinganno HWV 46a
Emmanuelle Haïm (Le Concert D'Astrée) Natalie Dessay,
Ann Hallenberg, Sonja Prina, Pavol Breslik
Virgin Classics (0946363428) 2007.

Henry Purcell
Dido and Aeneas.
Nikolaus Harnoncourt (Concentus Musicus Wien,
Arnold Schönberg Chor) Ann Murray, Rachel Yakar,
Trudeliese Schmidt, Paul Esswood, u.a.
Teldec (6.42919 AZ) 1983.

Anton Bruckner
Te Deum.
Daniel Barenboim (New Philharmonia Orchestra & Chorus)
Anne Pashley, Birgit Finnilä, Robert Tear, Don Garrard
EMI Werbeplatte Gruenenthal (F65226) 1970.

Johann Sebastian Bach
*Kantate „Gottes Zeit ist die allerbeste Zeit" BWV 106 (Actus
tragicus)*
Karl Richter (Münchner Bach Chor & Orchester)
Dietrich Fischer-Dieskau, Edith Mathis, Peter Schreier,
Theo Adam
DGG Archiv (413 646-2) 1979.

Carl Philipp Emanuel Bach
Konzert für Oboe, Streicher und Basso Continuo Es-Dur
Wq 165
Max Pommer (Neues Bachsches Collegium Leipzig)
Burkhard Glaetzner (Oboe)
Cappricio (10074, 10075) 1986.

Samuel Barber
Adagio for Strings, op. 11
Michael Tilson Thomas (London Symphony Orchestra)
EMI Classics (6 44290 2 1) 1994.

Choying Drolma & Steve Tibbets
Chö
Rykodisc (HNCD 1404) 1997.

Georg Friedrich Händel
Messiah HWV 56
Trevor Pinnock (The English Concert & Choir) Arleen
Auger, Anne Sofie von Otter, Michael Chance, Howard
Crock, John Tomlinson
DGG (0289 477 5904) 1988.

Enya
Shepherd Moons
WEA (75572) 1991.

Nena
Made in Germany
Laugh & Peas Entertainment (LC18932) 2009.

Richard Strauss
Lieder
Jessy Norman, Geoffrey Parsons (Klavier)
Philips (416 298-2) 1985.

Giovanni Pierluigi da Palestrina
Missa Papae Marcelli
Simon Preston (Choir of Westminster Abbey)
DGG Archiv (0289 415 5172 6) 1986.

Antonio Vivaldi
Gloria D-Dur RV 589
Michel Corboz (Ensemble Instrumental et Vocal de
Lausanne)
Erato (2292-45122-2) 1979.

Wolfgang Amadeus Mozart
Bastien und Bastienne KV 50
Max Pommer (Rundfunk-Sinfonie-Orchester Leipzig)
John Dickie, Venceslava Hruba-Freiberger, Arno Rauntig,
Ralf Popken, Axel Köhler, Dagmar Schellenberger,
Ralph Schrig, René Pape
Berlin Classics (0183702BC) 1992.

21

Nachklang: Schätze für die Insel

*Nirgends kann das Leben so roh wirken
wie konfrontiert mit edler Musik.*

Christian Morgenstern (1871-1914)

Ist das Ende doch nicht das Ende? Nachträglich fällt mir noch ein, dass es für Sie von Interesse sein könnte, was ich auf die berühmte Insel mitnehmen würde. Nein, ich meine keine Bücher oder andere Gegenstände. Sondern die Musik, die mir auf einer einsamen, unbewohnten und kargen Insel helfen würde zu überleben. Ich weiß natürlich, dass die Frage nach Strom usw. auftauchen wird, aber davon sehe ich mal ab. Zumal in Zukunft die Frage nach Energie und Ressourcen vielleicht auf andere Art und Weise als die uns heute bekannte beantwortet werden wird.

Eine solche Auswahl für die Insel zu treffen, fällt immer schwer. Es gibt so viel unendlich Schönes und Nutzenwertes, dass es immer irgendwie ungerecht ist, das eine oder andere fortzulassen. Mithin, das ist jedoch Ziel des Gedankenexperimentes. Zumindest kann ich mit mir verhandeln, dass ich drei Kartons mitnehmen darf: Einen für die Kategorie „*Oper/Oratorium/ Operette/Geistliches*", einen weiteren für „*Sinfonie/Konzert/Instrumentales*" und letztlich einen für die Kategorie „*Gesang/Lied/Schlager*". Die Angabe mache ich allerdings ohne Wertung: Die Reihenfolge richtet sich nach den alphabetischen Nachnamen der Komponisten.

Wie wählt man so eine Liste aus? Sicher nicht erfolgreich mit dem Kopf: Auf der Insel würde eine so ausgewählte Musik bestimmt bald langweilig werden. Die inneren Instanzen in Ihnen, die am besten wissen, was „*Seelen-futter*" für Sie ist, wären z.B. geeignete Zuträger. Vielleicht folgen Sie spontanen Einfällen im Tagesgeschäft, den Erinnerungen aus Träumen oder den Impulsen aus einer Meditationssitzung, schreiben alles auf und verein-fachen die Liste dann bis auf die dreimal zehn Titel aus. Viel Spaß dabei! Und: Niemand kann Sie hindern, diese Liste ständig zu ändern und Ihrem Lebensgefühl anzupassen.

Stellen Sie die Liste gleich heute zusammen. Am besten brennen Sie sie auf CD oder kopieren Sie die Musik in Ihr Smartphone oder auf einen USB-Stick. Wenn Sie dann plötzlich z.B. ins Krankenhaus müssen, können Sie auf diese Ressource sofort zugreifen und für sich nutzen.

Nach meiner sehr subjektiven Auswahl habe ich Platz für Ihre Liste vorgesehen; trauen Sie sich gleich damit anzufangen und tragen Sie (eventuell mit Bleistift) die Musik dort ein, die Ihnen gerade jetzt einfällt:

Oper / Oratorium / Operette / Geistliches[44]

1   **Hector Berlioz**: *Benvenuto Cellini.*
Colin Davis (1972)

2   **Anton Bruckner**: *Te Deum.*
Daniel Barenboim (1974)

3   **Georg Friedrich Händel**: *Jehptha.*
John Eliot Gardiner (1988)

4   **Georg Friedrich Händel**: *Messiah.*
Trevor Pinnock (1988)

5   **Georg Friedrich Händel**: *Rinaldo.*
René Jakobs (2003)

6   **Giovanni Battista Pergolesi**: *La Serva Padrona.*
Franzjosef Maier (1969)

7   **Hans Pfitzner**: *Palestrina.*
Rafael Kubelik (1973)

8   **Richard Wagner**: *Die Meistersinger von Nürnberg.*
Silvio Varviso (1974)

9   **Carl Maria von Weber**: *Der Freischütz.*
Carlos Kleiber (1973)

10   (trad.): *Dechem Mönlam.*
Choying Drolma (1997)

Ihre eigene Auswahl:

---

[44] Sortierung nach Nachnamen der Komponisten

Sinfonie / Konzert / Instrumentales

1 **Carl Philip Emmanuel Bach**: *Konzerte für Oboe,
   Streicher und BC Es-Dur WQ 165.*
   Max Pommer/Burkhard Glaetzner (1982)

2 **Wilhelm Friedemann Bach**: *Sinfonia d-moll Falck 65.*
   Hartmut Haenichen (1993)

3 **Anton Bruckner**: *Sinfonie Nr. 4 Es-Dur.*
   Bruno Walter (1961)

4 **Amy Dickson**: *Smile* (2008)

5 **Jan Garbarek**: *Twelve Moons* (1993)

6 **Keith Jarrett**: *The Köln Concert* (1975)

7 **Gustav Mahler**: *Sinfonie Nr. 2 c-moll „Auferstehung".*
   Bruno Walter (1957)

8 **Gustav Mahler**: *Sinfonie Nr. 8 Es-Dur.*
   Rafael Kubelik (1970)

9 **Maurice Ravel**: Klavierkonzert *Nr. 2 G-Dur.*
   Paul Paray/Monique Haas (1965)

10 **Jan Dismas Zelenka**: *Sonate Nr. 2 g-moll ZWV 181.*
   Burkhard Glaetzner, Ingo Goritzki (1986)

Ihre eigene Auswahl:

Lied / Song / Schlager

1 **Leonard Cohen**: *Hallelujah*.
Christina Pluhar, Vincenzo Capezzuto (2014)

2 **Andreas Hammerschmidt**: *Kunst des Kussens*.
René Jacobs, Konrad Junghänel (1985)

3 **André Heller**: *Abendland* (1976)

4 **Kirtana**: *Only this Love* (2000)

5 **Bette Midler**: *From a distance* (1991)

6 **John Miles**: *Music* (1976)

7 **Nena**: *In meinem Leben* (2009)

8 **Henry Purcell**: *Music for a while Z583/2 (Oedipus)*.
Philippe Jaroussky/Christina Pluhar (2014)

9 **Dire** Straits: *Telegraph Road* (1982)

10 **Richard Strauss**: *Befreit op. 39/4*.
Jessy Norman/Geoffrey Pearson (1985)

Ihre eigene Auswahl:

Weitere Ideen

22

Literaturverzeichnis

Ich bewundere Musiker viel mehr als Menschen mit Wortgewalt.
Selbst Literatur ist ja beinahe wie Stein gegen
die Flüchtigkeit des Berührtwerdens durch Musik.

Armin Mueller-Stahl (*1930)

Zusammen mit der Musik war auch das Lesen darüber sehr bereichernd. Zusammenhänge werden deutlich, Komponisten, Ausführende und Zeiten bekommen „Gesichter", die Geschichte hinter der Geschichte. Es macht dann Spaß, Orte von Musik aufzusuchen, sich auf Spurensuche zu begeben. Musik wird dann viel Lebendiger. Die Orgel, an der Johann Sebastian Bach schon spielte, die Schlosskapelle, in der Werke von Christoph Graupner uraufgeführt wurden, der Fluss, der in *„Die Moldau"* von Smetana musikalisch beschrieben wird, usw. So wie das Lesen *„Futter"* für das Gehirn war und bleibt, so ist Musikhören und Musikmachen *„Futter"* für das Gefühl und die Seele.[45]

---

[45] In der Reihenfolge der Nennung im Buch.

232

Lassen Sie sich anregen und gehen Sie selbst auf die Suche. In manchen Büchern kann man beim Lesen im Hintergrund leise Musik spielen hören; dann hat es Sie gepackt. Viel Spaß dabei!

Elke Heidenreich (Hrsg.)
Ein Traum von Musik. 46 Liebeserklärungen
btb Verlag, München, 2012.

Sabine Bode
Die vergessene Generation
Die Kriegskinder brechen ihr Schweigen
13. Aufl., Klett-Cotta, Stuttgart, 2014.

Berthold Lehmann
Musikwärts auf vielerlei Wegen
Verlag Achim Freudenstein, Edermünde, 2009.

Bruno Walter
Thema und Variationen. Erinnerungen und Gedanken
S. Fischer, Frankfurt, 1963.

Thomas Mann
Doktor Faustus. Das Leben des deutschen Tonsetzers Adrian Leverkühn erzählt von einem Freunde
S. Fischer, Frankfurt, 1971.

Alfred Dürr
Die Kantaten von Johann Sebastian Bach
4. Aufl., dtv/Bärenreiter, München/Kassel, 1981.

Wilhelm Erlewein
Musikinstrumente zum Selberbauen
Otto Maier Verlag, Ravensburg, 1979.

Leon Goossens, Edwin Roxburgh
Die Oboe
S. Fischer, Frankfurt, 1983.

Alex Ross
The Rest is noise. Das 20. Jahrhundert hören
Piper, München, 2013.

Joachim-Ernst Berendt
Das Dritte Ohr. Vom Hören der Welt
Rowohlt, Reinbek, 1990.

Oliver Sacks
Der einarmige Pianist. Über Musik und Gehirn
Rowohlt, Reinbek, 2008.

Dirko Juchem
Saxophon spielen – mein schönstes Hobby
Schott-Music, Mainz, 2005.

Christopher Alexander
A Pattern Language: Towns, Buildings, Construction
Oxford University Press, Oxford, 1978.

Joachim-Ernst Berendt
*Das Leben – Ein Klang. Wege zwischen Jazz und
Nada Brahma*
Droemer Knaur, München, 1996.

Arnold Jacobshagen, Panja Mücke (Hrsg.)
*Das Händel-Handbuch in 6 Bänden
Händels Opern: Das Handbuch*
Laaber, Laaber, 2009.

John Diamond
Das Herz der Musik
Verlag für Angewandte Kinesiologie, Freiburg, 1991.

Luise Reddemann
*Überlebenskunst
Beileger: CD mit Kantaten von J.S. Bach*
6. Aufl., Klett-Cotta, Stuttgart, 2011.

23

Abbildungsverzeichnis

Kein Bild, kein Wort kann das Eigenste und Innerste
des Herzens aussprechen wie die Musik.
Ihre Innigkeit ist unvergleichlich, sie ist unersetzlich!

Friedrich Theodor Vischer (1807-1887)

Abbildungsnachweis

- *Richard Weber-Laux*: Seiten 11, 20, 21, 22, 24, 28, 28, 33, 41, 45, 46, 60, 71, 75, 91, 98, 107, 126, 149, 176, 178, 179.
- *Münchener Digitalisierungszentrum*:
  Seite 32 (https://www.digitale-sammlungen.de/view/bsb00016881).
- Mit Genehmigung des *Musikverlages Hans Sikorski*: Seite 98.
- *YouTube*: Seite 40 (https://youtu.be/4Zo06WN_JRE)
- *Wikipedia*: Seiten 3 (Vyacheslav Argenberg), 54 (Klaus Ehlers), 76 (Jörg Landsberg), 88 (AlpCamera - Zeynel Alp), 96.
- *Unbekannt*: Seiten 53, 54, 55, 58.

24

Quellen im Internet

Wo Musik ist, da kann nichts Böses sein.

Miguel de Cervantes (1547-1616)

Internetquellen gibt es unzählige. Ich habe hier für Sie diejenigen aufgeführt, die mir bei meiner täglichen Recherche den größten Nutzen
erweisen. Für jedes musikalische Spezialgebiet gibt es weitere, sehr
nützliche Sammlungen von Informationen.

Zunehmend sind auch Tonkonserven verfügbar.

Leider verändern sich die Angebote stetig. So sind in dieser Auflage bereist
ein paar Quellen verloren gegangen aus den vergangenen Jahren.

URL	Inhalt
allmusic.com	Umfassende Quelle für Informationen über die Alben, Bands, Musiker, Lieder, CD-Cover, usw.
amazon.de	Aktuelle Musikartikel, aber auch viele „Second Hand". Oft besteht die Möglichkeit, in die Alben reinzuhören.
classicstoday.com	Amerikanische, kostenpflichtige Sicht auf Klassik, bereichernd und erschreckend zugleich.
discogs.com	Datenbank und Marktplatz für Musik auf Vinyl, CD, Kassetten, usw.
ebay.com	Verkauf von günstigen, gebrauchten Medien, CD-Cover, Sammlungen, usw.
google.com	Erste Anlaufstelle für alle Suchen.
imslp.org	Das International Music Score Library Project (IMSLP) enthält Unmengen an Partituren (autograph oder gesetzt), meist als Public Domain.
jpc.de	Musik und Filme auf allen Medienträgern. Oft Möglichkeit, in die Alben reinzuhören. Eigene Labels mit seltenen Kompositionen.
kraftraum-musik.de	Weiterführende Quellen und Musikbeispiele zu diesem Buch.

URL	Inhalt
operabase.com	Aktuelle Opernaufführungen in der Welt seit 1996, Archiv von ca. 890.000 Aufführungen, 230.000 Künstler, über 2.600 Theater/ Instutionen, in 34 Sprachen, usw.
deezer.com **spotify.com**	Streamingportale für Musik im Internet. Zugriff auf über 100 Millionen Lieder, auch in Hi-Fi-Qualität. Hier finden Sie die Lieder Ihrer Jugend wieder.
tamino-klassikforum.at	Klassikforum, umfangreiche Kategorien und Spezialforen.
youtube.com	Musik & Video: aktuelles und auch Material von früher, z.B. Wilhelm Furtwängler oder Bruno Walter dirigieren sehen.
zvab.com	Zentralverband der antiquarischen Buchhandlungen: Viele nicht mehr im Verkauf befindliche Bücher und CDs können hier gefunden werden.

25

Stichwortverzeichnis

Nicht-Sehen trennt den Menschen von den Dingen.
Nicht-Hören trennt den Menschen vom Menschen.

Immanuel Kant (1724-1804)

Neben der Auflistung von musikalischen Stichworten, Personen, Orten und Ereignissen habe ich bewusst auf die Referenzierung von nichtmusikalischen Stichworten, Technik (z.B. CD, MP3, Plattenspieler, Radio) sowie die entsprechenden Produkt- bzw. Herstellernamen verzichtet. Ebenso wurden die Namen von Platten-/CD-Labels ausgelassen sowie die Informationen aus der in Kapitel 22 genannten Literatur.

Komponisten, Werktitel, Orchester, Dirigenten und Sänger werden nur beim Auftreten im Text indiziert und nicht bei den Darstellungen der Aufnahmen am jeweiligen Kapitelende.

243

J

K

L

245

Hör-Mal: Ein Musik-Mosaik im Lebenslauf